구약에서 듣는 하나님의 말씀 4

여호수아 · 사사기

박창환

2009

비블리카 아카데미아

머리말

우리 개신교도들은 구약성경과 신약성경을 정경(正經)으로 가지고 있으며, 그것들을 유일한 권위로 삼고 신앙생활을 한다. 우리가 성경을 하나님의 말씀으로 알고 귀하게 여기면서도, 많은 경우 그 성경을 개인이나 가정이 한 개 이상 가지고 있을 뿐, 거기서 들려오는 하나님의 음성을 듣지 못하고 있다. 그 이유는 여러 가지일 것이다. 우선은 성경이 오랜 옛날에, 그리고 문화가 전혀 다른 곳에서 기록된 것이기 때문에 이해하기 어려운 점이 많다. 어떤 경우에는 우리가 읽는 성경 번역이 어려운 문구나 지난 시대의 언어로 되어 있기 때문에 이해하기 어렵다. 또는 우리가 성경을 열심을 가지고 공부하지 않기 때문에 이해되지 않는 경우도 있을 것이다. 그리고 성경을 알고 싶어도 참고서나 길잡이가 없어서, 마음은 있어도, 그리고 열심히 공부를 해도 이해하기 어려운 경우가 있을 것이다.

하나님은 인간에게 꼭 필요한 말씀을 하셨고, 그것을 성경에 수록하셨는데, 우리가 성경을 가지고만 있던가, 읽어도 이해할 수 없다면 매우 슬픈 일이 아닐 수 없다. 1980년대 초에 대한예수교장로회 총회교육부가 그때까지 적당한 성경교재를 가지고 있지 않았기 때문에, 그것을 만들기로 작정하고 필자에게 그 작업을 위촉한 일이 있다. 여러 가지 사유로 그 일이 지연되어 오다가 1990년에 "신약성경해설"이라는 이름으로 신약성경 교재가 먼저 출판되었다. 그러나 그 후에 계속 바쁜 스케줄 때문에 구약성경 교재 만들기를 연기해 오다가, 이제야 비로소 그 작업에 착수한 것이다.

이 교재를 펴내면서 몇 가지 독자들에게 일러둘 것이 있다. 우리는 사물을 판단하고 이해할 때, 직관을 가지고 또는 표면만을 보고 판단하기 쉽다. 그러나 사실을 검토하고 살펴보면 매우 깊고 복잡하고 신비스러운 것이 숨어 있는 것을 알게 된다. 우리가 성경을 이해하는 데 있어서도, 직관적으로 그리고 표면만 보고 판단하는 경우가 많다. 과거에 어떤 사람들이 직관적으로 성경에 대해서 말한 것이 하나의 전통이 되어 대대로 내려오면서, 그것이 절대적 진리인 양 취급되었다. 이러한 전통적 견해를 절대화하고, 그것과 다른 말을 하는 사람들을 단죄하는 예들이 비일비재했다. 다시 말해서 성경에 대한 학문적인 연구를 무시 내지는 적대시해 온 경향이 있다. 소위 고등비평이라는 역사적 연구를 배척하고, 과거의 전통적 견해를 고집하면서, 성경의 겉만을 핥고 있었다는 말이다. 그래서 필자는 성경학자들의 말을 전통적 견해보다 앞에 두려는 방침을 가지고 이 교재를 썼다. 다시 말해서 역사비평적인 연구의 결과를 토대로 하였으며, 그것을 바탕으로 하고, 겸손히 하나님의 음성을 듣는, 그러한 방법을 택했다.

그리고 이것은 필자가 앞에서 말한 역사비평의 결과를 전제로 하고, 기도하면서 주관적으로 듣는 하나님의 말씀을 정리한 것뿐이고, 많은 사람들이 듣고 적은 글과 나란히 또 하나의 책에 지나지 않는다는 것을 밝힌다. 그러므로 독자들은 이 책을 또 하나의 참고 자료로 삼고, 각각 자기 나름으로 하나님의 음성을 듣는 노력을 해야 할 것이다.

2009년 1월
지은이 박창환

선생님의 구약해설서를 펴내면서

이 책은 한평생 성서번역자로, 또 신약학교수로 성경을 읽으신 박창환 선생님이 구약성경을 공부하고 싶어 하는 사람들을 위해 팔순의 연세도 아랑곳하지 않고 집필하고 계시는 구약성경해설의 넷째 권입니다. 지난 2008년에 첫째 권인 창세기와 둘째 권인 출애굽기 · 레위기와 셋째 권인 민수기 · 신명기가 나왔습니다. 선생님은 2007년 5월에 『신약성경』(서울: 도서출판 코리아엠마오) 사역을 내신 후에 그전부터 계획하신 대로 히브리어 성경의 순서를 따라 구약해설서를 집필하고 계십니다. 이 소식을 같은 해 12월초에 잠시 집안 일로 국내에 다니러 오신 선생님으로부터 듣고 우선 써 놓으신 원고부터 출판하기로 했습니다. 그동안 선생님은 예언서(여호수아, 사사기, 사무엘상하, 열왕기상하, 이사야, 예레미야, 에스겔, 12 작은 예언서) 해설 원고도 다 쓰셨습니다. 얼마 전부터는 성문서 해설 원고를 쓰고 계십니다.

반세기가 넘는 오랜 동안 선생님께 헬라어와 신약학을 배운 숱한 사람들 가운데 지극히 작은 자인 저로서는 무엇보다도 신약학자이신 선생님이 구약성서를 어떻게 읽고 이해하시는지 궁금했습니다. 선생님은 1950년대에 미국에서 공부하실 때부터 신약학자로서는 보기 드물게 구약성경에 깊은 관심을 두시고 신약학과 아울러 기회 있는 대로 구약학도 공부하며 가르쳐 오신 것으로 알고 있습니다. 이리하여 선생님의 구약해설서는 우리 한국교회의 성서해석사의 한 부분을 차지합니다. 이 해설서를 통해서 후학들은 지난 120년 동안 한국교회에서 구약성서를 어떻게 읽고 이해하며 가르쳐 왔는지를 돌이켜볼 뿐만 아니라 앞으로는 구약성서를 어떤 식으로 읽어나가야 할지 그 길을 함께 찾는데 도움 받을 수 있으리라 생각합니다.

이 책은 무엇보다도 선생님의 초고를 최대로 존중하여 만든 책입니다. 그리하여 초고는 한글 맞춤법의 문제가 있는 경우를 비롯하여 다음 경우에만 다듬었습니다.

1. 각 단락을 두 부분으로 나누어 그 앞부분과 뒷부분에 각각 '해설'과 '교훈'이라는 소제목을 붙였습니다. 이는 선생님이 구약해설서 첫째 권 창세기 서론의 마지막 부분(31-32쪽)에서 밝혀놓으셨고 지금은 이 책 8쪽에도 옮겨 적어둔 '일러두는 말'의 (2)와 (3)을 따른 것입니다.

2. 선생님은 1989년에 미국교회협의회 기독교교육부에서 번역해낸 새개정표준역 영어성경(New Revised Standard Version, 보통 NRSV로 줄여 씁니다)을 중심으로 히브리어 성경과 헬라어 구약성경 칠십인역을 참고하면서 각 단락의 내용을 풀어서 해설하십니다. 그 과정에서 내용이 우리나라의 일반 그리스도인들에게 익숙한 개역성경과 크게 다를 경우에는, 읽는 이들을 위해서 엮은이가 각주에서 이 부분이 개역성경의 어느 부분에 상응한다는 점을 밝혀 놓았습니다. 그런 각주에 나오는 '개역성경'은 개역한글판과 개역개정판을 한데 묶어 부르는 이름입니다.

3. 선생님은 히브리 성경의 고유명사 표기도 될 수 있으면 원음에 가깝게 하려고 애쓰셨습니다. 따라서 선생님의 고유명사 표기가 개역성경과 다를 경우에는 그 고유명사 뒤에 *를 붙이고, 그에 상응하는 개역성경의 표기는 목차 뒤의 '고유명사 표기 대조표'에서 찾아보게 했습니다.

4. 히브리어나 헬라어나 다른 외국어의 한글 음역은 〈 〉 안에 적어 넣었습니다. 선생님이 손수 적어두신 음역은 될 수 있는 대로 그대로 두었습니다. 그렇지만 선생님이 히브리어만 적어두신 경우에는 이 책을 읽으시는 분들의 편의를 생각하여 좇고, "개역한글판의 히브리어

고유명사 한글 음역 방식과 히브리어 한글 음역 시안,” 「성경원문연구」 8 (2001.2) 106-157쪽에서 제안한 방식을 따라 음역했습니다.

선생님의 구약해설서 첫 권인 창세기가 나온 뒤에 선생님이 제게 거듭 강조하여 부탁하신 일이 하나 있습니다. 다름 아니라 **이 해설서가 교역자들을 위한 책이라기보다는 평신도 성경공부에서 쓸 교재**라는 점을 널리 알려 달라는 것입니다. 그런 만큼 이 해설서를 읽으시는 분들도 이 점을 늘 염두에 두시면 좋겠습니다.

마지막으로 여러모로 어려운 가운데서도 이 책의 출판을 기꺼이 맡아주신 「비블리카 아카데미아」 원장 이영근 목사님에게 깊이 감사드립니다. 초고를 다듬는 일은 박성용 전도사님이 맡아주셔서 참 고맙습니다. 이 구약해설서를 통해서 우리나라의 그리스도인들이 구약성경을 통해 말씀하시는 하나님의 목소리를 이전보다 더 잘 들을 수 있기를 간절히 바랍니다.

2009년 1월
장로회신학대학교 구약학교수
박동현 삼가 아룀

일러두는 말

필자는 이 교재를 사용하시는 분들에게 사용법을 일러두려고 한다. 소그룹이 모여서 성경공부를 하는 것을 전제로 한다.

매 책을 문단으로 나누어서 공부하려는 것이기 때문에,

(1) 개인이든지 그룹이든지 우선은 해당 성경 단원을 먼저 한두 번 읽어야 한다.

(2) 다음은 필자가 매 단원에 대하여 붙인 해설을 같이 읽기 바란다.

(3) 그리고 다음으로 필자가 그 단원에서 얻은 교훈, 혹은 거기서 들려오는 말씀을 몇 가지 정리해 놓았기 때문에, 그것을 음미하며 토론하기를 바란다.

(4) 끝으로 필자가 밝히지 않은 혹은 못한 교훈을 회원들이 각각 찾아보고 보충하기 바란다.

- 『구약에서 듣는 하나님의 말씀 첫째 권 창세기』, 31-32쪽에서 -

목 차

3 머리말 / 지은이 박창환
5 선생님의 구약해설서를 펴내면서 / 엮은이 박동현
8 일러두는 말
9 목차
13 고유명사 표기 대조표

19 예언자들의 글, 예언서

23 여호수아

26 하나님께서 여호수아를 임명하시다(수 1:1-9)
28 가나안 침공 준비(수 1:10-18)
30 여리고 성으로 정탐꾼을 보내다(수 2:1-24)
35 이스라엘이 요단강을 건너다(수 3:1-17)
38 길갈에 세운 열두 개의 돌(수 4:1-5:1)
42 새 세대에게 할례를 베풀다(수 5:2-9)
45 길갈에서 지킨 유월절(수 5:10-12)
46 여호수아가 환상을 보다(수 5:13-15)
48 여리고 성을 점령하고 파멸하다(수 6:1-27)
52 아간의 범죄와 벌(수 7:1-26)
56 아이 성을 책략으로 점령하고 파멸하다(수 8:1-29)
60 여호수아가 언약을 다짐하다(수 8:30-35)
62 기브온 사람들이 꾀를 부려 자신들을 구원하다(수 9:1-27)

65 돌던 태양이 멈추어 섰다(수 10:1-15)
69 다섯 왕을 쳐부수다(수 10:16-43)
72 북부 가나안 연합군을 파멸하다(수 11:1-15)
74 여호수아의 가나안 정벌 종합(수 11:16-23)
75 모세가 정복한 왕들(수 12:1-6)
76 여호수아가 정복한 왕들(수 12:7-24)
77 아직 정복되지 않은 부분들(수 13:1-7)
78 요단강 동쪽의 영토(수 13:8-33)
81 요단강 서쪽 점령 지역을 분배하다(수 14:1-5)
83 갈렙에게 헤브론을 주다(수 14:6-15)
86 유다 지파의 영토(수 15:1-63)
88 에브라임의 영토(수 16:1-10)
90 요단강 서쪽의 므낫세 반 지파(수 17:1-13)
92 요셉 지파의 항의(수 17:14-18)
94 남은 지파들의 영토(수 18:1-10)
96 벤야민* 지파의 영토(수 18:11-28)
97 시므온 지파의 영토(수 19:1-9)
98 즈불룬*, 잇사갈, 아셀*, 납탈리*, 단 지파의 영토(수 19:10-48)
100 여호수아의 분깃(수 19:49-51)
101 도피성(수 20:1-9)
103 레위 사람들에게 배당된 성읍들(수 21:1-45)
106 요단 동쪽 지파 군인들이 자기 자리로 돌아가다(수 22:1-9)
108 요단 동쪽에 세운 기념 제단(수 22:10-34)
111 여호수아의 마지막 권면(수 23:1-16)
114 이스라엘 지파들이 언약을 새롭게 다짐하다(수 24:1-28)
117 여호수아와 엘아잘*의 죽음(수 24:29-33)

119 사사기(士師記)

123 이스라엘이 가나안 정복에 실패하다(삿 1:1-36)
127 이스라엘의 불순종(삿 2:1-5)
129 여호수아의 죽음(삿 2:6-10)
130 이스라엘의 불충(不忠)(삿 2:11-23)
132 가나안 땅에 남겨두신 나라들(삿 3:1-6)
134 오트니엘*(삿 3:7-11)
136 에훗(삿 3:12-30)
138 샴갈*(삿 3:31)
139 드보라와 바락(삿 4:1-24)
143 드보라의 노래(삿 5:1-31)
145 미디안 족의 압박(삿 6:1-10)
147 기드온을 부르심(삿 6:11-27)
150 바알 제단을 허문 기드온에 대한 호응(삿 6:28-35)
152 양털의 표징(삿 6:36-40)
153 미디안 군대로 하여금 놀라서 달아나게 하다(삿 7:1-25)
157 기드온의 개선과 보복(삿 8:1-21)
160 기드온의 우상숭배(삿 8:22-28)
162 기드온의 죽음(삿 8:29-35)
163 아비멜렉이 군주국을 창건하다(삿 9:1-6)
165 요담의 풍자(諷刺)(삿 9:7-21)
167 아비멜렉의 몰락(삿 9:22-57)
171 톨라*와 야일(삿 10:1-6)
173 암몬 사람들의 압박(삿 10:6-18)

175 옙타*(삿 11:1-28)
179 옙타*의 맹세(삿 11:29-33)
181 옙타*의 딸(삿 11:34-40)
183 지파 간의 갈등(삿 12:1-7)
184 입산, 엘론, 압돈(삿 12:8-15)
186 삼손의 출생(삿 13:1-25)
190 삼손의 결혼(삿 14:1-20)
194 삼손이 블레셋을 쳐부수다(삿 15:1-20)
198 삼손과 들릴라(삿 16:1-22)
202 삼손의 죽음(삿 16:23-31)
204 미카(여후)의 신당과 우상숭배(삿 17:1-13)
207 단 지파의 이주(삿 18:1-26)
211 단 지파가 라이쉬*에 정착하다(삿 18:27-31)
212 레위 사람의 첩 사건(삿 19:1-21)
216 기브아 사람들의 망측한 범죄(삿 19:22-30)
218 이스라엘 여러 지파가 벤야민* 지파를 공격하다(삿 20:1-48)
223 벤야민* 지파가 멸족을 면하다(삿 21:1-25)

고유명사 표기 대조표

박창환	개역	히브리어
가자	가사	גַּזָּה
갇	갓	גָּד
게르숀	게르손	גֵּרְשׁוֹן
고셴	고센	גֹּשֶׁן
기브앗 하아랄로트	할례산	גִּבְעַת הָעֲרָלוֹת
길앗	길르앗	גִּלְעָד
깃옴	기돔	גִּדְעֹם
나봇돌	돌의 높은 곳	נָפוֹת דּוֹר
납탈리	납달리	נַפְתָּלִי
네게	네겝/남방	נֶגֶב
니싼	니산	נִיסָן
데라빔	드라빔	תְּרָפִים
데빌	드빌	דְּבִיר
라이쉬	라이스	לַיִשׁ
레솀	레셈	לֶשֶׁם
루즈	루스	לוּז
마아캇	마아갓	מַעֲכָת
마키르	마길	מָכִיר
막케다	막게다	מַקֵּדָה
메데바	메드바	מֵידְבָא
메아라	므아라	מְעָרָה

미스레봇마임	미스르봇 마임	מִשְׂרְפוֹת מַיִם
미츠파	미스바	מִצְפָּה
미카(여후)	미가	מִיכָיְהוּ
바빌론	바벨론	בָּבֶל
바알브리트	바알브릿	בַּעַל בְּרִית
바알타말	바알다말	בַּעַל תָּמָר
베엘	브엘	בְּאֵר
베젝	베섹	בֶּזֶק
벤야민	베냐민	בִּנְיָמִין
벳밀로	밀로 족속	בֵּית מִלּוֹא
벳바라	벧 바라	בֵּית בָּרָה
벳세메쉬	벧세메스	בֵּית־שֶׁמֶשׁ
벳세안	벧 스안	בֵּית־שְׁאָן
벳아나트	벧아낫	בֵּית־עֲנָת
벳호론	벧호른	בֵּית־חוֹרֹן
브엘셰바	브엘세바	בְּאֵר שֶׁבַע
빌암	발람	בִּלְעָם
사례단	사르단	צָרְתָן
샤밀	사밀	שָׁמִיר
샤알빔	사알빔	שַׁעַלְבִים
샤울	사울	שָׁאוּל
샴갈	삼갈	שַׁמְגַּר
세이라	스이라	שְׂעִירָה
셰바림	스바림	שְׁבָרִים
셰샤이	세새	שֵׁשַׁי
수콧	숙곳	סֻכּוֹת

쉿팀	싯딤	שִׁטִּים
슬로프핫	슬로브핫	צְלָפְחָד
시세라	시스라	סִיסְרָה
심론	시므론	שִׁמְרוֹן
싯팀	쉿팀*	שִׁטִּים
아도니베젝	아도니 베섹	אֲדֹנִי בֶזֶק
아셸	아셀	אָשֵׁר
아쉬켈론	아스글론	אַשְׁקְלוֹן
아스다롯	아스다롯	אַשְׁתָּרוֹת
아이얄론	아얄론	אַיָּלוֹן
아제카	아세가	עֲזֵקָה
아픽	아빅	אֲפִיק
아흐랍	알랍	אַחְלָב
악집	악십	אַכְזִיב
악코	악고	עַכּוֹ
야베쉬길앗	야베스 길르앗	יָבֵשׁ גִּלְעָד
야숩	야숩	יָשׁוּב
야피아	야비아	יָפִיעַ
야하즈	야하스	יַהַץ
에크론	에그론	עֶקְרוֹן
에탐	에담	עֵיטָם
에쉬타올	에스다올	אֶשְׁתָּאֹל
엔학코레	엔학고레	עֵין הַקּוֹרֵא
엘아잘	엘르아살	אֶלְעָזָר
엘브리트	엘브릿	אֵל בְּרִית
옙타	입다	יִפְתָּח

예델	여델	יֶתֶר
오트니엘	옷니엘	עָתְנִיאֵל
요아쉬	요아스	יוֹאָשׁ
오프라	오브라	עָפְרָה
이블레암	이블르암	יִבְלְעָם
입잔	입산	אִבְצָן
제라	세라	זֶרַח
제바흐	세바	זֶבַח
제엡	스엡	זְאֵב
제파트	스밧	צְפַת
즈불	스불	זְבֻל
즈불룬	스불론	זְבֻלוּן
찰몬	살몬	צַלְמוֹן
찰문나	살문나	צַלְמֻנָּה
초르아	소라	צָרְעָה
카몬	가몬	קָמוֹן
칼콜	갈골	קַרְקֹר
케데쉬	게데스	קֶדֶשׁ
켄 족	겐 족	קֵינִי
쿠샨리샤타임	구산 리사다임	כּוּשָׁן רִשְׁעָתַיִם
크나즈	그나스	קְנַז
크피라	그비라	כְּפִירָה
크핫	고핫	קְהָת
키르얏아르바	기랏 아르바	קִרְיַת אַרְבַּע
키르얏여아림	기랏여아림	קִרְיַת יְעָרִים
키르얏세펠	기랏 세벨	קִרְיַת־סֵפֶר

키트론	기드론	קִטְרוֹן
타볼	다볼	תָּבוֹר
타아낙	다아낙	תַּעֲנָךְ
탈마이	달매	תַּלְמַי
테베츠	데베스	תֵּבֵץ
톨라	돌라	תּוֹלָע
톱	돕	טוֹב
팀나	딤나	תִּמְנָה
팀낫세라	딤낫세라	תִּמְנַת־סֶרַח
팀낫헤레스	딤낫헤레스	תִּמְנַת־חֶרֶס
푸라	부라	פֻּרָה
피라톤	비라돈	פִּרְעָתוֹן
피람	비람	פִּרְאָם
하로셋하고이임	하로셋 학고임	חֲרֹשֶׁת הַגּוֹיִם
하르헤레스	헤레스 산	הַר־חֶרֶס
하촐	하솔	חָצוֹר
헐몬	헤르몬	חֶרְמוֹן
헤페르	헤벨	חֵפֶר

예언자들의 글, 예언서

해설

이미 본서 서론에서 말한 바와 같이[1] 히브리어 구약성경의 둘째 부분을 예언서(〈느비임〉 נְבִיאִים, '예언자들')이라고 하는데, 그것을 또 다시 나누어 전(前)예언서(Former Prophets, '전예언자들')와 후(後)예언서(Latter Prophets, '후예언자들')로 구분한다. 전예언서에는 여호수아, 사사기, 사무엘 상하(上下), 열왕기 상하(上下) 네 책이 속하고, 후예언서에는 이사야, 예레미야, 에스겔, 십이 소예언서, 이렇게 네 책이 속한다. 원문에 나타나는 〈느비임〉이라는 말은 예언자들 자신을 말하는 것이고, 그들의 글이라는 말은 아니다. 그러나 내용이 예언자들이 쓴 글이기 때문에 우리는 보통 예언서라는 말을 사용한다.

전예언서에 속하는 네 책 곧 여호수아, 사사기, 사무엘(상하), 열왕기(상하)는 겉보기로 내용이 이스라엘의 역사를 다루고 있기 때문에, 보통 그것들을 역사서로 간주하게 된다. 게다가 칠십인역(LXX) 번역자들은 그것들을 역사로 보았고, 그들 생각에 역사서로 판단되는 다른 글들까지 한 군데로 몰아놓았다. 즉 룻기를 사사기와 사무엘서 가운데 놓고, 역대기, 에스라·느헤미야, 에스더를 열왕기 뒤에다 연속하여 배열한 것이다. 그래서 많은 사람이 여호수아 이하 열왕기까지를 순수한 이스라엘의 역사로 보는 경향이 생긴 것이다. 그것은 칠십인역 번역자들이 원저자들의 의도를 바르게 깨닫지 못하고, 자의(恣意)로 저지른 하나의 과오라고 필자는 생각한다.

---

1) 박창환, 『구약에서 듣는 하나님의 말씀 1. 창세기』(서울: 비블리카 아카데미아, 2008), 17쪽.

전예언서들은 정체를 알 수 없는 예언자들의 글이며(후예언서들은 그 저자들의 이름이 밝혀 놓았다), 이스라엘 백성이 가나안 땅을 점령하는 사건으로부터 시작하여, 바빌론* 나라에 의하여 패망하는 사건까지의 역사를 다루고 있기는 하지만, 그 역사 사건들을 순수하게 소개하려는 것이 목적이 아니고, 예언자들이 가지고 있는 예언자적인 역사관을 가지고 그 역사를 해석한 글이다. 소위 신명기적 역사관, 곧 **야훼 하나님만 섬기고 그의 법도대로 살아야 한다는** 표준을 가지고, 이스라엘의 역사를 조명하며 그려나간 것이다. 그러므로 우리는 전예언서를 읽을 때, 이스라엘의 역사를 어느 정도 알 수 있는 동시에, 야훼 하나님의 심판의 역사를 보게 되며, 이스라엘 백성은 물론이고 우리 모두에게 들려오는 야훼 하나님의 경고의 음성을 들어야 하는 것이다. 즉 신명기적 신학을 거기서 발견하며, 우리에게 들려오는 책망과 경고를 들을 수 있어야 한다. 다시 말해서 우리는 여호수아 이하 열왕기까지를 읽으면서, 하나님의 예언을 들어야 한다는 말이다. 예언서를 예언으로 알고 읽는 것이 마땅하지 않겠는가?

교훈

하나님은 당신의 나라를 건설하시기 위해 우선 인간을 구원하시려는 계획을 세우시고 그 일을 위하여 먼저 이스라엘 백성을 택하셨다. 그들에게 하나님 자신을 계시하시고 하나님과 인간의 관계의 도리를 가르치셨다. 그것이 율법이다. 그가 그 도리를 계시하시지 않았다면, 인간이 하나님을 섬기는 도리와 인간 상호간에 가져야 할 도리를 알 수 없었을 것이다. 혼돈과 무질서 속에서 살던 인간이 그 법도를 가지게 된 것은 큰 축복이 아닐 수 없다.

이렇게 율법을 주신 하나님은 거기서 멈추지 않고 계속 성령으로 인간 가운데 역사하시면서 선별된 자들을 감동하여 그들을 통해서 임기응변(臨機應變) 인간에게 필요한 것을 가르치고 경고하고 경책하신다. 곧 예언자들을 일으켜 수시로 인간을 인도하신다.

구약성경의 둘째 부분이 예언자들의 글이라는 사실에서 우리는 하나님의 섬세한 배려를 알게 된다. 법이 있어도 인간은 그것을 무시하고 타락하고 뒷걸음질 친다. 하나님은 수시로 예언자들을 일으켜 인간을 올바른 길로 되돌리려고 노력하시는 사랑의 하나님이시다.

예언의 말씀은 곧 성령의 말씀이며 하나님의 말씀이다. 성령을 거스르는 행동은 용서받을 수 없는 큰 죄가 된다. 우리는 예언의 말씀에 귀를 기울여야 할 것이다.

여호수아

해설

여호수아는 이스라엘 백성이 어떻게 가나안 땅에 들어가서 그 땅을 차지하기 시작했는가 하는 역사를 담고 있다. 그 역사의 표면적 주역이 여호수아였기 때문에 여호수아라는 책명(冊名)이 붙여진 것이다. 여호수아는 신명기의 마지막 부분 곧 모세의 죽음 사건을 이어받아서 그 후의 사건을 다루고 있다. 이 책은 모세 사후의 사건을 역사적으로 이어가는 동시에 오경(율법서)의 주제들 가운데 하나인 '땅에 대한 약속'을 이어가고 그 성취를 다루고 있다. 아브라함 이래 하나님께서 약속하신 땅 가나안을 점령하고 정착하는 사건을 다루고 있다는 말이다.

여호수아는 크게 세 부분으로 나눌 수 있다. 먼저 1-12장에서는 전쟁을 통하여 성공적으로 가나안 땅을 점령하는 역사를 다루고 있다. 다음으로 13-21장에서는 점령한 땅을 이스라엘 여러 지파에게 분배하는 이야기를 하고 있다. 끝으로 22-24장에서는 이스라엘 백성에게 한 여호수아의 고별 연설과 세켐*에서 세운 언약 갱신의 사건을 다룬다.

표면적으로는 여호수아에 적힌 역사가 단순해 보이지만, 실은 그 배후의 역사가 아주 복잡하고 이 책이 기록된 과정도 간단하지 않다. 먼저 가나안 땅의 중부 지방 곧 여리고 성과 아이 성 점령 사건을 어느 정도 자세히 기술한 다음에 남부 지방의 다섯 성읍들(예루살렘, 야르뭇, 라기스, 에그론, 헤브론)을 점령한 사건을 소개하고 북부 지방의 경우에는 하촐* 성 점령 이야기를 하는 정도로 간단히 다룬다. 다시 말해서 수 백 개의 성읍으로 구성된 가나안 땅 전체의 정복 역사를 적은 것이 아니라 성공한 정복 역사만을 소개하되 그 과정에 있었던 여러 가지 불미한 사건도 함께 소개하였다.

사사기에서 곧 나타나게 되지만, 여호수아 영도 하의 이스라엘 백성은 당장에 가나안 땅을 다 점령하고 거기서 곧 안정을 얻은 것이 아니었다. 점차적으로 결국은 하나님의 간섭으로 그 땅을 다 점령하고 이스라엘 여러 지파가 분배해 가진 것이 사실이지만, 그것이 이루어지는 데는 상당한 시간이 걸린 것이다. 그러나 여호수아의 저자(들)인 예언자적 역사가들은 이스라엘 나라가 패망하여 바빌론*으로 포로가 되어 가 있는 동안에 이스라엘 역사를 그들의 신학적 관점에서 관찰하면서 선별적으로 자료를 다루며 해석했다.

이스라엘은 야훼 하나님을 배반하고 그의 법도대로 살지 않음으로써 징계를 받아 이방 나라의 포로가 되었지만, 또 여호수아 영도 하의 이스라엘이 야훼의 명령을 충성스럽게 준행하지 못해 당대에 그 땅을 다 점령하지 못하고 본토인들을 다 축출하지도 못했지만, 하나님은 신실하신 분이셔서 가나안 땅을 주시겠다는 약속을 이루셨다는 것을 백성에게 말하려 한 것이다. 그리하여 바빌론*에 사로잡혀와 있는 백성에게 희망을 주며 야훼께 충성하는 백성이 되어야 한다는 것을 가르치려고 했다. 그리고 지금의 속박을 벗어나서 그 약속의 땅으로 돌아가 조상들에게 약속한 그 귀한 땅을 차지하고 사는 행복을 누려야 한다는 꿈을 주고자 했다.

1장에 나오는 야훼 하나님의 말씀과 23-24 장에 나오는 여호수아의 연설은 이스라엘이 그 약속의 땅을 점령함으로써 그들의 조상들에게 주신 하나님의 약속이 이루어진 것이라는 사실을 밝힌다. 이렇게 약속의 신학이라는 틀 안에서 역사적인 사건들을 선별적으로 소개하면서 이스라엘 백성이 야훼와 맺은 언약에 충성해야 한다는 것, 그리하면 거기에 행복과 희망이 있다는 것을 보여주려는 것이다.

그렇게 볼 때 여호수아는 역사서이면서 확실히 예언의 말씀이라는 것을 알아야 한다.

교훈

1. 하나님은 당신의 뜻을 이루시기 위해서 사람을 도구로 삼으신다. 모세라는 특출한 사람을 발탁하셔서 이스라엘 백성을 요단강 동쪽 기슭까지 인도하게 하셨고, 이제는 여호수아라는 사람을 점지(點指)하시고 훈령하셔서 모세를 계승하게 하셨다.

하나님의 뜻이 이루어지기 위해서는 선발된 지도자들이 하나님의 뜻에 충실하고 성실해야 할 것이다. 모세는 거의 완전하게 하나님의 뜻을 받들어 섬긴 성공적인 지도자였다. 그런데 이스라엘 백성은 하나님의 뜻을 깨닫지 못하고 반역함으로 출애굽 1세들이 거의 다 광야에서 죽고 말았다. 여호수아도 하나님의 명을 받들어 충성을 다한 지도자였지만, 백성 가운데서도 반역하는 사람들이 많이 있어서 하나님의 명령대로 가나안 본토인들을 토벌하는 데 성공하지 못했다.

그럼에도 불구하고 하나님은 약속을 지키셨다. 마침내는 가나안 땅을 이스라엘 백성이 다 차지하는 데까지 이르게 하셨다. 즉 인간은 약하지만 하나님은 강하시고 성실하셔서 약속을 이루시는 분이시라는 것을 우리가 알아야 한다.

2. 강하고 담대하라고 말씀하시며, 앞장서서 싸워주시는 야훼 하나님을 믿는 믿음을 가지고, 그의 명령을 순종하면 성공할 수 있다. 그렇지 않을 때 실패한다. 그것이 여호수아를 통해서 주시는 교훈이다.

성공을 바라면서도 실패의 길을 택하는 것이 어리석은 인간의 작태이다. 책 여호수아라는 기념비적인 글을 통해서 우리는 사람 여호수아가 택한 길, 곧 야훼 하나님을 모시고 그의 명령과 법을 따르는 자들이 되어야 할 것이다. 그것이 이스라엘 백성이 들어야 할 교훈이며, 나아가서 인간이 다 같이 받아야 할 교훈이다.

하나님께서 여호수아를 임명하시다(수 1:1-9)

해설

여호수아는 에브라임 지파 사람으로(민 13:8; 대상 7:27) 원래는 그 이름이 호세아(הוֹשֵׁעַ, '구원')인데 모세가 여호수아(יְהוֹשׁוּעַ, '야훼는 구원')라고 부른 것이다(민 13:16).

모세가 죽은 후 야훼 하나님은 여호수아에게 나타나셔서, 모세를 통하여 하시던 일을 맡기려고 그에게 직접 말씀하셨다. 모세가 죽었지만, 그리고 요단강이 가로막혀 있지만, 가나안 땅을 이스라엘에게 주기로 한 약속은 이루어져야 하기 때문에, 그 백성과 함께 요단강을 건너라는 것이었다.

그리고 강을 건너서 여호수아가 밟는 모든 땅을 하나님께서 그에게 주시겠다는 것이고, 아무도 여호수아를 막아설 자가 없을 것이라고 격려하신다.

약속하신 땅은 다윗과 솔로몬 시대에 이룬 광대한 영토를 다 포함하고 있다(신 11:24; 삼하 8장; 10장; 왕상 4:21,24). 여호수아 당대에 그 땅을 다 점령한 것은 아니지만, 그 후손을 통해서 이루어질 것까지를 예고하신 것이다.

하나님은 여호수아와 같이 계실 것을 약속하셨고. 결코 그를 버리지 않으실 것이고, 약속의 땅을 백성에게 차지하도록 하실 터이니, 강하고 담대하라고 거듭 거듭 격려하신다.

그러나 조건이 있다. 모세를 통해서 주신 법대로 행동하고 좌우로 치우치지 말아야 한다는 것이다. 율법 책의 말씀이 입에서 떠나지 않아야 하고, 그것을 주야로 묵상하라는 것이다. 거기에 번영과 성공의 비결이 있다는 것이다.

교훈

1. 사람은 수명에 한도가 있고 역량도 제한되어 있어서 무한정 일할 수는 없다. 그러나 하나님은 영원하시고 전능하신 분으로서, 그의 뜻을 여러 대를 거쳐서 사람의 섬김을 통하여 이루어 나가신다.

모세가 죽자 여호수아를 불러서 그 일을 맡기셨다. 역사는 한 사람 당대에 이루어지는 것이 아니고, 영존하시는 하나님으로 말미암아 대를 이어가면서 이루어지는 법이다.

그러므로 근시안적으로 나의 대만 생각하고 낙심하거나 의심하지 말고, 하나님의 손을 바라보면서 믿음의 조상 아브라함처럼 미래에 이루어질 하나님의 뜻을 바라보면서 기뻐해야 할 것이다.

2. 하나님은 당신이 세우신 계획을 반드시 이루시는 분이시며, 그의 대행자들을 시켜서 그 일을 이루신다. 거기서 하나님은 그의 일꾼과 언제나 같이 계신다는 것이며, 하나님 편에서 그의 사자를 버리거나 놓치거나 하시는 분이 아니라는 것을 알아야 한다.

하나님의 사자로 택함을 받은 사람도 역시 사람이기에, 사람 편에서 실수하고 낙심하고 변절하는 일이 있다. 그리고 지도자가 아무리 충성스럽더라도 그를 따라야 하는 백성이 성실하지 못 할 때, 하나님의 일에 차질이 생기는 법이다. 그렇더라도 하나님의 일꾼은 하나님이 언제나 같이 계신다는 신념을 굳게 가지고 강하고 담대하게 행동해야 하는 것이다.

3. 하나님의 백성과 그 지도자의 책임은 하나님이 가르치신 법도대로 살고 행하는 일이다. 사랑의 하나님은 어리석은 인간을 위하여 미리 길과 도리를 마련하셔서 그 길을 가도록 하신 것이다.

그러므로 사람은 하나님이 은혜와 사랑으로 주신 그 법도를 언제나 기억하고 명상하고 그것을 실천하도록 노력해야 할 것이다. 하나님은 땅 짚고 헤엄치기 격으로 쉬운 길을 우리에게 주셨는데도 사람들이 어리석게도 그 쉬운 길을 가지 않고 있는 것이다.

가나안 침공 준비(수 1:10-18)

해설

하나님의 명령과 격려의 말씀을 들은 여호수아는 곧바로 자기의 책임을 수행하는 일에 착수했다. 먼저 백성의 지휘관들을 불러서 그들을 통하여 말단까지 명령을 시달했다.

첫째로, 사흘 후에 요단강을 건너서 야훼 하나님이 주시기로 한 땅을 차지하기 위하여 출발할 것이니 모든 준비를 하라는 것이었다.

둘째로, 요단강 동쪽에서 이미 땅을 차지한 르우벤 지파와 갇* 지파와 므낫세 반 지파에게 명령을 내렸다. 모세가 말한 것을 기억하라는 것이다. 전투요원들은, 아내들과 어린이들과 우양(牛羊)을 요단강 동쪽에 남겨두고, 무장을 하고, 앞장서서 강을 건너 다른 부족들을 도와 가나안 땅을 점령하도록 한 다음에 돌아오라는 것이다.

그들은 여호수아의 이 명령에 승복하고, 어디든지 보내는 곳에 가겠다고 약속했다. 야훼 하나님께서 모세와 같이 계셨던 것처럼 여호수아와 같이 계실 것을 기원하며, 그의 명령을 거역하는 자는 죽여 버리겠노라고 맹세하면서 “강하고 담대하십시오!” 하면서 여호수아를 격려하였다.

교훈

1. 여호수아는 모세 밑에서 훈련을 받으며 배웠고 그를 닮았다. 모세가 하나님을 순종한 것처럼 여호수아도 하나님의 명령을 순종했다. 무장이라고는 한 것이 거의 없는 그 많은 오합지졸이나 다름없는 백성을 거느리고 요단강을 건너서, 가나안의 월등한 정착문화의 땅을 점령하러 간다는 것은 결코 쉬운 일이 아니라는 것을 뻔히 알면서도, 야훼 하나님을 믿는 믿음을 가졌기에 순종하고 결행하려고 나선 것이다.

우리는 여호수아의 용기와 믿음을 높이 평가해야 할 것이다.

2. 민족적 거대한 과업을 완수하기 위해서는 민심의 통일과 단합이 필요하였다. 요단강 동쪽에서 이미 기업을 받은 두 지파 반의 이스라엘 사람들이 여타의 동족을 위한 협력을 거부했다면, 그들의 사기는 땅에 떨어졌을 것이고, 목적을 달성할 수 없었을 것이다. 온 민족이 일치단결 합심함으로써 큰 과업을 수행할 수 있었다.

가진 자, 이미 성공한 자, 기득권자의 희생과 양보와 동정과 협력이 있어야 전체의 영광을 얻을 수 있는 것이다. 이기적인 생각과 행동은 결국 자기도 망하고, 다 같이 망하는 길이 된다.

3. 요단강 동쪽 사람들의 호응과 지도자에 대한 격려는 가상한 것이었다. 지도자가 이치에 맞는 명령을 내릴 때 쾌히 순응하는 것도 중요하지만, 일보 나아가 지도자를 격려하고 하나님께 의탁하며 그를 위하여 기원하는 태도는 매우 본받을 만한 일이다.

백성과 지도자와 하나님이 한 마음으로 행하는 일이 어찌 성공하지 않을 것이냐 말이다.

여리고 성으로 정탐꾼을 보내다(수 2:1-24)

해설

모든 전쟁은 첩보 활동을 동반한다. 이스라엘이 가나안을 정복하기 위한 전투에 있어서도 첩보원을 파송하는 일로 시작되었다.

여호수아는 비밀리에 정탐꾼 두 사람을 파송하며, 가나안 땅의 형편, 특히 공격의 제1차 목표로 삼고 있던 여리고 성을 정탐하라는 사명을 주어서 보냈다.

사전에 작전 계획을 짰는지 몰라도, 그 두 정탐꾼은 아마도 가나안 사람들의 복장을 하였을 것이고, 지나가는 나그네 차림으로 창녀의 집을 찾아서 들어가기로 계획을 했었던 모양이다. 누구나 마음만 있으면 들어갈 수 있는 집이니까 말이다. 여인숙을 찾아 들어가는 것보다 더 안전하고 의심을 덜 받을 수 있는 방도였을 것이다.

라합이라는 이름을 가진 창녀의 집이었다. 거기서 밤을 지냈다는 말은 성적인 행위를 암시하기도 한다. 어떤 사람이 창녀의 집에 들러서 성행위를 한다는 것은 통상적인 것이고 어느 누구에게도 의심을 살 만한 일이 아니기에, 그 정탐꾼들도 자신의 가장(假裝)을 위해서라도 통상적인 행동을 했을 것으로 보인다.

도시국가의 하나인 여리고 성도 물론 전시체제였을 것이고, 초긴장 상태에서 초계(哨戒)를 하던 중, 여리고 성에 낯선 어떤 사람 둘이 창녀 라합의 집에 들어왔다는 소식이 상부에 보고되었던 모양이다. 전시가 아니라면 창녀의 집에 사람이 드나드는 것은 문제가 아니었겠지만, 다급한 전시이다 보니, 그야말로 개미 새끼 한 마리의 움직임도 그대로 넘길 수 없는 형편이었을 것이다. 이스라엘 사람들이 가나안 땅을 정탐하러 와서 라합의 집에 침입했다는 보고였다.

그래서 여리고 도시국의 왕은 곧바로 군졸들을 보내어 라합에게 왕

명을 전달했다. “네 집에 들어온 사람들을 내 놓아라. 그들은 우리 땅을 정탐하러 온 사람들이 분명하다.”

그러나 라합은 자기 집으로 걸어 올라오는 군졸들을 성 위에서 내려다보고는, 그들이 자기 집에 들이닥치기 전에, 서둘러 그 정탐꾼들을 데리고 옥상으로 올라가, 거기에 깔아 놓은 아마(亞麻) 단 속에 숨겨 놓았던 것이다. 그리고는 시치미를 떼고 왕의 군졸들을 맞았다. 그리고는 대답했다. “사실입니다. 두 사람이 왔는데, 그들이 어디서 온 사람인지를 나는 몰랐습니다. 그런데 날이 저물어 성문이 닫칠 무렵에 그 사람들이 성을 빠져 나갔습니다. 그들이 아직 멀리 가지 못 했을 터이니, 빨리 쫓아가십시오. 그들을 따라잡을 것입니다.” 그 말은 들은 군졸들은 예의 수색하며 요단강 여울까지 추격했다. 그 군졸들이 성문을 나서자 성문은 닫혔다. 즉 어두운 밤이 시작된 것이다.

정탐꾼들이 아마 단 밑에서 잠이 들려고 하는 참에 라합이 올라와서 말하는 것이었다. “야훼께서 이 땅을 당신들에게 주신 것을 나는 압니다. 당신네들에 대한 공포가 우리를 사로잡고 있습니다. 이 땅의 모든 주민은 당신들이 무서워서 그야말로 혼비백산입니다. 왜냐고요? 야훼께서, 당신네들이 애굽에서 나올 때 홍해 물을 말리셨다는 것, 그리고 당신들이 요단강 동쪽에 있는 아모리의 두 왕 시혼과 옥을 완전히 멸망시켰다는 사실을 들었습니다. 그 이야기를 듣자, 우리는 간담이 녹아내렸고, 우리는 모두 당신네에 대하여 완전히 기가 죽은 상태입니다. 당신들의 하나님 야훼야 말로 하늘과 땅의 하나님이십니다. 그래서 나는 당신들을 이렇게 후대하는 것이니, 당신들도 그 보상으로 우리 가족을 후대해 주겠다고 야훼께 맹세해 주십시오. 내 아버지, 어머니, 남녀 동생들과 그들의 가솔을 죽이지 않고 살려 줄 것을 보증하는 어떤 신표(信標)를 주십시오.”

그러자 그 정탐꾼들은 맹세했다. "우리의 목숨 걸고 당신들을 살리겠습니다. 당신이 우리의 사건을 발설하지 않는다면, 야훼께서 이 땅을 우리에게 주시는 날, 우리도 당신에게 자비(〈헤세드〉 חֶסֶד)를 베풀 것이고 신용(〈에멧〉 אֱמֶת)을 지킬 것입니다."

이렇게 약속받은 뒤에 라합은 성벽 위에 있는 그녀의 집 창문으로 밧줄을 드리워 그 정탐꾼들을 성 밖으로 달아 내리려 보냈다. 그러면서 그들더러 그들을 잡으러 간 군졸들을 만나지 않도록 동쪽으로 가지 말고 반대로 산지로 올라가서 숲 속에서 사흘 동안 숨어 있으라고 했다. 그리고 추적하는 자들이 돌아온 후에 본진으로 돌아가라고 했다.

정탐꾼들은 라합에게 주홍색 노끈을 주면서 약속을 했다. 자기들이 이 땅을 침공할 때, 당신이 우리를 빠져나오게 한 그 창문에다가 이 주홍색 노끈을 달아 놓을 것, 그리고 모든 가족을 당신의 집에 모아 놓고, 밖을 나가지 않게 할 것, 만일 이 약속을 지키지 않음으로 일어나는 어떤 사고도 책임을 지지 않겠다는 것이었다. 그 약속을 지키는데도 라합의 가족 중의 누군가가 살해를 당한다면 그 책임을 자기들이 지겠다는 것이었다. 그리고 만일 정탐꾼에 관한 것을 발설하는 경우에는 쌍방의 서약이 무효로 된다는 것을 밝혔다.

그러자 라합은 그 말에 동의하고 그들을 떠나보냈다. 그리고는 창문에다가 주홍색 노끈을 달아놓았다.

라합의 말대로 정탐꾼들은 그들을 추적하는 군졸들이 돌아올 때까지 즉 사흘 동안 산지로 올라가서 거기에 머물렀다. 그 뒤에 그들은 무사히 요단강을 건너서 여호수아에게 돌아가 상세하게 보고했다.

그 보고를 들은 여호수아는 야훼가 가나안 땅 전체를 이스라엘의 손에 붙여 주셨다는 것과 가나안 주민들이 온통 이스라엘 사람들에 대한 공포에 사로잡혀 있다는 것을 확신했다.

교훈

1. 이방인 창녀 라합이 야훼 신앙을 가지게 됐다. 그것은 그녀의 공로로 말미암은 것이 아니었다. 가나안 본토인들은 이미 40년 전에 애굽에서 일어난 사건을 들어서 알고 있었다. 400여 년 동안 애굽에서 종살이를 하던 이스라엘 백성이 야훼의 능력으로 해방을 받았고, 홍해가 그들을 가로 막았을 때 야훼의 능력으로 그 바닷물을 말려서 육지처럼 건너게 하셨으며, 추격하던 애굽의 군대를 몽땅 수장해 버렸다는 놀라운 사실을 듣고, 그 하나님 야훼에 대한 공포심을 가지고 있었다. 그리고 이스라엘 백성이 40년 동안 광야 생활을 하는 동안에 일어난 여러 가지 사건들에 대해서도 예의 주시하면서 언젠가는 그 백성이 자기들에게 들이닥칠 것을 생각하며 걱정하고 있었을 것이다. 그런데 그 백성이 오래 동안 광야에서 유리방황하며 때로는 그들의 발걸음이 남쪽으로 향하고 있는 것을 알고는 안도의 숨을 쉬기도 했을 것이다. 그러나 그들이 북상하기 시작하더니만 근자에 와서는 요단 동쪽에 있는 강대국을 점령하고 시혼과 옥을 무찌른 사건을 목격하고는 다시 공포에 사로잡혔던 것이다. 가나안 사람들 전체가 정신을 잃고 이스라엘 사람들에 대한 공포심으로 떨고 있을 때, 라합은 그 역사의 배후에서 지배하시는 야훼 하나님의 존재를 깨닫고, 그에 대한 신앙을 가지기 시작했던 것이다. 아직 다른 사람들은 그냥 안절부절못하고 떨고만 있을 때, 그녀는 야훼에 대한 믿음을 가지게 되었는데, 그것은 결국 하나님의 은총이며 하나님의 섭리의 조치라고 보아야 할 것이다. 거기에는 하나님께서 자신의 능력을 보여주신 사건들이 있었기 때문이며, 그것들을 보고 야훼의 존재를 깨달은 라합의 슬기가 있었던 것이다.

누구나 하나님을 믿을 수 있는 것이 아니다. 신분 여하를 막론하고 하나님의 은총을 입은 자가 하나님을 깨닫고 하나님을 믿을 수 있고, 또 하나님의 자비를 입을 수 있다.

2. 애굽에서 양의 피가 발린 집을 건너뛰고 그 집 사람들을 살려두신 것처럼 피의 색깔을 가진 붉은 노끈이 달린 라합의 집을 건너뛰고 그 집에 있는 사람만을 살리기고 한 것은, 역시 하나님의 선택의 원리와 은혜의 원리를 적용한 사건이었다.

그리스도의 십자가 사건을 믿고, 그의 피 공로를 믿는 성도들만이 구원받는 원리가 이미 거기에 나타난 것이다.

3. 라합과 정탐꾼 사이에 맺어진 약속이 성실하게 지켜질 때 비로소 쌍방의 목적이 달성되고 하나님의 계획이 이루어지게 되어 있다.

하나님과 인간이 맺은 언약, 이스라엘과 맺은 언약, 그리스도의 피로 맺은 언약에 있어서, 하나님은 성실하시지만, 계약 당사자인 인간이 성실하지 못할 수 있다. 그럴 때 그 언약은 무효가 될 수 있다. 그러므로 어디까지나 우리들 자신이 그 언약에 충실하려고 노력해야 한다.

라합은 그 언약에 성실하였기 때문에 하나님의 은총을 입어 그리스도의 조상의 반열에 오를 수 있었고 신자의 사표가 될 수 있었다. 야훼를 믿고 언약에 충실해야 한다는 신명기적 정신을 가지는 것이 무엇보다도 중요하다.

4. 물리적 조건으로 본다면 가나안 원주민들이 여러 면에서 우세하고 월등하였다. 수로 보나 군비로 보나 이스라엘을 능가하고 있었던 것이다. 그런데도 그들이 이스라엘 사람들에 대한 공포심으로 사기가 땅에 떨어져 있었던 것은 어찌된 일일까?

가나안 사람 일반은 그 배후에 무언가 미지의 힘이 있다는 어렴풋한 생각을 가지고 있었고, 여호수아와 이스라엘 백성은 전능자 야훼의 힘이 작용하고 있음을 확신하고 있었다. 결국 야훼를 알지 못하는 사람들은 떨고 있었고, 야훼를 믿고 모시는 자들은 비록 물리적으로 열등하면서도 그 하나님 안에서 용기를 가질 수 있었고 승리의 희망을 품을 수 있었던 것이다.

이스라엘이 요단강을 건너다(수 3:1-17)

해설

이스라엘 백성은 싯팀*이라는 곳에 진을 치고 있었는데(싯팀*은 아카시아 나무라는 뜻이어서, 아마도 그 곳에 아카시아 나무가 많았던 모양이다), 정탐꾼의 보고를 들은 여호수아는 이제 확실한 승산을 가지고 백성에게 그 곳을 떠나 요단강 변으로 자리를 옮기라고 명령을 내렸다. 강변에다 진을 치고 다음 명령을 기다리게 한 것이다.

약속한 사흘이 지나자(1:11; 2:16, 22), 각 지파의 지휘관들이 각각 자기 자파 진영을 돌면서 명령을 내렸다. 그것은 물론 여호수아의 지령을 받고서 한 일일 것이다. 요는 야훼의 언약궤를 책임지고 있는 레위인들이 그 궤를 메고 나가는 것을 보거든, 그 궤를 따라서 나서라는 것이었다. 한 번도 가보지 않은 낯선 길이기에, 그 궤가 가는 길을 따라가면 된다는 말이다. 그러나 언약궤를 너무 가까이 하지는 말고 약 2000 큐빗(약 3000 피트)의 거리를 두고 따라가라는 것이었다.

그리고 백성은 목욕재계를 하고 야훼의 놀라운 거사를 맞으라는 것이었다. 제사장들에게는 언약궤를 메고 백성의 선봉이 되어 나가야 한다고 타일렀다.

야훼께서 정하신 거사의 날은 그의 놀라운 능력을 과시하기에 가장 적절한 때였다. 하곡(夏穀)을 추수하는 계절, 곧 헐몬* 산을 비롯한 북쪽의 높은 산지에서 눈이 녹아내려 그 물이 북 요단강을 거쳐 갈릴리 바다에 이르고 이어서 남요단강을 넘쳐흐르게 하는 시기였다. 보통 때에는 요단강 폭이 약 100피트이고, 수심은 3-10피트밖에 되지 않지만, 범람하는 시기에는 강폭이 약 600피트가 되고 수심은 150피트에 달하였다는 것이다.

야훼께서는 그런 때를 택하셔서 이스라엘 백성에게 도강(渡江)을 명하신 것이다. 기적이 아니고서는 성공할 수 없는 환경과 시점에, 하나님의 능력으로 이스라엘로 하여금 요단강을 건너게 하시려는 것이다. 과거에 모세를 통해서 역사하시던 하나님께서 이제는 여호수아를 통하여 그 일을 해내시려는 것이다. 위기일발 가장 어려운 시점에 홍해를 무사히 건넌 사건을 통해서 모세가 이스라엘 백성의 신임을 받고, 하나님이 모세와 같이 계시다는 확신을 가지도록 하신 것처럼, 이번에도 사람으로는 불가능한 처지를 타개하는 사건, 곧 범람한 요단강을 무사히 건너는 사건을 통해서 하나님이 여호수아와 같이 계시다는 것과 여호수아는 신뢰할 만한 지도자라는 것을 이스라엘 백성으로 하여금 알게 하시려는 의도를 가지셨던 것이다.

그래서 하나님은 여호수아에게 세밀한 명령을 내리신 것이다. 우선 언약궤를 운반하는 제사장들을 지휘할 사람은 바로 여호수아라고 하시면서, 제사장들더러 요단강가로 가서 강물로 들어가 서 있으라는 명령을 내리게 하셨다.

그리하여 여호수아가 백성들을 향하여 말했다. “가까이 와서 야훼 여러분의 하나님의 말씀을 들으시오. 여러분을 앞장서서 언약궤를 메고 가는 제사장들의 발바닥이 요단강 물을 밟고 서는 순간, 위에서부터 흘러내리던 요단간 물이 잘리고 멈추어 서게 될 것입니다. 이 사건을 통해서 여러분은 살아계신 하나님, 곧 가나안의 원주민들, 즉 가나안, 헷, 히위, 브리스, 기르가스, 아모리, 여부스 족속을 틀림없이 몰아내실 그 하나님이 여러분과 함께 계시다는 것을 알게 될 것입니다. 그러니 이제 각 지파에서 대표 한 사람씩을 뽑으십시오.”

이스라엘 백성은 여호수아의 지시를 따라 요단강을 건너려고, 강가에 쳤던 천막을 떠나서 출발했다. 제사장들은 언약궤를 메고 그들을 앞서 나갔다. 그들의 발바닥이 강물 가를 밟자말자, 위로부터 흘러오던 강물이 멈추고 사례단* 곁에 있는 아담이라는 곳에서 물이 모이고 쌓였다. 그리고 사해로 흐르던 물은 완전히 흘러 없어졌다. 그러자 이스라엘 백성은 마른 땅을 짚고 강을 건너게 되었다. 그러는 동안 언약궤를 멘 제사장들은 계속 요단강 한 가운데 물 없는 바닥에 서 있었다.

교훈

1. 야훼는 살아계시는 분이시다(3:10). 모세를 영도자로 세우셔서 이스라엘을 애굽에서 구출하시고 홍해를 마른땅처럼 건너게 하신 그 하나님은 살아계셔서 다시 요단강 물을 말리셔서 이스라엘로 하여금 마른땅을 밟고 건너게 하신 것이다. 그분은 지금도 살아계셔서 필요한 때에는 우리에게도 같은 기적을 보여주실 수 있는 분이시다.

2. 요단강 물이 가장 적고 수심이 아주 낮을 때 이스라엘로 하여금 요단강을 건너게 하실 수도 있을 것인데, 그러지 않으시고 가장 어려운 시점을 골라서 도강을 하게 하신 하나님이시다. 이렇게 하나님은 필요할 때 기적을 보여주심으로써 큰 효과를 거두시는 분이시다. 우선 그 당시의 이스라엘 백성은 기적적인 요단강 도하 사건을 통해서 야훼 하나님의 권능을 목격했을 것이고, 그런 하나님이 자기들과 같이 계시다는 것을 앎으로써 가나안 정복에 큰 활력소를 얻었을 것이다.

반면에 가나안 원주민들은 그 기적 사건을 통해서 더욱 더 사기를 잃고 야훼 하나님과 그의 백성 이스라엘에 대한 공포심을 더 크게 품게 됐을 것이다. 하나님은 능력의 하나님이시다.

3. 하나님의 언약궤는 하나님의 임재를 상징한다. 언약궤를 앞세우고 나가는 곳에 기적이 일어났고, 도강을 성공리에 이룬 것이다. 결국 야훼 하나님을 믿고 그를 받들고 섬기는 곳에 성공이 있고 큰 역사가 일어나는 법이다. 그리고 여호수아를 통한 야훼 하나님의 명령에 복종하는 일로 인해서 도강이 성공적으로 이루어진 것이다. 이스라엘 백성이 하나님의 말씀을 받아들이지 않았더라면, 그 놀라운 일이 일어날 수 없었을 것이다.

우리가 건너야 할 요단강(이 세상)을 성공적으로 건너는 방법이 무엇일까? 야훼 하나님을 굳게 믿고 그를 모시고 사는 삶이 필요하다.

길갈에 세운 열두 개의 돌(수 4:1-5:1)

해설

이스라엘 백성은 북쪽에 요단강 물이 산더미로 쌓여 있고 어느 순간에 그 물이 무너져 내리 덮칠지 모르는 위기를 느끼면서 서둘러 강을 건넜을 것이다. 그들이 모두 강을 건넜을 때 야훼께서 여호수아에게 명령을 내리셨다. 각 지파에서 한 사람씩 곧 열두 사람을 뽑으라는 것이었다. 그리고 그들에게, 언약궤를 멘 제사장들이 서 있는 요단강 바닥에서 각각 돌을 하나씩 주워 오늘 밤 강 서쪽에서 이스라엘 백성이 진을 칠 장소에 놓도록 하라는 것이었다.

그래서 여호수아는 하나님의 명령대로 이미 뽑아 놓았던(3:12) 열두 사람을 불렀다. 그들은 강을 건너기 전에 이미 뽑힌 사람으로 왜 뽑혔는지 그 영문을 알지 못하고 있었을 것이다. 여호수아가 그들의 임무를 말해주었다. 요단 강 한 가운데 있는 야훼의 궤 앞으로 가서 거기에 있는 돌을 하나씩 메고 나오라고 한 것이다. 그 돌 하나는 이스라엘의 열두 지파 가운데 하나를 대표하는 것으로, 장차 후손들이 그 돌에 대해서 물으면, 야훼의 언약궤 앞에서 요단강 물이 끊어졌고 그 궤가 요단강을 지나갈 때 요단강 물이 끊어졌음을 말해주라는 것이고, 그 돌들은 영원히 그 사실을 기념하는 것들이 될 것이라고 하였다.

여호수아가 지시한 대로 하여, 그 열두 사람은 각각 돌을 하나씩 메고 나와서 그들의 진지에 놓았다. 여호수아는 그 열두 개의 돌 외에 또 열두 개의 돌을 요단강 한가운데 곧 언약궤를 멘 제사장들이 서 있던 곳에 세워놓았다. (그 돌들은, 여호수아기가 작성되던 시대까지 그대로 있었다는 것이다.)

야훼는 여호수아를 시켜서 언약궤를 멘 제사장들더러 강에서 올라오라는 명을 내리셨다. 제사장들의 발바닥이 육지에 닿자말자 강물이 제 자리로 돌아왔고, 종전처럼 범람한 강을 이루었다.

야훼께서 여호수아를 시켜서 백성들에게 하라고 한 것들과 모세가 여호수아에게 명한 것들이 다 이루어질 때까지 제사장들은 요단강 한가운데 그대로 서 있었다. 그러는 동안 이스라엘 백성은 부랴부랴 강을 건넜다. 한 사람도 남지 않고 다 강을 건너자, 야훼의 궤와 제사장들이 강을 건너 본 위치를 다시 잡았다. 즉 백성의 선두에 자리를 잡았다. 그리고 르우벤 지파, 갇* 지파, 므낫세 반 지파가 무장을 하고 다른 지파 앞에 자리를 잡았다. 요단강을 건넌 사람들 중에서 약 4만 명의 전투요원이 여리고 평원 전투를 위하여 하나님 앞에 도열(堵列)하였다.

이제 전투가 시작되려는 마당에 일사불란한 명령 체제가 필요했다. 총사령관의 권위를 내 세워야 했다. 야훼께서 과거에 이스라엘로 하여금 모세를 존중하게 하셨던 것처럼 이제는 여호수아를 이스라엘 앞에 내 세우시고 그들이 두려워하는 대상이 되게 하셨다.

이스라엘 백성이 요단강을 건넌 것은 니싼*월(유대인의 달력으로는 정월, 우리 달력으로는 3월 내지 4월) 10일이었다. 그들은 여리고 동쪽 가에 있는 길갈에다 진을 쳤다.

여호수아는 열두 지파에서 뽑힌 대표들이 요단강에서 메고 나온 그 열두 개의 돌을 길갈에다 세우고 백성에게 말했다. "여러분의 자녀가 장차 이 돌에 대해서 묻거든, 이스라엘이 요단강을 마른 땅처럼 건너서 이리로 왔다는 것을 알게 하시오! 과거에 홍해를 말리셔서 우리를 건너게 하신 것처럼 이번에는 요단강 물을 말리셔서 우리를 건너게 하신 것입니다. 그것은 이 땅 만민이 야훼의 손이 위대하다는 것을 알도록 하시려는 것이며, 여러분으로 하여금 야훼 하나님을 영원히 두려워하도록 하려는 것입니다."

이스라엘 백성의 일거수일투족을 예의 주시하고 있던 아모리 족속의 왕들과 해변의 가나안 족속의 왕들은 범람하는 요단강 물줄기가 끊기고 마른 땅처럼 되어 이스라엘 백성이 거뜬히 요단강 서쪽으로 건너오는 것을 보고, 이는 사람이 상상조차 할 수 없는 일이라는 것, 이는 이스라엘 백성이 믿는 야훼의 능력으로 이루어진 것이라는 것을 알게 되자, 그들이 그야말로 혼비백산하여 사기가 완전히 땅에 떨어지고 말았다. 여호수아가 말한 대로(4:24) 이스라엘이 요단강을 건넌 사건을 통하여 야훼 하나님의 능력이 이방인들에게 알려지게 되었다.

교훈

1. 하나님께서 이스라엘 백성을 위하여 아브라함 이래 여러 번 약속하셨던 가나안 땅 진주가 명실공이 이루어지기 시작했다. 그런데 그것은 어디까지나 하나님의 능력으로 된 것이다. 곧 하나님의 은총으로 이루어진 일이다. 홍해 물을 갈라지게 하신 하나님이 이번에는 흘러넘치는 요단강 물을 멈추게 하셨다. 올바른 정신을 가진 사람이라면, 이 사건들을 보면서 야훼 하나님의 놀라운 능력에 감복할 수밖에 없는 것이

다. 따라서 "나는 몰라서 하나님을 믿을 수 없다."고 핑계 할 수 없다. 동시에 이스라엘 백성은 그 하나님을 두려워하며 영원히 신봉하지 않을 수 없는 것이다. 그 하나님께서 그리스도를 보내셨고, 그가 이 땅에서 사람들의 눈앞에서 많은 기적을 행하시다가 마침내 죽으셨으나 되살아나셨고, 많은 목격자들의 증언이 성경에 기록되어 우리 손에 들려 있게 하셨다. 우리는 이렇게 더 많은 증거를 가지고 있기에 그 하나님을 두려워하지 않을 수 없다.

2. 하나님의 언약궤를 멘 제사장들도 우리와 똑 같은 성정을 가진 사람이다. 그들이 그 언약궤를 메고 요단강 한 가운데 서 있었다는 것은, 참으로 믿음이 없이는 할 수 없는 일이다. 그들의 희생적인 믿음의 행동 때문에, 백성들도 신념을 가지고 강을 무사히 건널 수 있었다. 이렇게 믿음의 선구자들이 필요한 것이다. 훌륭한 믿음의 용사들이 있기에, 많은 사람들이 행복을 누릴 수 있는 것이다. 우리가 과연 훌륭한 제사장 백성의 역할을 해 낼 수 있을까?

3. 길갈에 열두 개의 돌을 세우게 하신 것은 대대로 이스라엘 백성으로 하여금, 요단강 도강(渡江) 사건을 상기시키기 위함이다. 야훼 하나님의 능력과 은총과 자비를 기억하라는 것이다. 야훼 하나님이 아니고는 그들은 존재할 수 없었다는 것을 기억하라는 것이다. 요단강 바닥에도 여호수아가 열두 개의 돌을 모아 세웠다는 것 역시, 수위가 낮아진 후에 누구든지 그 돌들을 보면서 그 놀라운 사건을 상기하도록 하려는 것이었으리라. 어떤 개인을 자랑하려고 세우는 기념비와는 달리 이 기념비들은 하나님을 기억하게 하려는 발상에서 나온 것이다. 야훼 하나님을 기억하게 하고, 그에 대한 신앙을 일으키게 하려는 고상한 목적으로 세우는 기념비들이 필요했던 것이다.

4. 열두 개의 돌은 이스라엘 열두 지파를 대표하는 것으로 이스라엘 열두 지파가 예외 없이 다 하나님의 은총과 능력으로 구원 얻었음을 상징한다. 열둘 중의 어느 하나나 둘은 자기들의 힘으로 구원을 얻을 수 있다는 것이 아니다. 이는 사람이 누구든지 자력으로 구원을 얻을 수 있는 자가 없다는 진리를 말해준다. 우리도 예외 없이 모두 하나님의 은총을 입은 자로서 하나님의 능력과 은혜를 알리는 기념비적 존재가 되어야 한다.

5. 하나님께서는 이스라엘이 가나안을 정복할 수 있는 유리한 환경을 만들어 주셨다. 가나안 원주민과 그들의 왕들이 야훼 하나님과 이스라엘 백성을 공포의 대상으로 여기게 되었으니, 이스라엘의 승리는 맡아놓은 셈이 되었다. 이스라엘이 야훼께 충성하기만 한다면, 하나님께서 맡아서 싸워주실 것이니 말이다. 이러한 유리한 상황을 이스라엘이 선용하지 못하고 본토인들의 속임수에 놀아나 하나님의 명령을 거스르고 순종하지 않아 차질을 가져왔으니, 책임이 이스라엘 백성에게 있었던 것이다. 하나님의 넘치는 자비와 은총을 순종과 충성으로 받아드리지 못하는 인간이 얼마나 어리석은가 말이다.

새 세대에게 할례를 베풀다(수 5:2-9)

해설

이스라엘 백성이 요단강을 건넌 후에 그 다음 단계로 야훼께서는 여호수아를 시켜서 이스라엘 백성에게 할례를 베풀게 하셨다. 부싯돌 칼을 만들어 이스라엘 백성에게 두 번째 할례를 행하라고 명령하신 것이다. 이렇게 할례를 행했던 장소의 이름이 기브앗 하아랄로트*(גִּבְעַת הָעֲרָלוֹת)인데, 그 명칭은 '포경피(包莖皮)의 산(山)'[2]이라는 뜻으로, 거기서 그 많은 이스라엘 백성이 할례를 행했기 때문에 그런 이름이 붙여진 것인 것 같다.

할례의 인습은 서부 셈족들과 고대 애굽인들이 가지고 있었던 것인데, 이스라엘 백성이 애굽에서 오래 동안 노예 생활을 하는 동안에 애굽 사람들의 방식으로 할례를 행했던 것으로 보인다. 애굽인들의 할례는 이스라엘 사람들이 행하는 할례보다는 간단하고 약식이었던 것으로 보인다.

출애굽 후 광야 40년 동안에 애굽에서 할례를 받은 기성세대가 다 죽고, 광야에서 태어난 사람들은 아예 할례를 받지 못하고 지냈었다. 기성세대는 야훼의 말씀을 경청하지 않았기 때문에 광야에서 다 죽었다. 하나님이 주시기로 한 그 가나안 복지를 이제 그들의 자녀가 차지해야 할 참이니 지금까지 할례를 받지 않은 제2세들이 하나님의 법도대로 정식 할례를 받아 자격을 갖추어야 하기 때문에 여호수아가 할례를 행했다는 것이다. 기성세대는 하나님의 법을 어기었기 때문에 광야에서 다 죽었지만, 새 세대는 하나님의 법을 따르고 지킴으로 성공적으로 약속의 땅을 차지할 수 있어야 한다는 것이다.

이스라엘 백성 전체가 할례를 받고 상처가 아물 때까지 각기 자기들의 거처에 머물러 있었다. 할례가 바로 이스라엘 백성의 표이고 하나님께서 명령하신 것인데, 이스라엘 백성이 애굽과 광야에서 지내는 동안 그 필수적인 할례를 형식적으로 받았거나 아예 받지 못함으로써 책망을 받을 만한 창피한 꼴(〈헤르파〉 חֶרְפָּה)[3]을 가지고 살았던 것인데,

---

2) 사사기 5장 3절 개역성경에서는 '할례산'으로 옮겼다. 다만 개역개정판에서는 여기에 '기브앗 하아랄롯'이라는 난외주를 붙여 놓았다.

3) 여호수아 5장 9절 개역성경에서는 이 히브리 낱말을 '수치'로 옮겼다.

이제 정식으로 할례를 받음으로써, 애굽 생활과 그 연장(延長)으로서의 광야 생활의 모든 불미스러움을 벗게 되었다. 그들이 임시로 거주하던 곳, 곧 할례를 행한 곳이 길갈(גִּלְגָּל)인데 그것은 '굴리다', '굴려 내버리다'는 뜻의 동사 〈갈랄〉(גָּלַל) 에서 온 말로 지금까지의 불미스러움을 다 굴려 내버렸음을 뜻한다.

교훈

1. 이스라엘의 가나안 땅 점령은 단지 군사적인 사건이 아니라 종교적인 의미를 가진 사건이었다. 야훼 하나님의 법을 순종하고 그의 뜻대로 사는 거룩한 사람이 하나님의 약속의 땅으로 진입하는 것이므로, 이는 하나님과의 관계가 정상적이어야만 이루어질 수 있는 사건이었다. 하나님의 법을 어긴 자들은 광야에서 다 죽었고, 그 약속의 땅에 발을 들여놓을 수 없었다. 할례가 상징하는 성결과 복종은 앞으로 있을 가나안 정벌과 점령의 필수 조건이다. 목욕재개를 하고 심신의 모든 불미함을 제거하고야 하나님 앞에 나아갈 수 있다.

우리 신약시대의 신도들은 인간의 힘으로 거룩해지거나 의로워질 수 없다는 것을 알고, 그리스도의 공로를 의지하고 있다. 어쨌든 하나님이 거룩하시니 우리도 거룩해져야만 하나님과 그의 낙원에 접근할 수 있다는 것이 진리이다.

2. 하나님은 우리 과거의 모든 허물과 죄와 비행과 책망 받을만한 일들을 제거하는 것을 기뻐하신다. 그렇게 하시는 장본인이 바로 하나님 자신이시다. 할례는 자기 스스로 행하지 않고 다른 사람이 그 일을 맡아서 한다. 하나님께서 이스라엘에게서 그 더러움을 제거해 주셨다(5:9). 여기서 주어(主語)는 하나님이시다.

하나님께서 그리스도를 통하여, 성령을 통하여 우리의 마음과 생활에서 허물을 제거해 주신다. 내 힘으로 거룩해지는 것이 아니라, 은혜로, 오직 믿음으로 우리는 의롭다함을 얻는다.

길갈에서 지킨 유월절(수 5:10-12)

해설

이스라엘 백성이 요단강을 무사히 건넌 것은 니싼*월 10일이었고, 요단강에서 서쪽으로 약 6 km 지점에 있는 길갈까지 진주하여 거기에 진을 쳤다. 그리고 사흘 동안 휴식을 취하고 정돈을 한 후에 14일 만월이 되는 저녁에 그 여리고 평야에서 유월절을 지켰다.

유월절을 다 지킨 바로 다음 날부터는 가나안 땅에서 난 곡식을 먹었다. 그 날부터 만나가 더 이상 내리지 않았다.

교훈

1. 이스라엘이 애굽을 떠날 때 유월절을 지켰는데, 그것은 하나님께서 이스라엘을 애굽에서 구원하신다는 신호탄이었다. 이와는 달리 이스라엘이 길갈에서 지킨 유월절은 하나님의 은혜로 요단강을 무사히 건넌 것을 기념하는 행사였다. 또한 앞으로 가나안 땅을 정복해야 하는 큰 과업을 내다보면서 하나님의 구원의 손길을 다시 비는 행사인 동시에 그들의 믿음과 결단을 표시하는 행사였을 것이다. 그리고 유월절을 지키라고 하신 하나님의 명령을, 적진을 코앞에 둔, 극도로 다급한 형편에서도 지킨 아름다운 순종의 사건이라고도 할 수 있다.

아무리 어려워도 할 일은 해야 한다. 하나님의 법을 지키는 일은 어떤 일이 있어도 멈출 수 없다.

2. 길갈에서의 유월절은 낡은 것이 지나가고 새 것이 오기 시작했다는 상징적인 의미도 있었다. 이는 그야말로 '넘어감'(passover)이었다. 만나를 먹고 살던 시대가 지나가고 이제는 그 땅의 소산을 먹으며 살 수 있는 시대로 접어들었다. 하늘에서 내려 주시는 만나에 의존하고 살아야 하던 시대를 청산하고 이제는 정상적인 삶을 살아야 하는 때가 됐다. 성숙을 향하여 출발하는 시기가 온 것이다.

우리는 명절을 당할 때 과거에 대한 향수에 젖어 있기 쉽다. 그보다는 앞을 향한 결단과 희망에 중점을 두고 앞길을 바라보고 용감히 나아가야 할 것이다.

여호수아가 환상을 보다(수 5:13-15)

해설

백성을 영도하는 책임을 지고 있는 여호수아는 하나님의 지시를 따라 모든 준비를 하고 있었지만, 막상 그의 첫 과제인 여리고성 점령을 생각한다면 밤잠이 오지 않았을 것이다. 하루는 그가 혼자서 여리고 성 근처까지 가서 그 성을 공략할 전략을 궁리하고 있었던 모양이다.

그 때 홀연히 한 사람이 검을 빼어 들고 여호수아 앞길을 막아서 있는 것이 보였다. 여호수아는 대담했다. 그 사람에게 다가가서 말을 걸었다. "당신은 우리 편이요, 아니면 우리 원수의 편이요?"하고 따졌다. 그 낯선 사람의 대답은 이러했다. "나는 아무의 편도 아니요. 단지 야훼의 군대 사령관으로 지금 온 것이오."

이 말을 들은 여호수아는 엎드려 그에게 절을 하고, "나의 주여, 당신의 종인 저에게 명령하시는 것은 무엇입니까?" 하고 물었다. 야훼의 군대 사령관은 말했다. "네가 서 있는 곳은 거룩하니, 네 발에서 신을 벗어라." 여호수아는 신을 벗었다.

교훈

1. 하나님이 계획하시는 거룩한 일을 해내기 위해서는 그 임무를 맡은 자의 참된 마음가짐과 결단이 요구된다. 이스라엘 군대를 이끌고 여리고 성을 비롯하여 많은 곳을 점령하고 토벌해야 하는 중책을 수행해야 하는 여호수아에게 참으로 용기가 있어야 하고, 그의 속사람도 깨끗하여 하나님과 사람들 앞에 떳떳해야 하는 것이다.

그래서 우선 하나님은 여호수아에게 용기를 주시려고 군대 사령관을 보내 여호수아 앞에는 야훼의 군대 사령관이 같이 있다는 것을 보여주신 것이다.

다음으로 이 싸움은 하나님이 주도하시는 거룩한 전쟁이므로 대행자인 여호수아가 부도덕해서는 안 되고 하나님 보시기에 깨끗해야 함을 가르치시려는 것이었다. 우선 여호수아 자신이 신을 벗듯이 과거의 모든 더러움과 교만을 벗어버리고 심신을 거룩히 하여 사령관의 책임을 수행해야 한다는 것을 가르쳐주신 것이다. 모세가 시내 산기슭에서 야훼 하나님을 만났을 때 신을 벗으라는 명령을 받은 사건과 맞먹는 사건이다(출 3:5). 세속적인 생각과 더러운 과거의 자아를 버리고 거룩하신 하나님 사업에 착수하라는 것이다. 여호수아가 싸움에서 이기기 위해서 먼저 해야 할 일은 하나님 앞에 허심탄회 굴복하고, 절대 복종하는 마음을 품는 일이었다.

2. 이스라엘 역사에 있어서 어디까지나 하나님이 주도적인 역할을 하고 계신다. 하나님께서 그의 군대 사령관을 여호수아에게 보내 앞으로 있는 전투의 선봉이 되어 주실 것을 알려주셨고, "강하고 담대하여라!"고 하신 하나님의 관심을 한층 더 구체적으로 나타내 보이셨다. 그리고 신을 벗으라는 말씀으로 여호수아가 취해야 할 태도를 좀 더 구체적으로 지시하신 것이다. 이렇게 하나님은 적극적으로 간섭하시면서 이스라엘을 인도하셨다. 그런데 이스라엘이 이처럼 적극적인 하나님의 관심과 배려에 정비례하여 복종하지 않았던 것이 문제였다. 하나님은 우리에게 그토록 큰 사랑으로 다가오시는데, 우리는 거기에 얼마나 호응하고 있는가? 하나님은 할 일을 다 하시는데, 인간은 언제나 하나님을 실망시키고 있다.

여리고 성을 점령하고 파멸하다(수 6:1-27)

해설

흘러넘치는 요단강을 이스라엘 백성이 단숨에 건너서 길갈에 진을 치는 광경을 목도한 도시국가 여리고 성 사람들은 그전까지의 소문만 듣고도 이미 야훼 하나님과 이스라엘 백성에 대한 공포심으로 완전히 기가 죽어 있었던 참이었는데, 이 새 사실로 인해서 거의 정신을 잃었을 것이다. 그래서 그들은 외성 내성의 성문을 걸어 잠그고 숨을 죽이고 있었던 것이다. 그렇게 만든 것은 야훼 하나님이셨다.

이제 야훼께서 여호수아에게 말씀하셨다. "보아라. 여리고를, 그 왕과 군대를 내가 이미 네게 내 주었다." 여리고 성문이 닫히고, 낮에도 누구 하나 드나드는 사람이 없으니, 죽은 성이다. 이제 공격하여 그것을 차지하면 된다는 것이다. 그러면서 구체적인 방안을 제시하셨다.

여호수아와 그의 군대가 여리고 성을 하루에 한 번씩 우선 육일 동안 돌라는 것이다. 제사장 일곱 명이 양각 나팔을 하나씩 들고, 언약궤 앞에 서서 불면서 돌라는 것이다. 그리고 제7일에는 그 성을 일곱 번 도는데, 역시 제사장들이 나팔을 불면서 돌라는 것이다. 그리고 그 맨 끝에 나팔을 길게 불도록 하고, 그 소리를 듣는 순간에 이스라엘 온 백성이 크게 고함을 지르라는 것이었다. 그렇게 하는 순간 여리고 성벽이 와르르 무너질 것이니, 온 백성이 성으로 쳐들어가라는 것이었다.

이런 세밀한 방안을 제시받은 여호수아는 제사장들을 불러 언약궤를 메게 하고, 일곱 제사장에게 양각 나팔을 들고 언약궤 앞에 서게 하였으며, 백성에게도 행진하며 그 성을 돌라고 했다. 그리고 야훼의 언약궤 앞에 무장한 군인들이 행진하도록 하라고 명했다.

여호수아가 명한 대로 일곱 제사장이 양각 나팔을 불면서 야훼의 언약궤 앞에서 행진하고, 양각 나팔을 부는 제사장들 앞에는 무장 전위병(前衛兵)이 행진하고, 언약궤 뒤에도 무장 군인이 후위(後衛)병으로 따랐다. 나팔수들은 계속 양각 나팔을 불어댔다. 여호수아가 지시하기 전에는 백성들은 고함을 지르지 말고 아무 소리도 내지 말아야 한다고 명했다. 이렇게 야훼의 언약궤가 여리고 성을 한 바퀴 돌고는 진지로 돌아와서 밤을 지내는 것이었다. 이렇게 하기를 여섯 번 반복했다.

이레째에는 그들이 새벽에 일어나서 그 성을 일곱 번 돌았다. 일곱 번을 돌았을 때 제사장들이 나팔을 길게 불었다. 그 때 여호수아가 백성더러 고함을 지르라고 명을 내렸다.

그리고 "야훼가 이 성을 당신들에게 주었소. 이 성과 그 안에 있는 것은 다 야훼께 바쳐진 것이니 완전히 때려 부수시오!" 하고 명령을 내렸다. 소위 〈헤렘〉(חֵרֶם)[4]을 명한 것이다. 그러면서 단서를 붙였다.

4) 개역한글판 여호수아 6장 17절에서는 이 히브리 낱말을 '여호와께 바치다'로, 개역개정판에서는 '여호와께 온전히 바치다'로 풀어 옮겼다.

(1) 정탐꾼들을 숨겨준 라합과 그녀의 집 안에 있는 사람들은 살려두라는 것이며, (2) 완전히 때려 부수기로 되어 있는 노획물을 탐내어 그 어떤 것이라도 가지는 날에는 이스라엘 진영이 파멸되고 화를 자초하게 될 것이므로 그 어떤 것도 탐내지 말아야 한다는 것이며, (3) 그러나 은, 금은 물론이고, 청동과 쇠로 된 그릇들도 야훼를 위하여 바쳐질 거룩한 것이니 야훼의 창고에 넣도록 하라는 것이다.

길게 분 나팔 소리를 들은 백성은 일제히 함성을 질렀고, 그 순간 성이 무너져 내렸다. 그러자 백성은 성으로 쳐 들어가 그것을 점령했다. 검을 가지고 여리고 성 안에 있는 남녀노소, 우양 나귀를 닥치는 대로 다 죽여 버렸다.

물론 여호수아는 여리고성이 무너지자 전에 정탐하러 보냈던 두 사람을 불러 라합의 집으로 보내어 라합과 그 집에 있던 사람을 다 불러내어 이스라엘 진영 바깥으로 데리고 나오게 했다. 그러고 나서 그 성을 불사르고 금과 은, 청동과 쇠로 된 그릇들을 야훼의 집 창고에 보관했다. 라합과 그의 가족은 그 때부터 이스라엘 백성 가운데서 같이 살았다.

여호수아는 여리고 성을 누고 영감 어린 서약을 선포했다. 그 성 자체에 대한 저주가 아니라 그것을 재건하는 자들에 대한 저주이다. 여리고 성을 재건하려고 시도하는 사람은 야훼께 저주 받아 여리고를 재건하려고 터를 닦는 사람은 그의 맏아들을 잃고, 그 성문을 다는 사람은 그의 막둥이를 잃을 것이라고 했다. 열왕기 상 16장 34절에서 그 저주가 이루어졌다.

이상의 사건들은 다 야훼께서 여호수아와 같이 하셔서 이루신 것이었다. 그리하여 여호수아의 명성이 온 천하에 널리 퍼졌다.

교훈

1. 높은 성벽을 이중으로 쌓고 청동과 철제 무기로 무장한 여리고 성채가 이스라엘 사람들의 고함 소리에 무너졌고, 성 안에 있는 군인과 기타 주민이 이스라엘의 검에 몽땅 베여 죽고 말았다. 이것은 홍해 물을 말려 이스라엘을 건너게 하신 사건과 요단강 물을 말려 삽시간에 그들을 가나안 땅으로 진주시킨 사건과 맞먹는 사건이다. 야훼의 손이 하신 일이다. 이스라엘 백성이 한 일이 무엇인가? 여리고 성을 빙빙 돈 것밖에 없다. 나팔 소리를 울린 것밖에 없다. 고함을 지른 것밖에 없다. 그것들이 어떻게 그 견고한 성벽을 무너뜨리겠는가? 이스라엘의 괴상한 행동들이 심리적으로 여리고 사람들을 공포 속에 몰아넣을 수 있었겠지만, 그 성벽이 무너져 내리게 할 수는 없지 않았겠는가? 이는 오직 야훼 하나님만이 하실 수 있는 일이었다.

2. 이스라엘 사람들은 문화적으로나 군사적으로 가나안 원주민들보다 열세이어서 오히려 위축되어 있을 만하였지만, 그들은 여호수아를 통하여 지시되는 이상하고도 이치에 맞아 보이지 않는 행동을 복종하는 마음으로 수행했다. 즉 야훼를 중심에 모시고 행진하라는 명령을 복종했다. 하나님의 명령을 계속 거듭하여 복종했다. 결국 하나님과 그의 명령에 대한 복종이 하나님으로 하여금 큰 기적을 행하게 하는 계기가 된 것이다. 사람의 계산이나 이해를 넘어서, 하나님의 법을 순종하는 곳에 하나님의 능력이 나타나고, 그의 은혜가 나타나는 법이다.

3. 라합은 그 하나님을 믿고 의지함으로써 그 자신은 물론 그의 일가의 구원을 이루었다. 신분 여하를 막론하고, 야훼 하나님을 믿고 의지할 때 그에게 하나님의 은혜가 있게 마련이다. 그리고 한 사람의 믿음으로 다른 사람들이 많이 구원받는 일이 벌어진다.

4. 야훼께서 나의 하나님이 되어 나와 같이 계시는 것이 가장 큰 복이다. 하나님을 모시는 자는 큰일을 해 낼 수 있으며, 하나님도 그리고 그를 모시는 자도 세상이 알아주게 될 것이다. 그것이 바로 하나님께 영광을 돌리는 일이 아니겠는가!

5. 비전투요원까지 다 죽이는 섬멸전은 너무도 잔인한 행동이다. 그런 일을 되풀이해서는 안 된다. 본문에서는 그런 일을 결코 정당화하거나 장려하려는 것이 아니다. 다만 이방적인 종교와 정신과 사상과 행동을 철저히 버리고, 우리 주변에서 없이해야 한다는 것을 강조하는 것으로 이해하고, 신앙적인 섬멸전(殲滅戰)을 펼쳐야 한다고 본다. 철저히 거룩해지려는 노력은 아무리 해도 모자랄 것이다.

아간의 범죄와 벌(수 7:1-26)

해설

여리고성을 점령한 이스라엘 백성과 여호수아는 우선 여리고성을 임시 본영으로 하고 가나안 점령 작전을 펼치기 시작했다. 다음 공략의 대상으로 아이(עַי) 성을 지목하고 우선 그리로 정탐꾼을 파견했다. 여리고성을 공략하기 전에 한 것과 같이 말이다. 정탐꾼이 아이 성을 정탐한 후에 돌아와서 보고했다. 아이 성에는 사람이 많지 않아서 그 성을 치려고 이스라엘 군대를 다 동원할 필요가 없고 2000-3000명만 올라가면 족하다는 것이었다. 그래서 3000명이 아이 성 공략을 위해서 올라갔는데, 형세는 여의치 않았다. 오히려 이스라엘 군대가 패주하였고, 아이 성 남자들이 이스라엘 군대를 아이 성 밖으로 몰아내어 세바림*까지 추격하여 산기슭에서 36명을 살육했다.

이 사건으로 말미암아 이스라엘 사람들의 마음이 녹아내렸다. 여리고 성을 공략할 때와는 정반대의 형편이 되고 말았다. 총사령관 여호수아는 통분한 나머지 옷을 찢고 야훼의 언약궤 앞에 장로들과 함께 해가 지도록 꿇어 엎드렸다. 그리고 그들의 머리에 먼지를 뒤집어썼다. 거기서 여호수아는 하나님께 울부짖었다. "아! 야훼 하나님! 도대체 어째서 우리를 요단강을 건너게 하셨습니까? 아모리인들의 손에 넘겨서 멸망하게 하시려고 그랬습니까? 오히려 요단강 동쪽에 남아 있는 것으로 만족했더라면 좋았을 것 아닙니까? 이제 어쩌면 좋겠습니까? 이스라엘이 가나안 사람들에게 패배했으니, 그 소문이 삽시간에 가나안 전체에 퍼질 것이고, 그들이 우리를 포위하여 마침내 우리를 이 땅에서 말살시킬 것입니다. 그렇게 되면 당신의 이름은 무엇이 되겠습니까? 어찌하시렵니까?" 야훼는 아이 전투에서 패배한 원인을 모르고 절망 속에 있는 여호수아에게 그 원인을 알려주시며 사후 대책을 제시하셨다. 이스라엘이 죄를 지었고 언약을 어겼기 때문이라는 것이다. 그들이 〈헤렘〉(חֵרֶם, '하나님께 바쳐진 물건', '없애버려야 할 물건')[5]의 한 부분을 취했다는 것이다. 그들이 그것들을 도둑질하였고 눈가림 하여 속이면서 자기들의 다른 물건들 속에 감추어 두었다는 것이다. 그래서 원수들에게 패배했으므로, 이스라엘 가운데 있는 그 〈헤렘〉을 파멸하지 않으면 결코 그들과 함께 하시지 않겠다는 것이다. 그러니까 백성을 정결하게 하라는 것이었다. 그리고 구체적인 방안을 일러주셨다. 우선 야훼, 이스라엘의 하나님의 말씀이라고 하시며, 그들의 죄상을 알려주라는 것이었다. "오 이스라엘아, 너희 가운데 〈헤렘〉을 가지고 있는 사람이 있다. 그것들을 너희 가운데서 제거하기 전에는 원수를 당해낼 수 없을 것이다."

---

5) 이 히브리 낱말을 여호수아 7장 11절 개역한글판에서는 '바친 물건'으로, 개역개정판에서는 '온전히 바친 물건'으로 옮겼다.

어떤 사람이 숨어서 한 일을 다른 사람들이 알 도리가 없다. 오직 하나님만이 그 숨은 행동을 아시고, 그것을 지금 일러주시며, 그 더러운 행동 즉 그 죄를 그 백성 가운데서 씻어내는 방도를 말씀하시는 것이었다. 다음 날 아침에 백성 전체를 지파 별로 세우고, 각 지파는 문중 별로 세우고, 각 문중은 가족별로 세우라는 것이다. 그러면 범인이 속한 지파를 지적하고, 그가 속한 가문을 지적하고, 마침내 그 범인의 가족을 지적하겠다는 것이다. 그렇게 해서 지적된 사람은 야훼와 맺은 언약을 어긴 사람이고, 이스라엘이 격분할 만한 일을 하였기 때문에, 그 본인과 가족과 그의 소유를 몽땅 불살라 버리라는 것이었다.

다음 날 이른 아침에 여호수아가 지파 하나하나를 검열하다가 유다 지파를 집어냈다. 유다 지파의 여러 가문을 검열하다가 제라* 가문을 지적했다. 다음은 제라* 가문을 검열하다가 아간의 가족을 지적했다. 여호수아가 어떻게 범인을 지적할 수 있었을까? 틀림없이 하나님의 영이 그를 지배했을 것이다.

적발된 아간에게 여호수아는 말했다. "내 아들아! 이스라엘의 하나님 야훼께 영광을 돌려라. 그에게 자백하여라. 네가 한 일을 숨김없이 내게 말해라!" 그러자 아간은 솔직히 털어놓았다. "이스라엘의 하나님 야훼께 죄를 지은 것은 바로 나입니다. 노획물 중에 시날(메소포타미아)에서 온 아름다운 외투 한 벌을 보았습니다. 그리고 은 200세겔과 50세겔이나 되는 금괴를 보고 탐이 났습니다. 그것들이 지금 내 천막 안의 땅 속에 숨겨져 있고, 은이 맨 밑에 있습니다."

그래서 여호수아가 사람들을 아간의 집으로 보내었더니, 그들이 달려가서 아간이 말한 그대로 발견했다. 그들이 그 물건들을 여호수아와 백성 앞에 가져왔고, 하나님 앞에 그것들을 진열하였다. 그리고는 여호수아와 온 백성이 아간과 은과 금괴와 외투와 그의 자녀들과 우양과 나귀와 그의 천막과 기타 모든 소유를 아골(עָכוֹר 〈아코르〉) 계곡으로 데리고 갔다. 아골은 소란(disturbance) 또는 어려움(trouble)을 뜻한다. 여기서 여호수아가 아간에게 말했다. "네가 어째서 우리에게 이런 어려움을 주었느냐? 오늘 야훼께서 네게 어려움을 주실 것이다."[6]

이 말이 끝나자 백성이 아간을 돌로 쳐 죽이고 물건들은 불사르고 거기에 돌을 던져 돌무더기를 만들었다. 이렇게 함으로써 야훼의 격분이 풀렸다. 그 후 여호수아가 저술되는 시대까지도 그 곳의 이름은 아골 골짜기였다.

교훈

1. 죄값은 사망이다. 그것은 하나님의 철칙이다. 이스라엘 백성 중에 아간이라는 한 사람이 죄를 지었지만, 그것은 바로 그가 속한 이스라엘 백성의 죄가 되는 것이었다. 죄를 범한 민족이 하는 일이 어찌 순탄할 수 있겠는가? 이스라엘이 아이 성 공략에 실패한 것은 사필귀정이었다. 개인과 그가 속한 사회는 연대책임이 있는 것이다. 개인을 사회 속에 두시고 상호 연관 속에서 살도록 하셨기 때문에 서로 책임을 느껴야 하는 것이다.

2. 일이 제대로 되지 않는다는 것은 그 원인이 있게 마련이다. 하나님과의 관계에서 반성하며 그 원인을 찾아야 한다. 아이 성 전투에서 실패한 원인을 아는 사람은 하나님과 아간 본인뿐이었다. 우선 하나님과 맺은 언약 곧 모든 노획물을 〈헤렘〉으로 삼아 죽이고 없애버리라는 약속을 어긴 것이다. 하나님의 물건을 도둑질하고 다른 사람들의 눈을 속이는 거짓을 저지른 것이다. 하나님과 동료를 속이고 배반한 죄 때문

---

6) 여호수아 7장 25절 히브리어 본문에서는 명사 〈아코르〉(עָכוֹר)의 동사형이 〈아카르〉(עָכַר)가 두 번 나온다. 개역성경에서는 이 동사를 '괴롭게 하다'로 옮겼다.

에 하나님의 심판을 받은 것이다. 어디까지나 언약을 시키는 자가 되어야 한다. 하나님과 동료를 속이는 일을 하지 않아야 한다.

3. 이제라도 회복할 수 있는 길은 죄를 뉘우치고, 돌아서서 원상복구를 해야 하고, 응당의 벌을 받아야 한다. 즉 거룩하게 되어야 한다. 성화되어야 한다. 죄를 깨닫고 죄를 깨끗이 씻고 멀리하는 일이 필요하다.

4. 아간과 그의 가족과 모든 소유를 불살라 없이하는 혹독한 벌을 내린 것은, 너무 잔인한 처사로 보이지만, 그 당시의 형편에서는 있을 수 있는 처사였을 것이다. 우리는 거기서 그렇게 하신 하나님의 뜻을 깨달아야 할 것이다. 즉 철저히 죄를 깨닫고, 철저한 정화가 필요하다는 것이다. 하나님의 거룩하심에는 부분적인 것이 있을 수 없다. 작은 죄도 죽을 죄이다. 완전한 거룩만이 거룩이다. 그 정신을 가지고 행동해야 한다는 말이다. 하나님과 맺은 언약을 어기는 죄, 하나님의 명령을 어기는 죄는 크든 작든 철저히 회개하고 제거되어야 하는 것이다.

아이 성을 책략으로 점령하고 파멸하다(수 8:1-29)

해설

이스라엘 백성이 야훼의 명령대로 아간과 그의 가족을 〈헤렘〉으로 삼음으로써 정화(淨化) 작업이 끝났다. 즉 하나님과 이스라엘의 관계가 정상화된 것이다.

그러자 야훼는 여호수아에게 아이 성 공략 방안을 제시하셨다. 기필코 하나님께서 아이 성과 그 도시국가의 왕과 백성과 온 땅을 여호수아에게 내 줄 테니 두려워하지도 당황하지도 말고 당장에 전투 요원 전체를 동원하여 아이 성을 공격하라는 것이었다. 여리고 성 공략과 다른 점은, 아이 성 공략에서는 매복 작전을 쓰고 그 성의 사람들은 다 죽이고 노획물들은 다 나누어가져도 좋다는 것이다.

이런 작전 지시를 받은 여호수아는 모든 전투 요원을 동원하여 아이 성 공략을 시작했다. 우선 군인 30000(12절에는 5000명으로 되어 있다. 야간에 그 많은 사람이 아이 성 근처에 잠복한다는 것은 불가능하다고 보는 사람들이 있다. 30000명을 한 분단이 1000명씩인 30개의 분단으로 해석하는 사람도 있다)명을 뽑아 야간에 아이 성 후방 가까운 지점에 매복시켰다. 그리고 정신을 차리고 있으라고 명령을 내렸다. 아침이 되면 여호수아가 남은 군인들과 함께 아이 성을 정면으로 공격할 것이고, 아이 성 사람들이 전과 같이 싸우려고 달려 나오면, 지는 척하고 도망을 치라는 것이다. 그러면 "저놈들이 또 도망치는구나." 하면서 멀리까지 추격해 올 것이니, 그 시점에 매복했던 곳에서 일어나 그 성을 습격하여 그 성을 불 지르라는 것이다.

이렇게 매복군에게 지시한 후에 여호수아는 자기 진지에서 밤을 지냈다. 다음날 아침 일찍 여호수아는 군인들과 장로들을 이끌고 아이 성으로 접근하여 아이 성 북쪽에 진을 쳤다. 계곡을 건너기만 하면 아이 성이었다. 아이 성 왕이 아침에 이스라엘 진지를 보고는 온 시민을 동원하여 맞서 싸우려고 달려 나왔다. 물론 성 뒤 쪽에 이스라엘의 복병이 있다는 것을 모르고 있었다. 여호수아와 그의 군대는 쫓기는 척하면서 광야 방향으로 도망을 쳤다. 산에서보다는 평지에서 싸우는 것이 유리하니까. 아이 성 사람이 몽땅 털어 나와서 이스라엘 군대를 추격하는 것이었다. 벧엘 사람들도 전부 합세하여 이스라엘을 추격하였다.

바로 그 때 야훼께서 여호수아에게, 여호수아의 검을 아이 성을 향하여 치켜들라고 명령하셨는데, 그것이 바로 반전(反轉)의 신호였다.

번쩍이는 여호수아의 검이 아이 성을 향하여 치켜 들리는 것을 신호로 하여 복병들이 일제히 일어나 아이 성으로 쳐 들어가 그 성을 불 질렀다. 뭉게뭉게 하늘로 치솟는 연기를 본 아이 성 추격대는 혼비백산 정신을 잃었고, 그들과는 반대로, 달아나던 이스라엘 군은 아이 성이 불타는 것을 보는 순간에 돌아서서 아이 성 사람들을 도륙하기 시작했다. 아이 성을 불사른 이스라엘 복병들은 그 성에서 나와 협공을 하였다. 그리하여 아이 성 사람이 한 사람도 남지 않고 다 죽고 말았다. 다만 아이 성 왕만은 생포되었다. 이스라엘 군은 이제 아이 성으로 진입하여 거기 남아 있는 사람들도 다 죽였다. 그 날 죽은 아이 성 사람의 수가 12000명이었다. 그러나 야훼의 지시대로 우양(牛羊)과 기타 노획물은 불사르지 않았다. 아이 성은 폐허가 되었고, 왕은 나무에 목매달아 죽여 그 시체를 저녁까지 두었다가 성문 밖에 던져 돌무더기를 만들어 버렸다.

교훈

1. 아이 성 공략 사건 배후에는 줄곧 하나님이 계셨다. 첫 공략에서 이스라엘이 실패한 것도 하나님이 하신 일이고, 아간의 죄를 지적하고 이스라엘에게 정화(淨化)를 명령하신 것도 하나님이시다. 이스라엘이 죄를 깨닫고, 그 죄값으로 아간 일가가 몰살한 것도 하나님이 하신 일이었다. 하나님은 도덕적인 하나님이시고, 당신이 거룩하시니 이스라엘도 거룩하고 정결하기를 바라셨다. 이스라엘이 정화되자 하나님께서 이스라엘에게 승리의 방도를 가르치셨고, 그 계획이 성공하도록 지휘하셨다. 여기서 이스라엘과 우리는 도덕적인 야훼 하나님의 뜻을 받들어 언제나 거룩하고 정결하게 생각하고 행동한 후에야 자신을 가지고 하나님의 명을 수행할 수 있고 성공을 거둘 수 있음을 깨닫는다.

2. 여리고 성을 공략할 때는 사람뿐만 아니라 모든 노획물을 다 죽이고 불사르라고 하신 하나님이 아이 성의 경우에는 사람만 죽이고 노획물은 전리품으로 나누어 가지도록 허락하셨다. 하나님의 지시 내용이 변한 것이 사실이지만, 그 지시의 정신은 같다.

여리고 성을 섬멸하라 하신 까닭은 이스라엘로 하여금 이방 종교와 이방 문물을 미워하고 그것들의 유혹을 절대로 받지 않게 하여 성결을 유지하게 하려는 데 있었다.

그러나 짐승까지 다 죽이고 귀한 물건을 다 태워버린다는 것은 한편 하나님이 지으신 것들의 가치를 무시하는 일로 보일 수 있고, 오랜 유목 생활로써 여러 가지 생필품이 궁핍한 형편에 있는 이스라엘이 보기에는 경제적으로 모순된 행동일 수 있었다. 따라서 하나님이 이스라엘의 거룩함을 유지하는 한도 내에서 다른 유용한 물건들과 가축들을 남겨두고 선용하도록 하신 것은 임기응변으로 합리적인 처사였다고 본다.

인간의 깨달음이 필요하다. 그리고 물건의 귀중함을 인식해야 한다.

하나님은 변덕스러우신 분이 아니다. 다만 우리 인간의 깨달음을 기다리시고, 깨닫는 만큼 적절한 명령을 우리에게 내리신다.

3. 우리의 삶에서 성공하는 비결은 우리가 깨끗한 양심과 거룩한 손을 가지고 하나님의 뜻을 이루려는 생각을 하면서 사는 데 있다.

우리가 욕심을 가지고 일을 하다가 실패하더라도 성령을 통하여 우리의 잘못을 깨달으면 겸손히 참회하며 하나님의 지시를 순종하는 것이 상책이다.

여호수아가 언약을 다짐하다(수 8:30-35)

해설

여호수아는 모세가 이스라엘에게 명하고 모세의 율법 책에 기록되어 있는 대로 에발 산에 쇠 연장으로 다듬지 않은 돌들을 가지고 제단을 하나 쌓았고, 이스라엘이 그 제단에서 번제와 화목제를 드렸다. 그리고 여호수아는 백성들이 보는 앞에서 그 돌들에다가 모세가 쓴 율법을 그대로 썼다. 그리고 야훼의 언약궤와 그것을 운반하는 레위 제사장들을 가운데 두고 이스라엘 백성 전체와 같이 사는 외국인들이 두 패로 나뉘어, 그 절반은 그리심 산 앞에, 또 다른 절반은 에발 산 앞에 선 가운데, 제사장들이 이스라엘 백성을 축복하게 하였다. 그것은 야훼의 종 모세가 이미 전에 명령한 대로이다. 그 뒤에 여호수아는 율법 책에 기록되어 있는 대로 율법의 말씀들과, 복과 저주의 말씀을 빠짐없이 전부 읽었다. 즉 이스라엘 남녀노소 그리고 같이 사는 외국인들 전부 앞에서 그것을 읽었다.

이 이야기는 바로 앞에 나오는 아이 성 공략 사건이나 이제 뒤따라 나오는 전쟁 이야기와 직접적인 관계가 없다. 여기서는 1장 1-9절에서 야훼께서 여호수아에게 준 지시 내용들을 회상함과 동시에 23-24장에 나올 여호수아의 마지막 연설과 언약 갱신의 사건을 대망하고 있다. 이 짧은 단원에 모세가 다섯 번이나 언급되면서 신명기 27장 1-8절에 나온 모세의 세밀한 지시가 그대로 이루어진 것을 보여준다. 결국 야훼 하나님께서 모세를 통하여 지시하신 것을 여호수아에서 세 번(1:1-9; 8:30-35; 23-24장)이나 거듭 언급하면서 그 정신의 중요성을 강조하는 셈이다. 33절과 35절에 '외국인들'이 언급된 것으로 보아,[7] 여기서

7) 여호수아 8장 33절 개역성경에서 '이방인'으로, 8장 35절 개역한글판에서 '객들'으로, 개역개정판에서 '거류민들'로 옮긴 히브리 낱말은 같다.

는 여호수아를 기록하던 후대, 즉 외국인들과 섞여서 살던 시대를 반영하는 것으로 보인다.

교훈

1. 그리심 산과 에발 산은 가나안 땅의 중심부이다. 거기에다 야훼 하나님을 위한 순수한 제단을 쌓고 번제와 화목제를 드린다는 것은 야훼 하나님을 이스라엘의 가나안 점령과 그 후 생활의 중심에 둔다는 상징일 수 있다.

그리고 제단 돌들에 율법의 말씀을 기록하고 또 모두 앞에서 그것을 읽었다는 것은 차후의 생활을 하나님의 말씀에 입각하여 살겠다는 각오를 표시하는 것이어서 신명기 사상이 계속 이어지고 있는 것을 보여준다.

하나님을 중심하고 말씀을 중심하는 정신을 끝까지 지녀야 한다.

2. 하나님의 임재를 상징하는 언약궤를 가운데 놓고 이스라엘 백성이 두 패로 나누어 서서 복과 저주를 두고 민족적인 선택을 한다는 것은 참으로 엄숙하고 뜻있는 행동이었다고 본다.

개인도 그렇지만 한 민족이 하나님 앞에서 복과 저주의 길 가운데 하나를 선택하여, 그 진로를 정한다는 것은 참으로 귀한 일이다. 민족적으로 야훼를 두려워하고 복의 길을 택하여 그리로 가려고 결단한다는 것은 참으로 귀하고 바람직한 일이 아닐 수 없다.

기브온 사람들이 꾀를 부려 자신들을 구원하다(수 9:1-27)

해설

여호수아와 그의 군대(이스라엘)가 여리고와 아이를 섬멸했다는 소식이 가나안 땅 도처로 퍼졌다. 요단강 서쪽 산악지대와 해변 평원지대에 살던 백성들(헷, 아모리, 가나안, 브리스, 히위, 여부스)의 왕들이 모여서 힘을 합하여 여호수아와 이스라엘 군을 대항하여 싸우려고 논의했다.

그런데 히위 족 가운데 기브온이라는 마을(예루살렘에서 동서쪽으로 약 9km 거리에 있는 곳) 사람들이 여리고와 아이에서 여호수아가 한 일을 듣고는 자기들에게도 같은 일이 닥칠 것이 두려워 그것을 모면하기 위하여 묘책을 강구하였다. 자신들을 가나안 원주민이 아니라 먼 나라에서 온 사람들로 가장하고 이스라엘과 불가침 조약을 맺기로 한 것이었다.

그리하여 이들은 우선 먼 나라에서 여러 날을 걸려서 온 것처럼 보이기 위해서 해어진 복장을 하고, 마르고 곰팡이가 낀 음식을 가지고, 나귀에다가는 낡아빠진 자루와 포도주 가죽부대를 싣고 길갈에 있는 여호수아의 본영(本營)을 찾아갔다. 그리고는 자기들이 먼 나라에서 왔으니, 자기들과 협약을 맺자고 제안했다. 그러나 이스라엘 백성은 이를 의심스러워하면서 선뜻 그들의 제안을 받아들이기가 어려워 따졌다. 보아하니 그들은 그 지방 사람들인데 협약이 무슨 소리냐고 생각한 것이다. 그러자 그들이 여호수아에게 조아리며, "우리는 당신의 종입니다."고 하면서, 진실과 허위를 섞어서 그들의 정체를 설명했다. 즉 그들은 야훼 하나님의 명성을 들었기 때문에 먼 곳으로부터 왔다는 것이었다. 야훼가 어떤 분이시며 그가 애굽에서 하신 일과 요단강 동쪽에서 헤스본의 시혼 왕과 바산의 옥 왕에게 하신 일을 다 들었기 때문에 자기 나라의 장로들과 백성이 자기들을 보내며 자기들은 이스라엘의 종이 되겠으니 자기들과 평화협정을 맺도록 하라고 했다는 것이었다. 그러면서 말라빠지고 곰팡이 쓴 빵과 해어진 포도주 부대를 보이면서 그것들을 먼 거리에서 왔다는 증거로 들이대었다. 그러자 이스라엘 백성의 지도자들은 그들이 주는 음식을 같이 먹고 야훼의 지시를 받을 생각을 하지 않았다. 결국 여호수아는 그들과 평화협정을 맺고 그들의 생명을 보장한다는 협정을 하였다. 그리고 지도자들은 맹세를 하면서 그 협약에 동의했다.

이 협정을 맺고 사흘이 지났을 때 기브온 사람들의 정체가 드러났다. 즉 그들은 이스라엘 사람들 근처에서 같이 살고 있는 본토인들이라는 소문을 들은 것이다. 그래서 이스라엘 백성이 알아보니, 그들은 기브온, 크피라*, 키르얏여아림* 사람들이었다. 그러나 이미 야훼의 이름으로 우호약정을 맺은 관계를 가진 사람들이기 때문에 이스라엘 사람들이 그들을 공격하지 않았다. 그러나 이스라엘 백성은 지도자들에게 불평을 터뜨렸다. 그래서 지도자들은 변명을 할 수밖에 없었다. 야훼 하나님을 두고 협정을 맺은 것이어서 그들에게 손을 대면 안 된다는 것이었다. 그러나 그들을 살려두는 대가로 그들을 종으로 부리라는 것이었다. 이스라엘 백성을 위하여 나무를 해오고 물을 긷는 일꾼으로 부리라는 것이었다. 여호수아는 기브온 사람들을 불러놓고 따졌다. 어째서 멀리서 왔다고 속였느냐고 말이다. 그러니 그들은 저주 받아야 하고, 어떤 사람은 계속 종이 되어 하나님의 집과 이스라엘 사람들을 위하여 나무를 해오고 물 긷는 일을 해야 한다고 명했다.

기브온 사람들은 그 조건을 감수하기로 하였다. 결국 그들은 속임수를 써서 이스라엘과 평화협약을 맺고, 목숨을 건지게 되었다. 마침내는 그들의 속임수가 발각되었지만, 야훼를 두고 협정을 맺었기 때문에 이스라엘 사람들은 그 약속을 파기할 수 없었다.

교훈

1. 이스라엘 백성이 애굽을 탈출하여 요단강 동쪽의 아모리 왕들을 무찌르고 물이 흘러넘치는 요단강을 육지 같이 건너 여리고 성과 아이 성을 여지없이 파멸한 사건의 배후에는 야훼 하나님의 능력이 작용하였는데, 그 진실을 알아보는 것은 쉬운 일이 아니었다. 하나님은 사람의 눈에 보이지 않기 때문이다.

가나안의 왕들은 자기들이 연합군을 만들어 이스라엘을 대항하면 능히 이스라엘을 이겨낼 수 있으리라고 생각하였다.

그러나 기브온 사람들은 그 모든 사건 속에서 야훼를 발견하였고, 이스라엘 사람들의 힘만으로 된 사건으로는 보지 않았기에, 즉 이스라엘은 외형적으로 보잘 것 없는 존재인데 그들이 승승장구하는 것을 야훼 때문이고 연합군을 조직하여 대항해도 야훼를 당해내지는 못하리라고 생각하기에 이르렀다.

야훼 하나님을 발견한다는 것이 그렇게도 중요한 것이다. 다른 사람들은 못하는데 기브온 사람들은 야훼의 능력을 믿고 속임수를 써서라도 이스라엘과 우호조약을 맺으려는 생각을 한 것은 하나님의 은혜라고 할 수 있고 그들의 슬기라고 할 수 있다.

2. 야훼 하나님은 신실하신 분이셔서 일단 서약을 하며 약속한 것을 변경하시지 않는다. 기브온 사람들은 그 사실을 어렴풋이나마 알았기에 그런 속임수를 쓰려고 했을 것이다. 그렇게 여호수아와 이스라엘 사람에게 접근하는 데는 큰 용기가 필요했을 것이다. 하나님을 믿고 용감하게 시도하는 가운데 그들의 목적을 달성할 수 있었다. 방법은 정상적인 것이 아니었지만 그 의도는 갸륵한 것이어서, 하나님의 은혜를 입을 수 있었다.

하나님이 내리실 복을 사모하고 그의 은혜를 입고자 하는 사람들이 용기를 가지고 하나님께 나아올 때, 그 방법이 조금 서툴더라도 하나님께서 그 뜻을 받아주신다. 우리가 다 조금씩은 서투른 방법으로 하나님께 간구하고 있는 것이 아닌가? 그래도 하나님은 어여삐 보시고 우리의 간구를 들어주신다.

3. 하나님께 선택받은 백성의 권(圈)안에 살면 행복하다. 세상에도 선민과 이방인이 있어서 때로는 차별 대우를 받기도 하지만, 하나님 나라에서는 그런 구별이 없는 것이기에, 우리가 비록 이방인의 범주에 속했을지라도, 하나님의 선택권 안에 들기만 한다면, 결국은 하늘나라에서 평등한 대우를 받으며 꼭 같은 행복을 누리게 될 것이다.

기브온 사람들이 이스라엘 사람들의 종이나 하인 노릇을 하면서 살았지만, 세상에서 자기들의 생명을 구제할 수 있었고, 선민 이스라엘과 함께 사회생활을 하다가 영원한 세계에서는 평등을 누리게 된 것이다.

4. 이스라엘 사람들이 속은 것이 분하여 기브온을 공격하려 하다가 여호수아와 지도자들의 말을 따라 하나님 앞에서 한 약속을 저버리지 않고 그들을 받아들인 태도는 역시 본받을 만하다. 지도자의 말을 순종하는 백성, 특히 야훼 하나님의 뜻을 따르는 백성은 훌륭한 백성이다.

돌던 태양이 멈추어 섰다(수 10:1-15)

해설

여호수아가 여리고 성과 아이 성을 완전히 쳐부순 사건과 기브온 주민이 이스라엘과 불가침조약을 맺은 사건을 전해들은 예루살렘 왕 아도니세덱은 크게 놀랐다. 그것은 기브온 성이 무시할 수 없는 큰 성이고, 그 주민들은 모두 용맹을 떨치는 용사들이었기 때문이었다. 그들이 이스라엘과 합작한다는 것은 매우 위협적인 것이라고 판단했던 모양이다. 그리고 이스라엘에게 항복, 귀순, 전향한 기브온이 여타의 많은 가나안 본토인들에게 미칠 영향이 크다는 것을 느꼈을 것이다. 그래서 우선 기브온을 쳐부수는 것이 이스라엘의 세력을 막는 길이라고 생각했을 것이다.

아도니세덱은 헤브론 왕 호함과 야르뭇 왕 피람*과 라기스 왕 야피아*와 에글론 왕 드빌에게 사신을 보내어 그들의 협조를 청했다. 즉 연합군을 조직하여 기브온을 공격하자는 것이었다. 그리하여 결국 아모리의 다섯 왕이 그들의 군대를 동원하여 기브온과 맞서 싸우기로 했다. 그만큼 기브온이 강력한 성이고 그 시민들은 싸움에 능한 자들이었던 모양이다.

그러나 그 다섯 왕의 군대는 수적으로나 여러 모로 보아 우세하였던 모양이고, 그 전쟁은 그 연합군의 승리로 돌아갈 것이 확실했다. 여기서 기브온 사람들은 자기들이 아무리 용맹해도 자기들 힘만으로는 승산이 없었기 때문에 길갈에 있는 여호수아에게 원조를 청했다. 기브온과 이스라엘은 상호간의 불가침협정을 맺은 상태로 여기서는 이스라엘이 종주국이고 기브온은 이스라엘의 속국의 입장이어서 의무 조항은 없었지만 의리를 지키는 의미에서 종주국 이스라엘이 그의 속국을 감싸고 보호하고 돕는 형식으로 기브온의 편을 들어 싸우게 된다.

원조 청원을 받은 여호수아는 아모리의 다섯 왕의 연합군이 공격해온다는 소리를 듣고 어찌 주춤하지 않았겠는가? 그러나 그는 야훼 하나님을 믿고 결단을 내렸을 것이다. 그는 용사들을 다 동원하여 길갈을 떠났다.

야훼는 여호수아에게 승리를 보장해 주셨다. 길갈에서 기브온까지는 약 20마일, 거의 100리 길인데, 이스라엘 군대는 밤새도록 산골길을 강행군하여 기브온에 도착하였다. 예측하지 않은 빠른 시간에 갑자기 들이닥친 이스라엘의 군대를 본 연합군은 그 신속성에 놀랐을 것이고, 야훼께서 그 연합군의 마음에 공포심을 심어주셨다.

전투가 시작되자 이스라엘 군대와 기브온 군대는 파죽지세로 연합군을 도륙하였고 패주하는 적군을 벳호론*을 거쳐 아제카*와 막케다*까지 추격했다. 적군이 벳호론* 비탈을 내리 달려 아제카*까지 도망하는 동안에, 야훼께서 하늘로부터 돌덩어리 같은 우박을 내려서 그들을 때리셨다. 우박에 맞아 죽은 사람이 이스라엘 군의 칼에 죽은 사람보다 많은 지경이었다.

이렇게 야훼께서 아모리 다섯 왕들의 연합군을 이스라엘 군의 손에 부치셨을 때, 여호수아는 야훼께 간청하여 이스라엘 군인들 앞에서 "태양이여, 기브온 위에 멈추어 서라. 달아 아얄론 계곡에 멈추어 서라."고 간청했다. 그 많은 적군을 토벌하는 데는 시간이 오래 걸렸고, 적들을 하루에 다 해치우는 위력을 보여주어야 했으므로, 그런 기적을 요청했을 것이다.

그러자 태양과 달이, 이스라엘이 원수들을 다 무찌르기까지 지지 않고 멈추어 섰다. 야훼 하나님은 여호수아의 간청을 들으셨고, 충분한 시간을 가지고 완승하는 결과를 거두게 하신 것이다. 결국 야훼께서 이스라엘을 위하여 싸워주신 것이다.

15절에 의하면 기브온 전투를 끝내고 여호수아와 그의 군대가 길갈로 돌아간 것으로 되어 있지만, 10장 43절에 의하면, 실은 아모리 다섯 왕을 추격하는 전쟁을 끝낸 다음에 돌아간 것으로 되어 있다.

교훈

1. 세상의 제왕들은 독재자들로서 자기들을 절대 군주로, 심지어는 살아있는 신으로 높인다. 한마디로 안하무인이다. 그리하여 자기들의 힘으로 무엇이든지 해내려고 한다. 자기들의 길을 막는 것이 있으면 모두 제거하고 세상을 자기 것으로 만들려고 한다. 아모리 다섯 왕의 태도도 그런 것이었다. 혼자의 힘이 모자라면 다른 왕들과 연합을 해서라도, 장애물을 제거하려 든다. 그들은 우선 기브온 사람들을 제거하면 된다고 생각했다. 그리고 다음은 이스라엘을 제거하면 된다고 생각했던 것이다. 그러나 이스라엘 배후에 전능자 하나님이 계시다는 것을 계산에 넣지 않았다. 하나님이 그들의 눈에 안 보이시니까 어쩔 수 없는 것이다. 야훼가 참 하나님이시고 그는 전능자라는 것을 깨닫고, 그것을 계산에 넣고 행동하는 것이 참된 슬기이다.

2. 야훼 하나님은 여호수아에게 끊임없이 보호자가 되어 격려하시고, 직접 적군의 마음에 공포심을 뿌리시고, 하늘에서 우박을 내려 적군을 치시고, 기적적으로 태양과 달을 멈추어 서게 하시는 효과를 일으키셔서 이스라엘에게 완승을 가져다 주셨다. 하나님이 같이 하시는데 어찌 승리하지 않겠는가?

3. 참으로 강한 자는 하나님을 믿고 의지하는 사람이다. 몸을 두고 볼 때 여호수아가 장수의 기골을 가졌는지 알 수 없지만, 1당100이라 할지라도 한 사람이 어찌 적군을 다 막아낼 수 있겠는가? 여호수아는 야훼 하나님을 믿는 굳은 신앙의 사람으로 태양과 달을 멈추어 서게 해 달라고 야훼께 간청하였다. 그러나 하나님의 기적을 바라보고만 있겠다는 것이 아니고, 하나님이 긴 시간을 주시는 동안 자기는 싸우겠다는 것이다. 사람이 할 도리를 다할 각오를 하고 하나님의 도움을 청하는

태도는 매우 아름답다. 여호수아에게 개선의 기쁨과 영광을 주신 분은 야훼 하나님이셨다.

다섯 왕을 쳐부수다(수 10:16-43)

해설

패주하던 아모리의 다섯 왕은 막케다*에 있는 동굴에 숨었다. 그 사실이 여호수아에게 보고되었다. 여호수아는 큰 돌들을 굴려다가 그 입구를 막으라고 한 다음에 몇 사람으로 하여금 그 문을 지키게 하였다. 그리고 다른 사람들은 패주하는 적군을 계속 추격하도록 하였다. 그리고 적군이 자기들의 마을로 들어가기 전에 몽땅 죽이라고 명령했다.

결국 살아남은 소수만이 자기들의 성채로 돌아갔다. 그런 후에 이스라엘 군은 막케다*에 포진한 여호수아에게로 안전하게 돌아 왔다. 결국 가나안 본토인들은 이스라엘 사람들에게 쩔쩔매는 형편이 되었다.

군인들이 패잔병 추격을 마치고 돌아오자 여호수아는 동굴에 갇혀 있던 왕들을 동굴 밖으로 끌어내게 했다. 여호수아는 이스라엘 군인을 다 불러 모은 다음에 군대 장교들을 불러내 그들의 발로 그 왕들의 목을 밟으라고 했다. 그러면서 여호수아가 말했다. "야훼가 당신들의 모든 원수들을 이렇게 하실 터이니, 두려워하거나 당황해하지 말고, 강하고 담대하시오." 여호수아는 그 후에 그 왕들을 쳐 죽이고, 다섯 나무에 그들을 하나씩 매달았다. 매달린 시체들을 저녁까지 두었다가 해가 진 후에 그것들을 그 동굴에 쳐 넣고, 큰 돌들로 그 입구를 막게 했다. 그 후에 여호수아는 막케다* 성을 점령하고 왕을 비롯하여 그 성 사람을 하나도 남김없이 다 도륙했다.

여호수아는 여세를 몰아 립나로 가서 싸웠다. 거기서도 역시 심멸전을 벌여 왕을 비롯한 모두를 도륙했다.

립나를 쳐부순 여호수아는 라기스로 가서 그 성을 포위하고 공략하였는데, 야훼가 그 성을 이스라엘 손에 넣어주심으로써 이틀 만에 그 성을 완전히 장악하고 섬멸할 수 있었다. 게셀 왕 호람이 라기스를 도우러 왔지만, 여호수아의 군대가 그들을 전멸시켰다.

여호수아는 라기스에서 에글론으로 갔다. 그 성은 하루 만에 함락시키고 완전히 소탕했다.

다음은 헤브론으로 가서 그 성을 포위하고 공략하여 섬멸전을 벌이고 완전히 소탕했다.

다음은 드빌로 가서 역시 헤브론과 립나에서 한 것처럼 한 사람도 남기지 않고 다 죽였다.

40-53절에서는 2-10장에서 언급한 가나안 남쪽 지대 전투를 요약 정리했다. 즉 야훼 이스라엘의 하나님이 명령하신 대로 남부 산악지대와 네게브*(광야 지대)와 평지 경사 지대와 거기의 왕들을 궤멸하고 숨 쉬는 사람이라는 사람은 다 죽였다는 것이다. 여호수아는 가데스바네아에서 가자*까지, 그리고 고센*(애굽 나일 강 삼각지대에 있는 고센*은 아니고, 드빌 근처의 땅으로 추정된다) 땅 전체, 기브온에 이르는 땅을 정복했다.

야훼가 이스라엘을 위하여 싸워주셨기 때문에 여호수아는 단번에 그 모든 왕들과 땅을 정복할 수 있었다. 여호수아는 이렇게 남쪽 지방 전투를 끝내고 휘하의 군대와 함께 길갈 본영으로 돌아왔다.

그러나 우리가 알아야 할 것은 이스라엘이 남부 전역에서 그 지방의 다른 모든 성읍을 남김없이 다 점령하고 섬멸했다는 것은 아니라는 사실이다. 큰 성 몇을 성공적으로 파멸함으로 윤곽적으로는 점령에 성공했지만, 실제로는 많은 부분이 정복되지 않은 채 남아 있었다. 11장

13절과 13장 1-7절과 사사기에 의하면 여호수아의 가나안 점령이 여의치 않았던 것이 확실하다.

교훈

1. 여호수아가 이끄는 이스라엘 군대는 가나안 중부 지역의 전역(戰役)을 성공리에 끝내고 이제 남부 전역도 성공적으로 끝냈다. 그것은 어디까지나 야훼 이스라엘의 하나님을 여호수아가 신뢰하고 하나님이 간섭하여 직접 싸워주신 덕분이었다. 여호수아의 명쾌한 지휘와 지도력도 일조를 했지만, 그 소수의 군대를 가지고 가나안의 남부의 난공불락의 성채들과 그 왕들을 무찌를 수 있었다는 것은 결코 인간의 꾀나 힘으로 될 수는 없는 일이었다.

신명기 사가(史家)들이 주장하는 바, 야훼 하나님만 의지하고 그의 명령을 복종하기만 하면 성공한다는 정신이 이 모든 전역을 지배하고 있는 것이다.

2. 남부 전역에서도 강조된 것은 섬멸전이었다. 적군을 남김없이 철저히 섬멸하라는 것이고 그렇게 했다는 것이다. 이는 이방 종교와 문물을 배격하려는 생각이 철저함을 말한다. 곧 야훼 신앙의 철저성을 강조하는 것이다. 악한 것은 그 모양이라도 버려야 한다. 사람을 무차별 많이 죽이라는 말이 아니라, 참된 하나님만을 믿고 섬기는 백성이 되려는 노력을 강조한 것이다.

하나님은 이스라엘을 그런 백성으로 만드시려고 그들을 위해 싸워주셨고, 그 뜻을 따라 복종하며 싸운 이스라엘에게 승리를 안겨주신 것이다.

북부 가나안 연합군을 파멸하다(수 11:1-15)

해설

여호수아의 군대가 중부와 남부에서 대승한 소문을 들은 북부의 도시국가들은 극도로 긴장하게 됐을 것이다. 북부에서 가장 세력을 크게 가지고 있던 하솔* 왕 야빈은 원근 각처에 있는 크고 작은 도시국가에 사신들을 보내어 동맹을 제의하였다. 마돈의 요밥, 심론* 왕, 악삽 왕, 북부 산악 지대, 갈릴리 호수 남쪽 아라바 지역, 평야 지대, 서해안의 나봇돌*에 있는 왕들, 그리고 요단강 동쪽과 서쪽의 가나안 족, 아모리 족, 산악지대의 헷, 브리스, 여부스 족, 그리고 미스바 땅 헐몬* 산 밑에 있는 히위 족에게도 동맹을 청했다. 그들의 군대는 그 수가 바닷가의 모래 같았고, 많은 기병과 병거가 동원되었다.

그 연합군은 이스라엘과 싸우려고 메롬 강 유역에 진을 치고 대치(對峙)했다. 그들의 군인의 수와 그들의 군비는 이스라엘 군을 압도하고도 남는 것이었다.

그러나 야훼께서 여호수아에게 말씀하셨다. "그들을 두려워하지 말라! 내일 이맘때 그들을 몽땅 너와 이스라엘에게 내어 주어 죽게 할 것이고, 너는 말들의 오금을 자르고 병거는 불사르게 될 것이다." 그래서 여호수아는 그의 전군을 거느리고 메롬 하수로 급습을 하였다. 거기서 야훼가 그들을 이스라엘의 손에 넘기셨다. 이스라엘은 서쪽으로는 시돈과 미스레봇마임*까지 추격했으며, 동쪽으로는 미스바 골짜기까지 쫓아갔다. 야훼의 명령대로 그들을 섬멸하여 말은 다 오금을 자르고 병거들은 다 불살라버렸다.

그리고서 여호수아는 하솔*로 돌아와서 그 성을 점령하고 거기의 백성을 몰살하고 성을 불사르며 목숨이 있는 것은 하나도 남기지 않고 다 죽였다.

기타의 성읍들과 왕들도 야훼의 종 모세의 명령대로 완전히 파괴해 버렸다. 그러나 하솔* 외의 다른 성들에 대해서는 하솔*처럼 불사르는 일은 하지 않았다. 그 모든 성을 철저히 파괴하고 목숨이 있는 것은 다 죽여 버렸지만, 노획물과 생축들은 거두어갔다. 이렇게 해서 여호수아는 야훼께서 모세에게 명하신 대로, 그리고 모세가 여호수아에게 명령한 대로 철저히 시행했다.

교훈

1. 북쪽의 가나안 동맹군은 남쪽 동맹군보다 그 수가 더 많았고, 기병과 병거까지 동원된 막강한 군대였다. 그런 군대에 비하면 여호수아의 군대는 너무도 보잘 것 없었다. 그러나 야훼 하나님이 여호수아에게 명령을 내리셨고, 그 막강한 적군을 그와 이스라엘 군대에게 붙여 몰살하겠다는 약속을 해 주셨다. 여호수아와 그의 군대는 야훼와 그의 약속을 믿었고, 믿는 대로 행동에 옮겼다. 결과는 하나님의 약속대로 이루어졌다. 여기서도 하나님을 믿고, 그의 말씀대로 하면 된다는 진리를 보여준다.

2. 하나님을 알지 못하고 자기들의 군비와 인간의 동맹을 의지하는 가나안의 모든 왕들은 수가 많고 그들이 의지하는 군비가 막대했지만 하나님의 입김에 몽땅 날아가 버렸다.

인간이 쌓고 쌓은 군비를 믿고, 그것도 모자라서 동맹군을 형성하여 싸우려들지만, 하나님을 대항한다는 것은 계란으로 바위를 치는 격이 된다. 인간이 어떤 목적을 위하여 스스로 꾀를 짜내 준비하고 노력해야 하지만, 하나님을 대항하는 일에는 그것이 하나도 소용이 없다는 것을 알아야 한다.

여호수아의 가나안 정벌 종합(수 11:16-23)

해설

여호수아의 군대가 이렇게 중부, 남부, 북부 정벌을 종결함으로써 가나안 땅 정복은 끝난 셈이다. 이스라엘은 남쪽 네게브*에서 북쪽 헐몬*산까지 이르는 산지들과 평지를 점령하고 그 지방 왕들을 섬멸하였으며, 이스라엘과 평화조약을 맺은 히위 족 기브온 사람들을 제외한 모든 마을을 쳐부수었다.

그들이 이스라엘에게 항복하지 않고 대항하여 섬멸당한 것은 야훼께서 그들의 마음을 강퍅하게 하셨기 때문이며, 결국 야훼가 모세에게 명하신 대로 그들은 하나님의 자비를 얻지 못하고 섬멸되도록 하나님이 작정하신 때문이다.

이스라엘 사람들은 가나안 본토인들을 아나킴[8] 즉 거인 족이라고 하여 겁내고 있었는데 그들을 몽땅 제거했다는 것이다. 그러나 가자*와 갓과 아스돗에는 아나킴이 얼마큼 남아 있다는 것이다.

그러나 총체적으로 보아 여호수아는 야훼가 모세에게 말한 대로 거의 가나안 온 땅을 점령하였고, 그것을 이스라엘 지파들에게 기업으로 분배하고, 마침내 가나안 땅에 평화가 왔다.

교훈

1. 이스라엘과 여호수아는 그들이 야훼 하나님을 믿고 하나님의 말씀을 순종한 만큼 성공하였다. 그러나 그 성공이 완전한 것은 아니었다. 인간이 하나님 앞에서 완전할 수는 없다. 여기에서 한 가지 원칙을

8) 여호수아 11장 21절 개역한글판에서는 '아낙 사람'으로, 개역개정판에서는 '아낙 사람들'로 옮겼다.

찾아볼 수 있다. 하나님은 약속을 어기시지 않는다. 하나님을 전능자로 믿고, 그의 명령대로 하면 그만큼 성공한다.

2. 우리 인간의 눈에는 아나킴 같은 존재가 있고, 결코 당해낼 수 없어 보이는 무서운 것, 난공불락, 넘을 수 없는 산들이 있다. 그래서 이스라엘은 그것이 무서워서 하나님의 약속을 무시하고 40년을 방황하였다. 그러나 야훼를 믿는 여호수아와 그의 영도에 순응한 이스라엘은 그 아나킴을 정복할 수 있었다. 하나님 안에서 무엇이 불가능하겠는가?

모세가 정복한 왕들(수 12:1-6)

해설

모세가 살아있는 동안 곧 그가 죽기 전에 그의 영도 하에서 이스라엘이 요단 동쪽에서 점령한 땅과 왕들을 정리한다. 그들은 우선 아르논 강에서 헐몬* 산까지 이르는 아라바 곧 요단 동쪽 기슭의 땅을 점령했다. 다음으로 그 땅의 남부를 점령하고 있던 시혼 왕도 멸했고, 그 북쪽 부분을 다스리던 바산 왕 옥도 쳐부수었다. 이렇게 요단 동쪽 땅을 다 점령하여 르우벤과 갓과 그리고 므낫세 반 지파에게 그 땅을 나누어 주었다.

교훈

모세는 야훼의 종으로서 자기에게 맡겨진 직책을 완수했다. 그가 비록 요단 서쪽 땅에는 발을 들여놓지 못했으나 서쪽 땅에 못지않은 넓은 영토를 점령하여 이스라엘 두 지파 반에게 분배하는 역할을 감당했다. 세상 사람들 같으면 자기가 점령한 땅을 자기가 차지하고 거기에 군림하려 했을 것이다. 그러나 모세는 어디까지나 자신이 야훼의 종임을 의식하면서 충성스럽게 야훼의 명령에 복종했을 따름이다. 이것은 신명기적 원칙이 구체적으로 실현된 사례의 하나이다.

여호수아가 정복한 왕들(수 12:7-24)

해설

모세는 요단강 동쪽 땅을 점령했지만, 그의 후계자인 여호수아는 요단강 서쪽에서 이스라엘 군대를 지휘하며 여러 성읍과 그 왕들을 정복했다. 북으로는 레바논에서부터 남으로는 네게브*의 할락 산까지 이르는 산지, 평지, 계곡, 고원, 광야 즉 헷, 아모리, 가나안, 브리스, 히위, 여부스 족의 땅들을 점령하여 이스라엘 사람들에게 기업으로 분배할 수 있었다.

여기에 여호수아가 점령한 것으로 열거된 왕국은 31개다. 그 중 16왕국은 6-10장에 이미 나왔다. 다른 네 군데의 전투(아랏, 호르마, 벧엘, 타아낙*)는 성경 다른 부분에 언급되어 있다. 나머지 아홉 성읍은 남부 지방에 산재한 곳들이다. 여기서는 이 모든 성들을 점령했다고 하지만, 사사기 1장에 의하면 여호수아가 죽은 후까지도 예루살렘, 헤브론, 드빌, 호르마, 벧엘, 타아낙*, 돌, 게셀 등은 아직 정복하지 못했다고 한다. 그런데 신명기적 저자들이 여기에 이렇게 다 점령된 것으로 정리해 놓은 것은 야훼를 의지하고 그의 명령을 순종할 때 그런 복을 주신다는 것을 말하려 함이고 마침내 후대에 와서 다윗 시대에나 이루어진 것이므로, 그것을 예고하는 식으로 여기에 소개한 것이다.

교훈

모세의 후계자 여호수아를 모세와 비교한다면 여호수아는 여러 면에서 열등하다고 보아야 할 것이다. 그러나 그것은 인간적인 표준으로 잴 때 내릴 수 있는 결론이다. 전능자 하나님의 손에 붙들릴 때는 여호수아도 모세보다 못지않은 능력을 발휘할 수 있었다. 모세가 훌륭한 것이 아니라, 그의 손에 들려있는 막대기를 뱀으로 만드실 수 있는 하나님이 훌륭하신 것이었다.

우리가 아무리 모세보다 못하여도, 하나님이 우리를 당신의 도구로 붙드시기만 하신다면, 그 이상의 것도 할 수 있는 것이다. 우리는 약하여도 하나님이 전능하시기 때문에 우리도 엄청난 일을 할 수 있다. 하나님 앞에서는 모세와 여호수아가 다 하나의 도구에 지나지 않는다.

아직 정복되지 않은 부분들(수 13:1-7)

해설

여호수아는 나이가 들고 늙었다. 그런데 아직 그가 정복하지 못한 땅이 많았다. 야훼께서 그 땅을 일일이 지적해 주셨다. 우선 블레셋과 그술 사람들의 땅이다. 즉 애굽 동북쪽에 위치한 가자*, 아스돗, 아쉬켈론*, 갓, 에크론* 등 다섯 성읍이고, 남쪽에는 아윔[9]의 땅, 그리고 가나안 사람들의 땅, 북쪽으로는 시돈 사람들에게 속한 메아라* 등등, 레바논 산지의 백성들, 이렇게 아직 점령하지 못한 땅들이 있는데, 야훼께서 그들을 이스라엘을 위하여 쫓아내 주시겠다는 것이다. 그러니 그

9) 여호수아 13장 3절 개역한글판에서는 '아위 사람'으로, 개역개정판에서는 '아위 족속'으로 옮겼다.

땅을 남은 아홉 지파 반에게 나누어 주어야 한다는 것이다.

교훈

여호수아와 그를 따르는 이스라엘 백성이 오랫동안 가나안 정복을 위해서 애를 썼지만, 그 큰 과업을 단번에 다 해낼 수는 없었다. 그것은 이스라엘 백성의 민족적 숙제이며 사명으로 그들이 자기들의 힘으로 해낼 수 있는 것이 아니었다. 가나안 정복은 어디까지나 하나님이 그렇게 해 주시기로 약속하신 것이고, 그 성과를 골고루 분배해 가지라는 것이었다. 이스라엘에게는 언제나 숙제가 있다. 완전과 완성을 향하여 전진해야 하는 과업이 있는 것이다. 야훼 하나님의 약속을 믿고 그의 뜻을 이루기 위해서 복종해야 하는 것이다. 그런데 그 과업은 어느 한 사람이나 한 지파의 영달과 만족을 위한 것이 아니다. 더불어 잘 사는 사회를 이루기 위한 노력이어야 한다. 이 이상은 여호수아 이후의 이스라엘 백성의 긴 역사 속에서 많은 우여곡절을 거쳐서 서서히 이루어졌다. 특히 하나님의 약속을 믿는 신앙의 사람 다윗의 대에 와서야 완성되었다. 동시에 이스라엘의 믿음이 식을 때, 다시 그 영토는 원수의 밥이 되었다. 그러므로 야훼에 대한 꾸준한 신앙과 복종이 요구된다.

요단강 동쪽의 영토(수 13:8-33)

해설

야훼 하나님께서 약속하신 대로 마침내 이스라엘 백성이 가나안 땅을 차지하게 되었다. 그런데 그리하기까지는 시간이 오래 걸렸다. 다윗과 솔로몬 시대에 이르러 비로소 그 이상이 구체적으로 이루어진 것이다. 다윗 이후의 전예언서 편집자들이 여호수아를 쓰면서, 그 이루어진 약속을 정리하여 여기에 수록하였다. 우선 요단강 동쪽 땅은 모세 생전에 점령하여 르우벤 지파와 갓 지파와 므낫세 반 지파에게 분배하였기에, 그 사실과 그 지역의 상세를 먼저 소개한다.

8-13절에서 먼저 요단강 동쪽 점령을 일괄하여 소개한다. 우선 그것은 야훼의 종 모세의 손을 통해 그들에게 분배했다는 것이다. 사해 동쪽 아르논 골짜기 아로엘에서 시작하여 고원 지대의 디본, 메데바*를 거쳐, 헤스본 지방의 시혼 왕이 다스리던 도시들과 암몬 접경까지, 그리고 북쪽으로 올라가 길앗* 땅 전부, 그술 족과 마아캇* 족의 땅과, 헐몬* 산 일대, 아스다롯*과 에드레이를 포함한 지대를 다스리던 바산 왕 옥의 왕국 전체를 이스라엘이 점령하고 그 주민들을 쫓아냈다. 그러나 그술 족과 마아캇* 족은 쫓아내지 않았고, 그들은 계속해서 이스라엘과 함께 살았다.

모세가 살아있는 동안에는 아직 레위인들에게는 기업을 주지 않았고, 이스라엘 백성이 하나님께 드리는 제물(신 18:1)을 그들의 몫으로 가지게 했다. 이 이야기는 13장 33절, 14장 3절, 4절, 18장 7절 등에 다시 언급되어 모두 네 번이나 더 나오고, 21장에서 여호수아와 대제사장 엘아잘*이 레위인들에게 약간의 땅을 분배한 이야기를 한다.

모세 생전에 이런 광대한 땅을 점령하여 두 지파 반에게 분배했지만, 구체적으로 어디서 어디까지가 누구의 것인가는 밝히지 않았는데, 여호수아 저자들이 이제 15절 이하에서 차례로 상세하게 기록한다.

15-23절: 모세는 먼저 르우벤 지파에게 영토를 배당했다. 그 땅은 요단강 동쪽에 있는데, 남쪽 끝은 아르논 건천이고, 북쪽 끝은 시혼 왕이 다스리던 헤스본 땅이며 거기까지에 있는 많은 성읍들이다. 헤스본을 점령하는 전투에서 이스라엘 군대는 브올의 아들 빌암*을 죽였다.

24-28절: 다음은 갓* 지파에게 준 영토이다. 야셀을 남쪽 경계로 해서 북쪽으로, 요단강을 서쪽으로 끼고 올라가 갈릴리 호수 남단까지 이르는 땅으로, 동으로는 암몬국의 경계선까지 펼쳐진다.

29-31절: 므낫세 반 지파에게 준 땅은 얍복강 상류의 마하나임을 남쪽 경계로하고 그 이북의 바산 왕 옥의 땅 전체와 그 안에 있는 60개 성읍들이다. 그리고 레위 지파에게는 분깃을 주지 않고 이스라엘의 하나님 야훼가 바로 그들의 분깃이라고 밝혔다. 모세는 땅을 차지하지 못하는 레위인들에게 하나님이 그들의 분깃이고 그것이 얼마나 큰 분깃인가를 설명해 주었던 것으로 보인다.

교훈

1. 신실하신 하나님은 약속한 것을 반드시 지키신다. 가나안 복지를 이스라엘에게 주시겠다는 하나님의 약속은 이스라엘이 야훼 하나님만 섬기고 그의 법대로 살아야 함을 조건으로 한 것이었다. 이스라엘이 비록 물리적으로나 외형적으로 열세였을지라도, 하나님의 능력을 믿고 그의 명령을 준행하면 성공하여 어디서나 적군을 물리칠 수 있다는 것이었고, 사실이 그랬다. 그런데 그 약속이 오랜 후에야 이루어지고 상당한 시간이 걸린 것은, 하나님이 약속을 어기셨기 때문이 아니라 이스라엘이 성실하지 않았기 때문이었다.

2. 하나님의 종이라 하면서도 변절하여 점을 치는 비신앙적 행동을 한 빌암*은 결국 이스라엘 군대에게 살해되고 말았다(22절; 민 22-24장; 31:8, 16). 하나님께 중책을 받은 선지자라는 사람이 하나님의 뜻을 거역했을 때 처형됨이 마땅하지 않은가?

3. 그술 족과 마아캇* 족 사람들을 이스라엘은 쫓아내지 않았다. 그들은 가나안 북단 외진 곳에 있고, 남서쪽의 블레셋 족과 마찬가지로, 아마도 강력한 족속들이었던 모양이다. 이스라엘이 그들을 무서워했던지 아니면 그들의 술책에 넘어갔는지 몰라도 그들을 방치함으로써 이스라엘 백성에게 그들은 계속 암적인 존재가 되었던 것 같다. 하나님의 명령에 철저하지 못할 때 결국 치명적인 결과가 자기에게 돌아온다는 사실을 알아야 할 것이다.

요단강 서쪽 점령 지역을 분배하다(수 14:1-5)

해설

13장 8-14절에서는 요단강 동쪽 영토를 분배한 내용을 기술하였는데, 이제 14장 1-5절에서는 요단강 서쪽에서 점령한 땅을 분배한 내용을 총괄적으로 소개한다. 요단 동쪽은 모세 생전에 점령하고 분배한 것이지만, 요단 서쪽 땅은 모세 사후에 여호수아 영도 하에 점령한 뒤에 대제사장 엘아잘*과 백성의 거두들이 합의하여 분배한 것이다. 야훼께서 모세에게 명령하신 대로(민 26:55; 33:54) 제비 뽑아 분배했다. 제비를 뽑았다는 것은 바로 하나님의 뜻을 따랐음을 의미한다.

모세가 요단강 동쪽에서 두 지파 반에게 땅을 분배하고 요셉 지파에게는 두 몫을 주기로 하여 므낫세와 에브라임에게 분배함으로써 이미 열둘이라는 수가 찼다.

그런데 레위 지파에게는 땅을 분배하지 않았다. 그 대신 레위인에게는 그들이 들어가서 살 성읍들과 그들의 가축과 우양을 먹이기 위해서 그 성읍 주변의 목장들을 주었다.

교훈

1. 요단강 동쪽 땅을 분배할 때는 모세가 살아 있었고, 그의 압도적인 권위 대문에 그 분배 작업이 일사불란하게 이루어졌을 것이다. 그러나 그가 죽고 여호수아가 영도하는 시대와 그 이후에는 여러 가지 잡음과 문제가 있었을 것이다. 그래서 제사장이 관여하고 동시에 백성의 장로들도 관여한 것이다. 그만큼 땅을 나눈다는 것은 모두의 초미의 관심사였을 것이다. 그러나 결국은 제비 뽑아 나눔으로써 하나님의 뜻을 따랐다. 사람들이 왈가왈부할 수 있지만 결국은 하나님의 뜻을 따름이 중요하다.

2. 이스라엘 백성이 요셉 지파를 존중하여 그 지파에게 갑절 이상의 분깃을 할당한 것은 적절한 일이었다. 이는 그들이 요셉의 공로를 제대로 알아주었기 때문이라 할 수 있다. 요셉이 아니었더라면 이스라엘이 존재할 수 없었을 것이 아닌가? 행한 대로 갚아주시는 하나님의 공의가 여기에 나타났고, 이스라엘 백성은 거기에 순응한 것이다.

3. 레위 지파는 독특한 임무를 가진 지파로 거기에 해당하는 대우를 받은 것이다. 하나님을 그들의 분깃으로 삼은 사람들이기에 백성이 바치는 제물을 그들의 몫으로 삼는 것은 당연한 일이다. 레위인들도 똑같은 이스라엘 사람으로서 그들의 기본 생활이 유지되어야 한다. 비록 땅을 유산으로 가지지 못했지만 그들이 들어가 살 만한 성읍과 그들의 가축과 우양을 기를만한 목장은 있어야 할 것 아닌가? 하나님의 목적은 그의 자녀들이 다 같이 평등하고 행복하게 사는 것이므로, 양극화 현상이나 불평등을 방치해 둘 수는 없는 것이다.

4. 야훼께서 모세에게 명령하신 대로 이스라엘이 땅을 나누어가진

것은 아름다운 일이었다. 백성은 영도자 모세에게 복종하고 모세는 절대자 야훼에게 복종함으로써 이스라엘은 평등하고 평화로운 국가를 이룰 수 있었다. 중요한 것은 야훼 하나님의 명령에 순종하느냐 하지 않느냐, 하나님의 종 모세의 권위에 복종하느냐 하지 않느냐에 있다.

평등한 사회를 이룰 수 있는 길이 거기에 있는데, 인간은 그 길을 가지 않기 때문에, 결국은 균형이 깨지고, 불화와 불평과 분쟁이 난무하는 세계로 변해가는 것이다.

갈렙에게 헤브론을 주다(수 14:6-15)

해설

여호수아가 요단강 서쪽 가나안 땅을 점령하고 그것을 아홉 지파 반에게 제비를 뽑아서 분배한 뒤에 그는 아직 길갈에 그의 본영을 두고 있었다. 유다 지파에게는 가나안 남부 지방이 배당되었는데, 그 지역을 유다 지파에 속한 여러 가문에게 분배해야 하는 단계가 왔을 것이다. 그 때에 아마도 갈렙이 유다 지파 어른들에게 헤브론 성읍을 자기가 차지하도록 해 달라고 요청한 듯하다. 각 지파도 제비를 뽑아서 여러 가문에게 땅과 성읍들을 분배해야 하는 것인데 갈렙이 헤브론을 지목하여 그것을 자기가 차지하겠다고 하자 유다 지파 어른들은 난감했을 것이고, 따라서 이 문제를 가지고 멀리 길갈까지 여호수아를 찾아간 것으로 보인다.

갈렙은 여호수아 앞에서 그리고 유다 장로들 앞에서 자기가 헤브론을 차지해야 할 정당성을 토로했다. 가데스바네아에서 모세가 각 지파 대표 하나씩을 뽑아서 가나안 정탐을 보냈을 때 약관 40세의 자기도 여호수아와 함께 정탐을 갔었던 이야기를 꺼냈다. 돌아와서 사실대로 정직하게 정탐 보고를 하였지만, 다른 열 사람은 험상궂은 보도를 함으로 백성의 마음에 주눅을 들게 했다. 그러나 자기는 전심으로 야훼 하나님의 명을 따랐다는 것이다. 그 때 모세는 갈렙이 하나님을 따랐기 때문에, 그가 밟는 땅이 영원히 그와 그의 후손의 것이 될 것이라고 맹세했다는 것이다. 또 이제 85세가 되었지만, 아직 힘과 의욕은 젊은 때와 다름없어서 전쟁도 어떤 일도 해낼 자신이 있다고 했다. 헤브론 지대는 아낙 자손들이 들어 있는 골치 덩어리지만 자기는 넉넉히 그 곳을 다스릴 자신이 있다는 것이다. 그리고 야훼가 자기와 같이 계시니 그 곳을 평정하는 것은 문제가 없다고 했다.

갈렙은 힘이 있고, 믿음이 있고, 의욕이 넘치는 사람이었기 때문에 여호수아는 그에게 그 성읍을 주기로 결정하였다. 다시 요약한다면 갈렙은 야훼를 전심으로 따르는 사람이었기 때문에 그런 특전을 얻었다. 갈렙이 헤브론을 평정하고 잘 다스린 덕택에 헤브론은 전쟁이 사라지고 평화로운 고장이 되었다.

교훈

1. 모든 것을 법대로 해야 하는 것이지만, 갈렙의 경우는 특례였다. 성경 종교는 어쩌면 특례로 구원 얻는 도리를 말하고 있다고도 할 수 있다. 모두가 죄인이요, 모두가 멸망당해야 하는 것이지만, 하나님께서 특례로 선택한 사람들만이 구원을 받게 되어 있는 것을 말하고 있으니 말이다. 갈렙은 남달리 용감하고 체력도 강하여 출중한 사람이었지만, 그가 성공한 것은 야훼 하나님에 대한 그의 복종과 충성 때문이었다. 그리고 하나님께서 그를 도우셨기 때문이다. 전심으로 하나님을 따르고 복종하는 자에게 돌아가는 영광이 갈렙에게 나타난 것이다. 갈렙이

인간으로서 아무리 출중하였다고 해도, 하나님이 그를 돕지 않았다면, 아낙 사람들의 힘을 당해낼 수 없었을 것이 아닌가?

2. 갈렙의 진취적인 태도와 하나님에 대한 믿음 안에서 품은 자신감은 우리가 본받을 만하다. 하나님의 약속에 대한 확고한 믿음이 있었으므로 갈렙은 헤브론이 자기 차지가 될 만하다고 생각하였던 것이다. 하나님의 능력 안에서 헤브론을 완전 장악하고 평정할 수 있다는 자신감을 가지고 용기를 낸 것이다. 다른 사람 같으면 무서워서 헤브론을 주어도 받지 않겠다고 했을 수 있다.

3. 갈렙의 청원을 청취한 유다 지파 지도자들은 갈렙의 용맹과 공로를 알고 있었으나 법이 있기 때문에 법대로 하려고 했을 것이다. 그러나 갈렙의 간청 때문에 길갈까지 먼 길을 가서 여호수아의 판단을 받기로 한 것이다. 백성의 의견을 무조건 무시하는 것을 능사로 하지 않고, 상위 판결자에게 상신을 하여 결정을 본 것은 매우 질서 있는 처사였다. 사람을 적재적소에 배치하는 현명함을 여기서 볼 수 있다. 아마도 갈렙이 헤브론을 맡지 않았더라면, 그 지방은 그 거인들 즉 아낙 자손들 때문에 혼란이 계속되었을 것이고, 평화를 얻지 못했을 것이다.

4. 하나님은 행한 대로 갚아 주시는 분이시다. 갈렙의 공적(功績)을 보시고 그에게 훌륭한 성읍을 맡기신 것이다. 갈렙이 하나님을 의지하고 용감하게 행동하지 않았다면, 그런 특전이 그에게 돌아가지 않았을 것이다.

유다 지파의 영토(수 15:1-63)

해설

15장 1절-17장 18절에서는 여호수아가 가나안 남부와 중부 지방의 땅 대부분을 유다와 에브라임과 므낫세 반 지파에게 할당한 사실을 묘사한다.

15장 1-63절에 의하면 유다 지파가 가장 넓고 중요한 땅을 받은 것으로 되어 있다. 유다 지파는 남부 고원지대의 핵심부를 차지했고, 거기서 다윗이 태어나 헤브론에서 통치하게 된다. 또 본문에서는 유다의 지리적 경계를 매우 상세하게 묘사하고 있다. 샘, 산, 경사, 계곡, 마을 등 그 영토의 경계를 가늠할 수 있는 표지들을 다 소개하였다.

15장 13-19절에서는 다시 갈렙의 이야기가 나온다. 갈렙은 헤브론을 배당받은 뒤에 거기 사는 아낙 자손들을 몰아냈다. 거기서 북상하여 드빌로 올라가 현상(懸賞)을 걸었다. 누구든지 드빌을 공격하여 점령하면 그에게 자기 딸 악사를 주겠다고 한 것이다. 그러자 갈렙의 동생 그나스의 아들 오트니엘*이 드빌을 점령하였다. 그래서 갈렙은 오트니엘*에게 딸 악사를 주고 그를 사위로 삼고 네게브*(광야) 땅을 하사했다.

악사가 오트니엘*과 결혼한 후 그녀는 남편더러 자기 아버지 갈렙에게서 다른 땅을 청구하도록 하였다. 악사가 나귀를 타고 아버지 갈렙에게 가서 졸랐다. 네게브*(광야) 땅을 주었지만, 물이 필요하니 샘이 있는 땅을 달라고 한 것이다. 그래서 갈렙은 그 청을 따라 샘이 있는 곳 두 필지를 덤으로 주었다. 이 이야기는 사사기 1장 12-15절에 다시 나온다. 오트니엘*은 이스라엘의 첫 사사(士師)로서 활동하였고 사사기 3장 7-11절에 거론된다.

15장 20-63절에는 유다 지파의 여러 가문이 차지한 성읍들과 마을들을 열거한다. 커다란 성읍들이 있고, 그것들 주변에 작은 마을들이 산재한 것이다. 본문에 소개된 성읍의 수는 도합 100이 훨씬 넘는다. 유다 지파가 그렇게 많은 성읍과 마을들을 점령했지만, 예루살렘의 여부스 족은 좇아내지 못했다. 그래서 여부스 족은 그 후에도 이스라엘 사람들과 같이 살았다.

교훈

1. 하나님은 인간이 다 같이 더불어 잘사는 세계를 원하시지만, 그 목적을 달성하기 위한 방도는 반드시 평등한 것은 아니었다. 아무래도 일할 만한 사람을 택하여 일을 맡기셨다.

하나님은 열두 지파 중에서 가장 용맹스러운 유다 지파를 점지하시고 그들을 크게 들어 쓰셨다. 그들에게서 다윗과 같은 훌륭한 군주가 나타나게 하셨고, 마침내는 그리스도가 그 가문에서 태어나게 하신 것이다.

인류사회에는 절대 평등이라는 것이 있을 수 없다. 그것은 하나님의 방법이 아니다. 하나님은 있는 자에게 더 주시고 없는 자에게서는 있는 것까지 빼앗기도 하신다. 유다 지파에게 더 많은 땅과 권세를 주신 것은 그만큼 큰일을 하게 하시려는 것이며, 또한 그들이 하나님께 받은 특전을 살려서 크게 역사한 것이 사실이다.

2. 유다 지파에서 우선 갈렙 같은 용맹스러운 사람이 나타나 남들은 감이 해낼 수 없는 일을 했다. 즉 갈렙은 그 누구도 엄두를 내지 못하는 아낙 자손과의 전투를 감행하여 그들을 몰아내는 전과를 거두었다.

그리고 그 가문에서 오트니엘*이 나타나 여호수아 이후의 혼란기에 이스라엘을 다스리는 사사의 역할을 해낼 수 있었다. 오트니엘*은 유다 지파의 자랑이라 하지 않을 수 없다. 하나님은 유다 지파를 사랑하시고 축복하셔서 훌륭한 인물들이 배출되게 하셨고, 그들을 통하여 하나님의 뜻을 이루신 것이다.

3. 유다 지파가 하나님의 특별한 축복을 받았지만, 그들 역시 흠이 있었다. 그들이 진정 하나님의 명령에 성실했다면, 하나님을 의지하고 결사적으로 여부스 족을 몰아냈어야 하지 않았을까? 그런데 그들이 그러지 못했다는 것은 하나님의 힘이 모자라서가 아니라 유다 족속의 불신앙과 야훼의 명령에 전심으로 따르지 않은 탓이었다고 말 할 수밖에 없다.

결국 야훼께 성실하지 않은 인간은 자승자박의 결과를 가져온다. 유다 족속이 몰아내지 못한 여부스 족속은 계속 유대 족속의 골치 덩어리가 되었으니 말이다. 그들이 여부스 족을 쫓아내지 못한 것은 하나님께 대한 믿음이 없었기 때문이었다. 신명기적 정신이 철저하지 못했기 때문이라는 말이다.

에브라임의 영토(수 16:1-10)

해설

야곱의 열두 아들에서 생겨난 열두 지파 가운데 두각을 나타낸 유다 지파에게 영토를 분배하는 이야기가 제일 먼저 나왔다. 다음은 요셉 지파가 거론된다. 이스라엘 역사에서 요셉은 큰 은인이었으므로 그 지파의 권위와 명성이 이스라엘 백성 가운데서 회자될 수밖에 없었을 것이다. 요셉에게 두 몫을 준 것이 그 증거이다. 즉 요셉을 대신하여 그의 두 아들 므낫세와 에브라임이 각각 한 몫을 받았다. 그리하여 레위 지파를 제외하고도 열두 지파라는 수를 채우게 된 것이다.

본문은 우선 요셉 지파의 이름으로 배당된 영토를 총괄적으로 말한 1-3절에 이어서 에브라임과 므낫세를 따로 따로 다시 취급한다.

5-10절에서 에브라임의 영토를 설명했다. 예루살렘 북쪽을 동서로 가로지르는 땅으로 요단강 서쪽 가나안 땅의 허리에 해당하는 부분이다. 그리고 그 일부분은 그 바로 북쪽에 자리 잡은 므낫세 반 지파의 영토 속에도 얼마큼 섞여 있었다. 그만큼 에브라임과 므낫세는 친형제였기 때문에 서로 섞여서 살 수 있었던 것으로 보인다. 에브라임 지파는 그들의 영토 내에 있는 게셀에서 본토인들을 쫓아내지 않았다. 아마도 게셀 인들이 항복했으므로 그들에게 관용을 베풀고 종의 신분을 가지게 한 듯하다. 그래서 결국 그 본토인들이 계속 이스라엘 사회에 섞여 살게 되었다.

교훈

1. 하나님은 야곱(이스라엘)에게 복을 주시는데 요셉을 극적으로 살리시고 애굽의 총리가 되게 하시는 일을 통해서 그리하셨다. 즉 야곱의 집안이 가나안 땅에서 굶어죽지 않고 애굽으로 이주하여 영달을 누리고 마침내 큰 민족을 이루게 하신다. 나중에 그 후손이 노예로 전락하여 고생했지만, 하나님은 모세를 통하여 그들을 애굽에서 구출하여 약속의 땅 가나안으로 돌아오게 하신다.

혈혈단신 이국 땅에서 하나님만 의지하고 끝까지 믿음 지킨 요셉은 결국 하나님에 의하여 그의 후손에 이르러 보상을 받기에 이르렀다. 이 세상에서도 두 배로 상을 받은 셈이다. 하나님은 약속을 지키시는 분이시고, 후히 상을 주시는 분이시다.

2. 요셉 지파 중의 하나인 에브라임은 분배 받은 땅 일부분인 게셀에서 그 원주민을 쫓아내지 않았다. 그 원인이나 이유를 확실히 알 수 없지만, 그것은 분명 하나님의 명령을 거역한 일이다. 기브온 사람들처럼 게셀 사람들이 속임수를 가지고 에브라임 족을 회유하여 자기들의 고향을 떠나거나 궤멸당하는 일을 면한 듯하고, 에브라임 지파의 노예가 되겠다는 조건부로 타협이 이루어졌던 것 같다.

이유여하를 막론하고 그것은 야훼 하나님의 명령을 어긴 일이며, 따라서 자기들이 화를 자초한 일이었다. 게셀 사람들의 속임수에 넘어갔다면 에브라임 사람들의 어리석음이 거기서 들어났다고 볼 수 있다. 어리석음도 일종의 악이다(막 7:22).

요단강 서쪽의 므낫세 반 지파(수 17:1-13)

해설

므낫세 지파는 요셉의 장자 지파였으므로 신명기 21장 17절이 말하는 대로 요셉 지파가 받은 몫 중에서 두 몫을 받은 것으로 보인다. 즉 요단강 동쪽에서도 한 몫을 받고 서쪽에서도 한 몫을 받은 것이다.

그래서 요셉 집안의 장손인 마키르* 곧 므낫세의 종가가 요단강 동쪽에서 길앗*과 바산을 배당받았다. 마키르*은 요단강 동쪽 전투에서 혁혁한 공을 세웠던 것 같다. 이제 므낫세 지파가 받을 남은 한 몫은 요단강 서쪽에 있었다. 요단강 서쪽에서는 므낫세의 다른 남자 후손들, 곧 마키르*의 형제들인 아비에셀, 헬렉, 아스리엘, 셰켐*, 헤페르*, 스미다가 땅을 배당받았다.

그런데 그 남자 후손 중에 헤페르*의 아들 슬로프핫*에게는 아들이 없고 딸만 다섯이 있었다. 그 다섯 명의 딸이 엘아잘*과 여호수아와 백성의 지도자들 앞에 나타나서 자기들에게도 땅을 배당해 달라고 호소했다. 야훼가 모세를 통하여 그렇게 하도록 명령하지 않았느냐고 따지는 것이었다(민 26: 33; 27:1-11). 그래서 엘아잘*은 야훼의 명령에 따라 그들에게도 분깃을 주었다.

서쪽 므낫세 지파의 영토는 에브라임 지파의 영토와 거의 동서(東西)로 평행하면서 지중해까지 이르며, 어떤 지역에서는 에브라임 지파와 므낫세 지파가 혼합되는 곳도 있다. 북쪽에는 아셸* 지파와 잇사갈 지파가 있고, 잇사갈과 아셸* 지파의 영토 안에도 므낫세 사람들의 성읍이 있었다. 그만큼 므낫세가 세력이 컸다는 말일 것이다. 그런데도 므낫세 지파가 그 지대에 있는 큰 성읍들과 마을을 완전히 소유하는 데는 시간이 걸렸고, 그 성읍들을 점령한 다음에는 그 가나안 사람들을 강제노동을 시켰다. 그러나 그들을 완전히 쫓아내지는 못했다.

교훈

1. 하나님은 요셉에게 두 지파 몫을 받는 복을 내리셨다. 즉 그의 두 아들은 각각 한 지파의 몫을 받았다. 하나님은 야곱으로 하여금 요셉의 둘째 아들 에브라임을 축복하게 하셨는데, 맏아들 므낫세는 두 배의 땅을 받는 복을 받았다. 결국 하나님은 골고루 복 주신 셈이다.

2. 므낫세 지파와 에브라임 지파는 서로 터놓고 왕래하면서 서로 형제의 경계선 안에서 도시를 형성하고 살기도 했다. 그만큼 애정이 통하는 지파들이었던 것으로 보인다.

므낫세 지파 사람들은 아셸*과 잇사갈 지파 영토 안에서도 도시를 이루고 살았다. 이는 므낫세 사람들이 권력적으로 우세하고 압도적이었기 때문이었을 것이다. 남의 땅을 자기 땅처럼 점령하고 산다는 것은 월권행위가 아닐 수 없다. 그런 일이 인간 사회에는 어디에나 있는 것이지만, 형제끼리 약육강식의 원리를 적용한다는 것은 옳지 않은 일이다. 혹은 이스르엘 평야를 통과하는 무역로에 큼직한 성들을 쌓고 형제 지파들이 협력하고 외적을 막고 살아남기 위한 합의적인 협동작업이었다면 오히려 현명한 일이었다고 보아야 할 것이다. 또는 그 큰 성들을 아셀*이나 잇사갈 지파가 정복할 수 없었기 때문에, 용맹한 므낫세를 불러들여 그 성들을 점령하고, 그 성들의 사용권을 그들에게 이양했을 수도 있다. 그랬다 하더라도 이는 전(全)민족적인 견지에서 볼 때 잘한 일이 아니겠는가?

3. 므낫세 지파가 그 주요 도시들을 점령하기는 했으나 철저하게 하지는 못하여 원주민을 완전히 소탕하지 못하고 그들이 자기들과 함께 살게 허락했다. 원주민들에게 강제노동을 시키는 등 인간사회 계층을 만들었다는 것은 옳지 않은 일이었고, 이방인들과 같이 삶으로써 오는 많은 불이익을 감수할 수밖에 없었다. 므낫세 지파 역시 야훼 하나님과 그의 계명에 철저하게 복종하지 않은 벌을 받을 것이다.

요셉 지파의 항의(수 17:14-18)

해설

지금까지의 경과로 보면 요셉 지파(에브라임 지파과 므낫세 지파)는 이미 상당한 분깃을 받았는데, 여기에 그들이 여호수아에게 항의하는 대목이 나온다. 자기들은 수가 많고, 야훼께서 복을 내리신 지파이고, 막강한 군비를 갖춘 가나안 본토인들의 위협을 받고 있는 처지라고 하면서 그들에게 분깃을 하나만 주는 것은 옳지 않다고 한 것이다.

토지 분배가 시작되는 단계라면 몰라도 에브라임과 므낫세가 각각 다 한 몫씩을 받은 연후에 다시 이런 말은 하는 것은 수상한 느낌이 든다. 짐작하건대 므낫세 지파는 많이 가진 것과는 달리 에브라임이 받은 산골 땅은 적어 보이는데다 에브라임이 맡을 과업이 막중하므로, 또 에브라임과 므낫세는 그들의 세력을 합치면 어느 지파보다도 위협적인 세력이 될 수 있으므로, 그것을 조건으로 므낫세와 함께 여호수아를 찾아간 것이 아닐까 생각된다.

여호수아는 그들의 항의를 받아들이지 않았다. 에브라임에게 배당된 땅이 비교적 적은 것은 사실이지만 브리스 족과 르바임 족들이 사는 산지를 점령하여 개척하면 땅이 더 넓어지지 않겠느냐고 대답하였다.

그런데도 에브라임 지파와 므낫세 지파는 다시 졸랐다. 자기들이 받은 땅은 산악지대뿐이고 평지가 없는데다가 벳세안*과 그 인근 마을들과 이스르엘 계곡에 있는 마을들은 평지에 있고 그들은 철 병거까지 가지고 있는 사람들이라는 것이었다.

그러나 여호수아는 일사부재리의 원칙을 고수했다. 에브라임 지파와 므낫세 지파의 사람 수가 많고 힘이 있는 것이 사실이지만, 땅을 더는 줄 수 없고, 가나안 본토인들이 철 병거를 가지고 있더라도 그들을 몰아내기만 하면 그들의 넓은 땅을 차지할 수 있으니 그렇게 하라고 지시했다.

교훈

1. 여호수아는 이스라엘 민족의 지도자로서 크고 작은 많은 문제와 쟁점을 처리해야만 했을 것이다. 요셉 지파 사람들이 자기들의 힘이나 특전이나 훌륭한 전략을 내세우며 사사로운 요구를 할 때, 여호수아는 매우 난처했을 것이다. 그러나 그는 당당하게 그들의 항의를 물리쳤다.

영토 분배는 여호수아와 제사장과 지파 지도자들이 인간적인 판단으로 한 것이 아니라 제비를 뽑아서, 즉 하나님의 판단으로 한 일이므로 그 결정을 결코 수정하거나 폐기할 수 없는 것이었다. 이는 영도자의 결단과 하나님의 결정을 절대 존중하는 마음에서 이루어진 처사이다.

2. 우리도 하나님께로부터 받은 분깃이 적어보이거나 혹은 불만족할 수 있다. 그러나 우리가 받은 능력으로 최선을 다하여 개척해 나간다면, 기대하지 않았던 더 많고 놀라운 혜택이 돌아올 수 있다. 힘쓰는 자에게 그만큼 보상이 돌아오게 되어 있다. 요새들이 있고 철기까지 지닌 가나안 본토인들을 에브라임과 므낫세 지파가 몰아낸다는 것이 쉽지 않은 일이지만, 그 일은 용맹스러운 요셉 지파가 해내야 할 과업이었다. 그리하여 그들이 그 과업을 완수하면 그만큼 그들에게 혜택이 돌아올 수 있었다. 하나님은 각자에게 필요 적절한 개성과 특전을 주셨는데, 자기 것만을 중하게 생각하여 우월감을 가지고 남다른 혜택을 누리겠다고 한다면, 이는 부당한 일이다.

남은 지파들의 영토(수 18:1-10)

해설

르우벤 지파와 갓 지파와 므낫세 반 지파에게 땅을 분배한 것은 요단강 동쪽에서 모세가 한 일이고, 요단강 서쪽에서는 여호수아가 유다 지파와 에브라임 지파와 므낫세 반 지파에게 길갈에서 각각 영토를 분배했다. 아직 땅 분배를 받지 못한 지파가 일곱 남아 있었다. 남은 일곱 지파들은 비교적 작은 지파들이었고, 북쪽 지방 섬령이 지지부진했기 때문에 그 분배가 늦어진 것으로 보인다.

정복 작업이 대개 마무리되자 회막을 실로에 세우고 남은 일곱 지파에게 땅을 분배했다. 여러 가지 이유로 그 중대한 일을 결행하지 못하고 있다가 드디어 여호수아는 남은 지파들에게도 야훼의 약속의 땅을 분배하기로 하고, 회막이 있는 실로로 이스라엘 백성을 소집했다. 그리고는 각 지파에서 세 사람 씩 대표를 뽑게 한 후, 그들을 아직 남아 있는 땅으로 파송하여, 일곱 지파가 차지하게 될 땅을 소상이 조사해 오게 했다. 그런 다음에 그것을 일곱 부분으로 나누고는 여호수아가 하나님 앞에서 제비를 뽑아 그 주인을 정하도록 한다는 것이었다. 그래서 그 조사원들은 여호수아의 명령대로 어디에 무엇이 있고, 어떤 성읍이 있고 등등 자세히 기록하여 가지고 돌아왔다. 여호수아는 그 땅을 일곱 부분으로 나누고는 하나님 앞에서 제비를 뽑아 일곱 지파에게 한 몫씩 분배했다. 이처럼 가나안 땅 분배는 일시에 된 것이 아니라, 크게 네 단계를 거쳐서 이루어진 셈이다. (1) 요단강 동쪽에서 르우벤, 갓, 므낫세 반 지파에게 땅을 나누어 주고, (2) 요단강 서쪽 남부 지대를 유다 지파에게 나누어 주고, (3) 중부에서 에브라임과 므낫세 반 지파에게 땅을 나누어 주고, (4) 나머지 일곱 지파에게 땅을 나누어 준 것이다.

교훈

가나안 땅을 이스라엘에게 주시겠다는 야훼 하나님의 약속은 대국적으로 볼 때, 그리고 결과적으로 볼 때 이루어지고야 말았다. 그것이 다 이루어지기까지는 시간이 오래 걸렸고 우여곡절이 많았다. 인간적인 욕심과 야심도 작용하였을 것이고, 약자들은 불평도 하고 한탄도 하였을 것이다.

역사는 하나님이 배후에서 주도하시지만, 인간은 권력을 두고 다투고 욕심도 부려 동기간에도 반목하고 질시한다. 그래도 결국 하나님의 뜻이 이루지고 있다. 왜냐하면 하나님은 고단수의 책략으로 인간사를 지배하여 결국 그의 뜻을 이루시는 능력을 가지고 계시기 때문이다.

인간은 근시안적인 생각을 가지고 조급하게 생각하며, 하나님이 약속을 지키지 않는 것처럼 느낀다. 인간의 시간과 하나님의 시간은 그 표준이 다르기 때문에, 인간에게는 오해가 생기는 것이다.

하나님의 약속은 믿고 나가야 할 따름이다. 아브라함은 하나님의 약속이 이루어지는 것을 보지 못하고 죽었다. 다만 믿었을 뿐이다. 그리고 드디어 하나님의 표준대로 제 때에 그 약속이 이루어진 것이다.

벤야민* 지파의 영토(수 18:11-28)

해설

여호수아가 맨 먼저 뽑은 제비는 벤야민* 지파에게 돌아가는 영토였다. 그 영토는 11절이 말하는 대로 유다 지파와 요셉 지파(에브라임과 므낫세)의 영토 한 가운데에 끼어 있다. 그 영토에 속한 성읍이 도합 26이고, 그 인근 마을들도 포함되어 있다.

벤야민*은 야곱의 막내아들이요 요셉에게는 한 어머니 라헬에게서 태어난 동생이어서, 특별히 귀여움을 받았다. 영토 분배에서도 요셉 지파와 밀착되어 있고 그들에게 보호받는 것과 같은 인상을 주는 지대가 배당되었다.

여호수아가 제비를 뽑음으로 나타난 결과는 결국 하나님의 뜻이었을 것이다. 남쪽에는 이해력이 있고 강력한 역량을 가진 유다 지파가 감싸주고 있는 것이다.

교훈

지금까지 영토를 받지 못하고 오던 일곱 지파 중에서는 맨 처음으로 벤야민* 지파가 땅을 차지했다. 하나님께서 점지하신 땅이었다. 야곱과 요셉의 기도를 들어주시는 하나님께서 벤야민* 지파에게 퍽 안전한 지대에, 또 가까운 형제들의 울타리 안에 있는 분깃으로 주신 것이다.

벤야민*은 야곱의 막내아들로 자라면서 형제들의 눈총도 많이 받으며 살았을 것이고, 야곱의 적애를 받으면서 어떤 면에서는 유약하게 자라났을 것이다. 말하자면 꼴지 인생으로 자랐지만, 하나님은 그를 잊지 않고 대등하게 혹은 보라는 듯이 당당하게 그 지파를 내세우신 것이다.

하나님은 공평하시고, 때로는 약한 자의 편이 되신다. 벤야민* 지파에서 이스라엘의 초대 왕 사울*이 나오지 않았는가?

시므온 지파의 영토(수 19:1-9)

해설

여호수아가 둘째로 뽑은 제비는 시므온 지파에게 돌아가는 영토였다. 유다 지파가 차지한 땅이 너무도 넓으므로, 그 남부 지역을 떼어 시므온에게 주기로 한 것이다. 시므온은 원래 유목에 관심이 있는 지파였기 때문에, 유다 영토의 남쪽 부분에 있는 17성읍과 그 주변 마을들을 기업으로 받았다.

창세기 49장 5-7절에서는, 시므온과 레위가 폭력을 휘두른(창 34장) 지파들로서 저주를 받고, 야곱 자손들 사이에 분산되어 살게 될 것이라고 했다.

교훈

시므온 지파는 땅을 온전히 한 몫 받았다고 하기보다는 유다 지파의 땅 일부분을 빌려서 사용하는 격이 됐다. 야곱의 유언이 들어맞은 셈이다. 비록 별로 쓸모없는 광야지대이기는 하지만 그런대로 넓은 땅을 차지한 셈이다. 하나님께서 적당한 곳을 그들에게 주신 셈이다. 그러나 시므온 지파가 점점 그 자취를 잃고 유다 지파로 흡수되는 것을 볼 때, 그에 만족하지 못하고 자포자기 했든가, 아니면 자기정체성과 개성을 잃고 결국 역사의 뒤안길로 사라진 것이 아닌가 하는 생각이 든다.

개인이든 단체이든 하나님이 주신 달란트와 개성과 사명을 잃을 때 그 존재 가치가 없어진다. 하나님은 누구에게나 기회를 주시고 적당한 탈란트를 주시는데, 인간이 그 뜻을 깨닫지 못할 때, 그 존재는 유야무야한 것이 되고 만다.

즈불룬*, 잇사갈, 아셸*, 납탈리*, 단 지파의 영토(수 19:10-48)

해설

여호수아가 세 번째, 네 번째, 다섯 번째, 여섯 번째, 일곱 번째로 뽑은 제비는 각각 즈불룬* 지파, 잇사갈 지파, 아셸* 지파, 납탈리* 지파, 단 지파의 땅이었다.

즈불룬* 지파가 차지한 땅은 갈릴리 호수 서쪽에 있는 것으로, 12성읍과 그 주변 마을들이 거기에 속했다. 잇사갈 지파의 땅은 갈릴리 호수 남서부의 것이며 16성읍과 그 주변 마을들이었다. 아셸* 지파의 땅은 갈렐 산으로부터 시작하여 지중해 해안을 끼고 시돈과 두로에 이르는 땅으로, 22성읍과 주변 마을들이 거기에 속했다.

납탈리* 지파의 영토는 남으로 즈불룬* 땅 경계선에서 시작하여 북으로 아셀* 지파의 땅과 평행하여 올라가 단 지파의 땅과 만난다. 거기에는 19성읍과 그 주변 마을들이 속하였다.

마지막으로 단 지파의 영토는 원래 지중해 연안 욥바 북쪽의 17성읍이었는데, 단 지파는 본토인들에게 밀려서 그 땅을 잃고 북쪽으로 옮겨가 레셈* 족을 섬멸하고 그들의 땅을 점령하여 자기들의 영토로 삼았다.

교훈

1. 북쪽의 땅을 분깃으로 받은 다섯 지파는 비록 남쪽을 차지한 지파들과 비교해서 수적으로 열세였고 외견상 보잘것없는 지파들로 생각되어 소위 잘났다는 남쪽 지파들에게 천대 받았을지 모르지만, 하나님은 그들을 도외시하시지 않았다. 하나님은 오히려 낮은 자리에 있는 그들 가운데서 메시아가 나타나게 하셨고 인류 구원의 서광이 거기서부터 비치게 하셨다.

2. 단 지파는 자기들에게 원래 배당된 해변의 좋은 땅을 지키지 못하고 본토인들에게 빼앗기고 말았다. 그 지대의 원주민들이 워낙 강력하여, 단 지파가 단독으로 그 땅을 평정하지 못한 것이 아쉽다. 그렇지만 이는 한편으로 그들이 야훼를 믿는 믿음이 약했기 때문이었고, 다른 한편으로는 이스라엘 민족의 마음이 시간이 가면서 단결력을 잃었기 때문이었을 것이다. 그들이 첫 열심과 각오를 가지고 협력했다면 그 원수들을 물리칠 수도 있었을 것이 아닌가? 단 지파가 그런대로 자리를 옮겨서 북쪽의 레셈* 족을 물리치고 영토를 확보한 것은 다행한 일이었다. 하나님은 실패한 자에게도 다시 기회를 주셔서 한 몫을 차지하게

하시는 은혜의 주님이심을 여기서 보게 된다. 하나님은 결국 열두 지파에게 다 가나안 땅을 분배해 주시겠다고 하신 약속을 지키신 것이다.

여호수아의 분깃(수 19:49-51)

해설

실로에 있는 하나님의 회막에서 제사장 엘아잘*과 여호수아와 백성의 거두들이 모여 제비를 뽑아 일곱 지파에게 영토를 다 분배하고 났을 때, 이스라엘 모든 백성은 얼마나 감격스러웠겠는가! 아브라함 이래 오매불망 바라던 일이 성취됐으니 말이다. 이제 그들은 그 감격의 순간에 여호수아의 노고와 공로를 잊지 않았다. 모름지기 지도자들이 미리 계획하고 여호수아의 의견도 타진해 두었을 것이다. 여호수아는 에브라임 지파에 속하는 사람으로(민 13:16) 자연히 그의 가문에게도 땅이 분배될 것인데, 여기서 그를 대접하는 의미에서 우선권을 주어 그가 원하는 땅을 먼저 차지하게 한 것으로 보인다. 여호수아는 에브라임 산지에 있는 팀낫세라*를 청구했고, 이스라엘은 야훼 앞에서 만장일치로 그 땅을 그에게 주었다. 즉 야훼의 명령으로 알고 주었다. 여호수아는 거기에 그의 마을을 만들고 거기에 정착했다.

교훈

사람의 공로와 노고를 적당하게 알아주고 치하하는 일은 매우 아름다운 것이다. 평생 야훼를 위하여, 또 이스라엘 민족을 위하여 헌신한 여호수아에게 그만한 혜택을 주는 것은 너무나 당연한 일이다. 여호수아가 남보다 땅을 더 달라고 한 것도 아닐 것이고, 단지 선택의 우선권을 주어 자기가 원하는 땅을 차지하게 한 것뿐이었다. 하나님도 재가하신 일이고, 결국 하나님의 명령으로 된 것이라고 성경은 말하고 있다(19:50).

우리가 모든 일을 하나님의 명령대로, 하나님의 뜻에 맞도록 한다면 얼마나 좋을까? 그런데 세상 사람들은 공로자에게 마땅한 대우를 하지 않을 뿐 아니라, 아무 공로도 없고 전혀 관계도 없는 사람이 도둑의 심보를 가지고 공공한 것이나 심지어 남의 것까지도 자기의 것을 만들고 착복하려드니 문제이다. 예나 오늘이나 남을 인도한다는 사람들이 제일 좋은 것을 먼저 챙기는 추태를 부리는 것도 문제이다. 사람은 하나님이 주시는 것을 받아야 한다. 하나님께서 인간을 통하여 주시는 것을 받는 것이 아름답고 마땅한 일이다.

도피성(수 20:1-9)

해설

하나님께서 이미 모세에게 도피성을 마련하라는 명령을 내리신 바 있다(출 21:12-14; 민 35:9-15). 그리고 도피성에 관한 법도 주셨다(신 19:1-13). 이제 때가 되었다. 여호수아가 가나안 땅을 정복하고 이제 도피성을 정하는 일이 남았다.

고의가 아니고 실수로 사람을 죽였을 때, 혈족이 그 살인자를 죽이려고 할 것이니, 정당한 재판을 받을 때까지 대피할 수 있는 곳으로 마련해 두는 곳이 도피성이다. 살인자가 도피성 중 어느 곳에든지 들어가면, 임시로 거기서 거처를 얻고 살 수 있다. 그 살인 사건이 시민 앞에서 재판을 받아 무죄가 판명되면, 그 성에서 그대로 살다가 그 사람 생시의 대제사장이 죽은 다음에 자기 고향으로 돌아갈 수 있다.

이스라엘 백성은 납탈리* 영토에 속하는 산골 갈릴리의 케데쉬*와 에브라임 영토에 있는 산골 세켐*과 유다 영토에 있는 산골 키르얏아르바* 곧 헤브론을 요단강 서쪽의 도피성으로 지정했다. 요단강 동쪽에는 르우벤의 영토에 있는 베셀과 간* 지파 영토에 있는 길앗* 지방의 라못과 므낫세 지파 영토에 있는 바산의 골란을 지정했다. 이렇게 여섯 개의 도피성이 지정된 것이다. 요단강 동쪽의 도피성은 이미 모세가 정해준 곳들이다(신 4:41-43).

교훈

1. 생명을 귀하게 여기시는 야훼 하나님은 인간이 억울하게 생명을 잃는 일이 없게 하시려고 도피성 제도를 명령하셨다. 사람은 흥분하면 이성을 잃고 사리를 따지지 않고 남을 죽일 수 있다. 시간이 필요하다. 맑은 이성으로 사리를 잘 판단하여 행동을 해야 한다. 도피성 제도와 같은 장치를 통해서, 인간의 생명이 마구 희생되는 것을 막고, 억울함과 불의가 사라지도록 해야 할 것이다. 흥분을 가라앉히고 냉정한 판단을 할 수 있게 해야 한다. 온당한 재판을 통해서 공의의 사회를 이루어야 한다. 하나님이 바라시는 것이 바로 그런 것이다.

2. 하나님이 모세에게 명하셨던 도피성 제도를 여호수아가 마무리하였다. 하나님께서 인간의 안녕을 위하여 우리 조상들에게 명령하신 것이 철저히 시행되어, 하나님의 뜻이 이루어져야 하는데, 과연 우리들의 대에 와서 오히려 하나님의 뜻이 희미해지고 무시되고 실시되지 않고 있는 것들은 없는지 생각해 볼 필요가 있다. 사람을 죽이는 일에는 더 재빨라지고, 사람의 생명을 살리고 돕는 일에는 둔해지고 무감각해지고 있는 것이 아닌가? 우리는 예언자들과 사도들에게 주신 하나님의

분부를 자세히 검토하고 해석하여 생명을 살리고 삶의 질을 높이는 일에 전보다 더 적극적인 노력을 기울여야 할 것이다. 하나님의 은택이 모든 사람에게 내릴 수 있도록 도피성을 이스라엘 영토 내에 고르게 배정한 것처럼, 예의 주의를 기울여야 할 것이다. 공평하게 모두가 평안을 얻을 수 있는 길을 모색해야 할 것이다.

레위 사람들에게 배당된 성읍들(수 21:1-45)

해설

레위 지파를 제외한 열두 지파에 대한 영토 분배가 끝났다. 레위 지파에게는 영토 분배를 하지 않고 하나님을 섬기는 일을 그들의 분깃으로 주기로 하셨지만, 그들도 거주할 곳이 있어야 하고 작은 목장이라도 있어야 젖을 얻어먹고 버터와 치즈를 만들어 먹으며 생존할 수 있을 것이 아닌가? 그들의 기본적인 생존을 위해서는 특별한 조치가 필요했다. 그래서 야훼 하나님은 이미 모세를 통하여 레위인들에게 몇몇 성읍들과 그 주변 목장을 배당할 것을 지시하셨던 것이다. 토지 분배의 마지막 순서로서 여호수아와 제사장과 백성의 거두들이 실로에 모여서 그 작업을 마무리했다. 남은 땅은 없고, 열두 지파가 받은 땅에서 십시일반 레위인들을 위해서 각 지파가 성읍들과 그 주변 목장들을 제공하게 했다. 레위 지파는 레위의 세 아들인 게르숀*과 크핫*과 므라리를 통하여 세 가문으로 갈라져 있었다. 레위인들에게 배당할 도시와 촌락들은 사전에 가나안 땅 전체를 조사하여 알아두었다. 그 일을 집행하는 지도자들(제사장, 여호수아, 장로들)이 제비를 뽑아 레위 여러 가문에게 분배하기로 하고, 제비를 뽑았는데 제일 먼저 뽑힌 것이 크핫* 집안의 아론에게 돌아가는 도성들이었다. 게르숀*이 맏아들이지만 아론이 둘째 아들 크핫* 집안에서 나왔으므로, 크핫*의 집안이 우대를 받은 것이다. 우선 분배한 내용을 대략 살펴 보면 다음과 같다.

크핫* 자손 23성읍
　아론의 가문 13성읍 - 유다, 시므온, 벤야민* 지파로부터
　크핫*의 남은 가문 10성읍 -에브라임, 단, 므낫세 반 지파로부터
게르숀* 자손 13성읍 - 잇사갈, 아셀*, 납탈리*, 므낫세 반 지파(요단강 동쪽의 지파)로부터
므라리 자손 12성읍 - 르우벤, 갇*, 즈불룬* 지파로부터
도합 48성읍

모두 48성읍인 그 내용을 좀 더 자세히 살펴보면 다음과 같다.

크핫* 자손 중 아론 가문에게 준 지파와 성읍 수:
　유다와 시므온 지파가 9성읍(그 중 헤브론이 도피성),
　벤야민* 지파가 4성읍, 도합 13성읍.
크핫* 자손 중 다른 가문들에게 준 지파와 성읍 수:
　에브라임 지파가 4성읍(그 중 셰켐*이 도피성),
　단 지파가 4성읍, 므낫세 반 지파(서쪽)가 2성읍, 도합 10성읍.
게르숀* 자손에게 준 지파와 성읍 수:
　므낫세 반 지파(동쪽)가 2성읍(그 중 바산의 골란이 도피성),
　잇사갈 지파가 4성읍, 아셀* 지파가 4성읍,
　납탈리* 지파가 3성읍, 도합 13성읍.
므라리 자손에게 준 지파와 성읍 수:
　즈불룬* 지파가 4성읍, 르우벤 지파가 4성읍,
　갇* 지파가 4성읍, 도합 12성읍.

13장 1절-21장 42절에서 가나안 땅 분배의 이야기를 상세히 기술하고, 이제 43절 이하에서는 그 결론을 간단히 적었다. 즉 야훼께서 이스라엘 조상들에게 약속하신 대로 가나안 땅을 다 분배하셨고, 이스라엘은 그것을 소유하고 정착하게 됐다는 것이다. 야훼께서 이스라엘에게 안정과 평화를 주셨고 모든 원수를 그들의 손에 붙여주셔서, 감히 이스라엘에 대드는 자들이 없었다는 것이다. 하나님께서 약속하신 좋은 일들이 다 이루어졌다는 것이다.

교훈

1. 농경사회를 이루고 살게 된 이스라엘 백성에게 토지는 매우 귀한 것이었다. 하나님은 선민 이스라엘이 땅을 일구고 거기서 목축을 하며 살 수 있도록 그들에게 땅을 공평하게 나누어주셨다. 그러나 하나님이 이스라엘을 선민으로 삼으신 것은 그들이 세상에서 그냥 물질적으로 잘 살게 하시려는 것뿐만은 아니다. 야훼 하나님을 모신 종교적 백성으로서의 고상한 삶을 살게 하시려는 것이었다. 그래서 레위 지파를 선별하여 그들에게 특수 임무를 주시고 종교의 일을 전담하게 하셨다.

그런데 농경 생활과 종교생활은 별개의 것이 아니고 완전히 융합된 것이어야 하기에, 하나님은 열두 지파에게 땅을 나누어주시는 동시에 그들 한 복판에 레위인들을 품고 살면서 제정일치(祭政一致)의 상태를 이루게 하신 것이다. 열두 지파 사람들은 나누어 받은 땅을 자기들만을 위하여 쓰는 것이 아니라 레위인들에게 그 일부를 제공하고, 같은 하나님의 자녀로서 동고동락하게 하신 것이다. 하나님을 중심한 이러한 상호협조와 동질감을 가진 생활이야 말로 하나님이 원하시는 이상이었다고 본다. 모두가 그 제도 안에서 안정을 얻고 평화를 누리고 당당하게 살 수 있었다.

2. 여기에 그런 이상형이 제시되었으나 그 후 이스라엘은 평화를 잃고 마침내는 나라를 잃고 포로가 되어 여러 나라로 유리방황해야만 했다. 하나님은 그의 이상을 우선 주셨는데, 이스라엘은 그 이상을 깨고 반역의 길을 간 것이다. 여호수아를 읽는 후대의 이스라엘 사람들은 그들이 하나님의 이상을 깼다는 사실을 알고 회개해야만 했다. 그들이 반성하고 회개하게 하시려고 야훼 하나님이 정하신 이상적인 상태를 여기에 상세히 기록하게 하신 것이다. 개인이나 사회의 일상 물질생활과 종교 생활이 조화되고 융합하여, 하나님 안에서 진정한 평화를 이룰 수 있어야 한다. 그것이 하나님의 이상이고 우리에게 바라시는 것이다.

요단 동쪽 지파 군인들이 자기 자리로 돌아가다(수 22:1-9)

해설

이스라엘 열두 지파에게 주는 영토 분배가 끝났으니, 이제 남은 일은 요단강 서쪽 가나안 땅을 정복하려고 요단강을 건너왔던 르우벤 지파와 갇* 지파와 므낫세 반 지파 사람들이 자기들의 집으로 돌아가는 일이었다. 여호수아는 그 일을 공식적으로 하려고 이스라엘 백성을 모두 실로에 모으고, 즉 하나님 앞에 모으고 만인 앞에서 그 두 지파 반과 송별예식을 행했다. 여호수아는 그들을 치하하였다. 그들은 야훼의 종 모세가 명한 것을 다 준수했을 뿐만 아니라 여호수아 자신이 명한 것도 준수하여 야훼의 명령을 따라 동족을 버리지 않고 이제 과업을 끝냈으므로 약속된 곳으로 돌아가도 된다고 했다. 그리하면서 또한 타일렀다. 야훼의 종 모세가 명한 계명과 지시를 잘 준수하고 야훼 하나님을 사랑하여 야훼께서 알려주신 길을 걷고 야훼의 계명들을 잘 지키고 야훼를 꼭 붙들고 마음과 정성을 다해서 야훼를 섬기라고 한 것이다. 끝으로 여호수아는 그들을 축복하고 떠나가게 했다. 빈손으로 떠나보낸 것이 아니었다. 서쪽에서 노획한 우양과 은과 금과 청동과 쇠와 의류들을 가지고 가게 했다.

교훈

1. 이스라엘에게 하나님이 하신 약속은 명실공이 이루어졌다. 그 일등 공신은 물론 하나님이셨다. 야훼 하나님의 총 지휘 아래 그 일이 멋있게 마무리된 것이다. 다음은 모세와 그의 후계자 여호수아의 믿음과 복종과 탁월한 지휘 때문이었다. 다음은 이스라엘 백성이 믿음을 가지고 야훼 하나님과 그의 종들의 명령에 복종하였기 때문이었다.

신명기사적 원칙이 거기에 있다. 22장 5절이 바로 그것이다. “모세를 통하여 주신 하나님의 계명과 지시를 지켜야 한다. 야훼 하나님을 사랑해야 한다. 야훼가 지시하는 길을 걸어야 한다. 그의 계명들을 지켜야 한다. 야훼 하나님을 굳게 붙들고, 전심전력으로 그를 섬겨야 한다.” 그 원칙대로 했더니 이스라엘 백성이 안정을 얻었다. 이스라엘의 미래도 그 원칙대로 할 때 안전할 것이다. 그것은 오늘 우리에게도 해당하는 원칙이다.

2. 민족의 단결이 필요하다. 지파나 가문이나 개인이 자기만을 생각하고 제 갈 길만 간다면 통일과 안정의 기쁨을 누릴 수 없다. 요단강 동쪽 지파들의 헌신과 희생 덕택에 이스라엘 백성은 가나안 평정을 일구어 냈고, 안정을 얻을 수 있었다. 하나님의 나라를 이루려는 우리들이 어찌 개인만을 생각하면서 살 수 있겠는가? 남을 위하여 희생하는 그리스도의 정신만이 하나님의 원대한 이상을 이룰 수 있는 길이다.

요단 동쪽에 세운 기념 제단(수 22:10-34)

해설

실로에서 고별 행사를 마치고 자기 고장으로 돌아가던 르우벤 지파와 갓 지파와 므낫세 반 지파 장정들은 요단강 서쪽 한 지점에 큰 제단을 쌓아 놓고서 강을 건너갔다. 요단강 서쪽의 이스라엘 백성들이 그 소문을 듣자 곧 실로에 모여 동쪽 지파들을 상대로 전쟁을 할 작정을 했다. 결국 동쪽 지파들의 그 행동을 자기들에 대한 반역 행위로 간주하였던 모양이다.

그래서 우선 서쪽 이스라엘 백성은 제사장 비느하스를 단장으로 하는 열 지파 대표들을 길앗*에 있는 르우벤 지파와 갇* 지파와 므낫세 반 지파 사람들에게 파송했다. 그리고 한편으로는 항의하고 한편으로는 애원했다. "이스라엘의 하나님은 한 분 뿐이시고, 그를 섬기는 제단은 한 곳(그 당시는 실로, 나중에는 예루살렘)에 있게 마련인데, 그들이 오늘 제단을 따로 또 하나 만들어 세운 것은 이스라엘의 하나님께 내한 모반이 아니냐? 몇 해 전에 브올에서 다른 신을 섬기는 죄를 지음으로써 더러움을 타(민 25:7-13) 야훼께로부터 큰 재앙을 받았고 그 부정이 아직 가시지도 않았는데, 이제 또 그런 일을 했으니 야훼께서 우리 전체에게 노를 발하시지 않겠는가? 아간이 혼자서 금지된 물건을 탐했지만, 그 죄값으로 그의 일족이 다 망하지 않았는가(7장)? 동쪽의 땅이 더럽다면, 이제라도 그 곳을 버리고 야훼의 성막이 있는 야훼의 땅으로 건너가서 땅을 나누어 가지고 살면 어떠냐? 제발 야훼를 위한 제단 외에 다른 단을 쌓음으로 야훼와 동포를 배반하지는 말아 달라!"는 식으로 말한 것이다.

르우벤 지파와 갇* 지파와 므낫세 반 지파 사람들의 의도는 전혀 그런 것이 아니었다. 그리하여 그들은 하나님께 대한 자기들의 강한 신앙을 먼저 고백했다. "야훼는 신들 중의 신이십니다. 과연 야훼는 신들 중의 신이십니다(〈엘 엘로힘 야흐웨 엘 엘로힘 야흐웨 후〉 אֵל אֱלֹהִים
יהוה אֵל אֱלֹהִים יהוה הוּא)."[10)]

그리고 자신들의 진심을 토로했다. 자기들이 결코 야훼께 반역하는 마음으로 그 단을 쌓은 것이 아니라는 것을 하나님이 아시고 이스라엘도 알아달라고 애원했다. 즉 야훼께 번제나 곡물제물이나 화목제물을 드리기 위해서 단을 쌓은 것이 아니라는 것이었다.

다만 장차 자기들의 후손이 "당신들은 야훼 이스라엘의 하나님과 무슨 관계가 있습니까? 요단강이 경계선이 되어 있는데, 당신들은 야훼와 상관이 없는 것이 아닙니까?" 라고 하면서 야훼를 예배하지 않을 것 같아서, 자기들도 야훼 안에 한 몫을 가지고 있다는 증거를 대기 위해서 그 단을 세웠다는 것이다. 앞으로 후손에게 "성소에 있는 제단을 본 딴 이 제단을 보아라. 그것은 번제나 다른 제사를 위한 것이 아니라, 다만 우리와 여타 지파들 사이의 관계를 입증하는 증거물에 불과하다." 곧 "이 단은 우리들 사이에 야훼가 하나님이시라는 증거니라."라고 말하기 위한 것이라고 하며, 야훼께 대한 반역을 의미하는 것이 아님을 거듭 역설하였다.

비느하스와 기타 사절 일행은 그들의 말을 듣고 만족했고 안도의 숨을 쉬었다. 만일 요단 동쪽 지파들이 정말로 야훼를 반역하는 의미에서 제단을 쌓았다면 하나님의 진노가 이스라엘 전체에게 내릴 뻔 했는데, 그 의도가 그렇지 않아서 결국 이스라엘은 화를 면했다는 말을 하면서 그 사절 일행은 철수하여 본진에 상세한 보고를 하였다. 결국 전쟁을 면하게 됐다.

---

10) 여호수아 22장 22절 첫머리의 이 히브리어 부분을 개역성경에서는 '전능하신 자 하나님 여호와, 전능하신 자 하나님 여호와'로 옮겼다.

교훈

1. 요단강 동쪽 지파들의 처사 곧 요단강 서쪽에 큰 단을 쌓은 행동은 정당한 것이었다. 후손들이 자기들의 정체성을 바르게 유지할 수 있도록 조상들이 취한 현명한 조치였기 때문이다. 야훼 하나님만을 섬기는 이스라엘 민족의 한 부분이라는 사실을 입증하는 증거물을 세우고, 후손들로 하여금 그 사상을 견지하고, 그러한 정체성을 바로 가지고 여타의 지파들과 정당한 관계 속에 살게 하려 한 것이다. 조상의 책임을 다한 것이다. 후손들은 조상의 갸륵한 정신을 이어받아 참된 신앙을 견지해야 할 것이다.

2. 요단강 서쪽의 이스라엘 지파들의 민감한 반응 역시 훌륭한 것이었다. 민족 건설 초기에 반역 행위를 방치하면 후환이 클 것을 깨달은 그들은 전쟁도 불사한다는 각오로 항의했다.

야훼 신앙에 오점을 남기지 않기 위해서였다. 야훼만 섬기고 이를 위해서는 단일 성소를 가져야 한다는 지도자들의 판단에 입각하여 반역행위를 초전박살하려는 생각으로 사절을 보내어 항의했던 것이다.

야훼 신앙의 순수성을 유지하기 위해서 전쟁도 불사한다는 큰 각오는 우리의 신앙생활에도 귀감이 될 만하지 않는가?

3. 우리는 과연 어떤 증거물을 자손들에게 남기고 있는가? 그 물건을 볼 때마다 마음이 찔리거나 옷깃을 여밀 수 있게 할 수 있는 어떤 증거물을 지니고 있는가?

경기도 용인에 있는 순교자 기념관, 서울 양화진에 있는 서양 선교사들의 묘지가 그런 증거물인가? 우리도 자손들에게 훌륭한 신앙의 증거물, 후손들의 반성을 촉구하고 정체성을 깨닫게 할 수 있게 하는 증거물을 남겨 둘 수 있어야 하지 않을까?

4. 야훼 하나님이야말로 세상 사람들이 섬기는 모든 신 중에 으뜸이시며 그 모든 신을 제압하시고 좌우하실 수 있는 분으로 믿는 절대 신앙이 이스라엘의 신앙이다. 그 신앙 이상 귀한 것은 없다. 그 신앙을 견지하고 대대손손 그 신앙을 물려주는 것이 가장 현명한 일이다.

여호수아의 마지막 권면(수 23:1-16)

해설

이스라엘 백성이 가나안 7족 민을 완전히 몰아낸 것은 아니었지만 일단 대부분 성공하였고 거의 모든 지방에서 안정된 생활을 하기에 이르렀다. 20-30년 동안 비교적 안정된 생활을 하였고, 영도자 여호수아도 세상을 떠나야 할 날이 거의 다가왔다.

어느 날 그는 이스라엘 모든 백성과 그들의 장로들과 거두들과 판관들과 관리들을 불러 모았다. 그리고 그는 과거를 회상하면서 노파심을 가지고 예언자적인 입장에서 백성에게 권고를 했다. 자기는 이미 늙었다. 야훼 하나님이 이스라엘을 위해 어떻게 싸워주셨고, 본토인들을 어떻게 몰아내신 것을 다 같이 목격했다. 요단강에서 지중해에 이르는 모든 나라를 점령하고 그것들을 각 지파에게 분배했다. 앞으로도 야훼께서 원수들을 막아주시고 배당된 땅을 유지하게 하실 것이다.

그러니까 이스라엘이 할 일은 첫째, 모세의 율법책에 기록되어 있는 모든 것을 아주 꾸준히 지키고 행해야 한다. 둘째, 좌나 우로 치우치지 말아야 한다. 셋째, 아직 남아 있는 본토민들과 섞이지 말아야 한다. 넷째, 그들이 섬기는 신들의 이름을 부르지도 말고 그것들의 이름으로 맹세하지도 말고 그것들을 섬기거나 절하지도 말아야 한다. 그 대신 야훼 하나님을 지금까지 그리 해 왔던 것처럼 굳게 붙들어야 한다고 권했다.

야훼 하나님께서 강하고 위대한 나라들을 부수시고, 그 어느 하나도 감히 이스라엘을 대항하지 못하고 있지 않는가? 야훼께서 대신 싸워주셨으므로, 이스라엘 한 사람이 원수 천 사람을 싸워 이길 수 있었으니, 조심하여 야훼 하나님을 사랑하라고 권하였다. 만일 이제 마음이 변하여, 동거하는 남은 나라들과 연합하거나 그들과 결혼하면, 야훼께서는 그 나라들을 몰아내주시는 일을 멈추실 것이고, 따라서 그들이 이스라엘에게 올무와 덫과 옆구리를 치는 채찍과 눈의 가시가 될 것이며, 하나님이 주신 이 약속의 복지에서 멸망하고 말 것이라고 경고했다.

여호수아는 노파심에서 거듭 경고한다. 자기는 이제 죽을 때가 되어 유언 삼아 말한다고 하면서 경고한다. 참으로 누구나가 아는 바처럼 야훼 하나님이 이스라엘을 위하여 약속하신 그 좋은 일들이 하나도 남김없이 다 이루어졌는데 만일 이스라엘이 야훼 하나님과 맺은 언약을 어기고 다른 신들에게로 가서 그것들을 섬기고 절을 한다면, 하나님은 진노하실 것이고, 이스라엘은 하나님이 주셨던 좋은 땅에서 곧바로 멸망하고 말 것이라고 단단히 경고했다.

교훈

1. 이스라엘의 영도자 여호수아는 일생을 자기 민족을 위해서 바쳤는데, 이제 그는 그의 마지막 순간까지 나라를 사랑하는 마음으로, 또 하나님의 종으로서 느끼는 의무감과 품은 충성심으로 백성에게 마지막 권고를 아끼지 않았다. 여호수아는 그 당시 이스라엘 민족의 최고 지도자인 만큼 그가 유언처럼 하는 말은 더더욱 의미가 있었을 것이다. 애국충정에서 나오는 여호수아의 말은 그 시대는 물론 대대로 이스라엘 민족에게 금언과 같은 것이었다. 요약한다면, 야훼 하나님이 먼저 이스라엘을 사랑하여 도우시고 승리를 주시고 약속의 땅을 주셨으니,

이스라엘은 그 하나님을 사랑하고 그를 섬기라는 충고였다. 그렇지 않을 경우 하나님은 진노의 하나님으로서 이스라엘을 멸망하게 하실 것이라는 경고이다. 그것은 만고의 진리이다. 하나님을 진심으로 사랑하고 그만을 섬기면 하나님의 축복을 계속 받을 것이고, 그렇지 않을 때 멸망을 각오해야 한다.

2. 문제는 이스라엘 백성이 하나님의 명령을 제대로 준행하지 않고 여러 곳에서 본토인들과 같이 살았다는 사실이다. 그럼에도 불구하고 하나님은 그것을 용인하셨는데, 거기에 위험성이 있다는 것을 누누이 알려주셨다. 이스라엘이 그 위험성을 깨닫고 하나님의 말씀대로 잡혼도 하지 않고 이방종교를 멀리만 했다면 문제가 없었을 것이다. 그러나 근묵자흑(近墨者黑)이 아닌가? 어떻게 그들의 영향을 받지 않을 수 있겠는가 말이다.

하나님께서 그렇게도 누누이 타일렀는데도 이스라엘이 배반하고 우상숭배를 함으로 마침내 나라가 망하는 결과를 가져왔다. 하나님의 명령을 철저히 지키는 것만이 형통할 수 있는 길인데, 그렇지 않으니 답답하다.

3. 책 여호수아를 쓴 사람들은 야훼 신앙을 저버리고 패망한 이스라엘 민족을 안중에 두고 있었을 것이다. 책 여호수아의 목적은 역사적 사실을 우리에게 알리려는 데 있지 않고, 하나의 예언서로서 오고 오는 하나님의 백성에게 경고를 주는 데 있다. 신명기적 정신을 가지고 살면 복을 받고 그렇지 않으면 멸망한다는 사실을 예언적으로 말하려는 데 있다.

이스라엘 지파들이 언약을 새롭게 다짐하다(수 24:1-28)

해설

장소가 실로에서 세겜*으로 바뀌었다. 세겜*은 유서 깊은 고장이다. 마지막으로 여호수아는 이스라엘 모든 지파를 세겜*으로 불러 모았다. 장로들과 지파 두목들과 판사들과 관리들도 같이 모여 하나님 어전, 즉 성소 앞에 섰다.

그러자 여호수아는 엄숙하게 야훼의 말씀을 대언했다. 그 내용은 하나님께서 이스라엘을 어떻게 조성하고 어떻게 인도하여 가나안 복지에서 행복을 누리게 했는가 하는 역사였다.

여기서 다시 한 번 하나님과 이스라엘 백성이 언약을 체결하는 장면을 볼 수 있다. 여호수아는 언약 체결 사건의 중재자로 나타나 있다. 언약의 한 당사자이신 하나님이 한 편에 계셔서 언약의 조건들을 말씀하신다. 그리고 또 다른 당사자인 이스라엘이 그 제안을 받아들이고, 그들이 응분의 의무를 행할 것을 다짐한다.

무조건 언약을 맺자는 것이 아니다. 하나님이 이미 하신 일을 소개하고 그분과 언약을 맺는 것이 얼마나 유리한가를 알려준 다음에 상대에게 응답하라고 종용하는 것이었다. 우선 그 하나님은 아브라함을 유브라데 강 동쪽으로부터 부르시고 가나안으로 인도하셨다. 많은 자손을 주셨다. 이삭에게 야곱과 에서를 주셨고, 에서에게는 세일 지방을 주셨다. 야곱은 애굽으로 내려갔지만, 하나님께서 모세를 보내어 여러 가지 재앙의 기적을 가지고 이스라엘을 거기서 구출하셨다. 추격해오는 애굽 군인을 홍해에서 몰살하셨다. 광야에서 놀랍게 살아남게 하셨고, 요단강 동쪽에 이르렀을 때는 그 지방 아모리 왕들을 무찔러 주셨다. 빌암*의 사건에서도 이스라엘을 도우셨다. 요단강을 건넌 후에도 여리고 성을 함락하게 하셨고, 가나안의 일곱 족속 사람들을 이스라엘에게 붙여 궤멸하게 하셨다. 결국 이스라엘이 수고하지 않고 땅을 차지하고 집을 짓지 않은 집에서 살고 심지 않은 포도나무와 올리브 나무에서 열매를 따 먹게 하셨다. 이런 하나님이 지금 언약의 당사자로 나타나셨다. 상대 언약 당사자인 이스라엘에게 여호수아가 제시하는 조건은 그 야훼 하나님을 존중하고 진심으로 충성스럽게 섬기고 유브라데 강 동쪽에서나 애굽에서 조상들이 섬기던 신들을 버리라는 것이다.

여기서 여호수아는 조정자의 자리에 서서 야훼를 섬기겠는가 아니면 옛 조상들이 섬기던 신들을 섬기겠는가를 결단하라고 재촉한다. 거기서 여호수아는 자신의 태도를 밝혔다. "나와 내 집안은 야훼를 섬기겠다!"고 단언했다. 이스라엘 백성은 영도자 여호수아의 결정을 본받아 자기들을 애굽 땅 노예의 집에서 구출하시고 가나안까지 인도하셔서 본토인들을 축출해 주신 야훼를 버리고 다른 신들을 섬기는 일은 결코 없을 것이라고 다짐했다.

그러자 여호수아는 언약 조정자로서 경고했다. 하나님은 거룩하신 분이시고 질투하시는 하나님이셔서 이스라엘이 야훼를 버리고 다른 신들을 섬기는 날에는 돌아서서 그들에게 해를 주시고 삼켜버리실 것이라고 말했다. 그러나 이스라엘 백성을 "아닙니다. 우리는 야훼를 섬기겠습니다!"라고 자신들의 다짐을 밝혔다. 여호수아는 "너희 자신이 야훼를 택하고 그를 섬기겠다는 증인들이다."라고 말했다. 그들은 다시 "우리가 증인입니다."라고 대답했다. 그렇다면 그 말의 증거로 지금 가지고 있는 이방 신들을 버리고 야훼 이스라엘의 하나님께 마음을 쏟으라고 여호수아가 명령했다. 그러자 백성은 재차, "우리는 야훼 우리 하나님을 섬기겠습니다. 그리고 그에게 복종하겠습니다."라고 다짐했다.

여호수아는 이렇게 셰켐*에서 백성이 하나님과 언약을 맺은 날에 그 내용을 하나님의 율법책에 기록했다. 또 큰 돌 하나를 야훼 성소의 상수리나무 아래 세워 놓았다. 그러고는 백성을 향하여 그 돌이 증거가 될 것이라고 말했다. 그 돌이 그 언약 체결 당사자들의 말을 다 들었으니, 그것이 증인이라고 말한 것이다.

이렇게 언약을 맺은 후에 백성들이 각각 자기 고장으로 돌아갔다.

교훈

1. 하나님은 당신의 뜻을 이루시려고 선택된 백성을 세우신다. 이는 일방적이다. 이스라엘이 자각하여 하나님을 상대로 언약을 맺은 것이 아니다. 초월자이신 야훼 하나님이 그의 뜻을 이루심과 아울러 이스라엘을 행복하게 하시려고 그들을 부르시고 인도하시고 행복할 수 있는 모든 조건 속에 놓아주시고 그것도 모자라 그들과 언약을 맺어 그들이 하나님을 떠나지 않도록 해 주셨다. 긴 역사를 통하여 하나님이 어떤 분이시라는 것을 보고 듣고 알 수 있는 시점에 다시 언약을 맺으시며 그리 어렵지 않은 조건을 가지고 충성을 요구하셨다.

얼마나 고마운 일인가! 오로지 하나님의 은혜와 사랑에서 온 처사이다. 야훼의 말씀을 순종하고 그 언약을 지키기만 하면 행복이 보장되는 것이다. 하나님은 낡은 언약만 아니라 새 언약을 세우셔서 인간을 행복으로 이끌기를 원하셨다.

2. "나와 내 집안은 야훼를 섬기겠다!"(24:15)라는 영도자 여호수아의 모범적 결단이 이스라엘로 하여금 언약을 체결하게 하는 결정적인 동기가 됐을 것이다. 지도자의 솔선수범과 인도가 얼마나 중요한가! 일반적으로 사람들은 어리석어서 가부(可否)를 결정하기 어렵다. 진실된 지도자의 올바른 결단이 민중의 장래를 좌우하는 법이다.

3. 여호수아는 셰켐*에서 맺은 언약을 상징하면서 증인의 역할을 하도록 큰 돌 기둥을 세워 놓았다. 후대인들이 그 돌을 보면서 그 사건을 기념하거나 반성할 수 있을 것이다.

그러나 그 돌은 돌에 불과하다. 중요한 것은 계약 당사자 자신이 스스로 증인이 되어야 하는 것이다(24:22). 아무리 돌을 세웠더라도, 당사자가 언약을 무시라고 파기한다면, 말짱 허사가 된다. 하나님 앞에서 맺은 언약 당사자인 이스라엘 백성 하나하나가 증인이 되어 그 약속에 충실해야 한다.

여호수아와 엘아잘*의 죽음(수 24:29-33)

해설

야훼의 종 여호수아는 110세 죽었고, 그의 소속 지파 에브라임 지방 산지에 있는 팀낫세라*에 매장되었다.

그가 살아 있는 동안, 또 야훼가 하신 일을 다 알고 있는 장로들이 살아 있는 동안에는 이스라엘 백성이 야훼를 섬겼다. 또 이스라엘 백성은 애굽에서 가지고 나온 요셉의 뼈를 셰켐*에 매장하였다. 그 땅은 야곱이 셰켐*의 조상 하몰에게서 산 땅이다. 그것이 요셉 후손의 유산이 되었다.

아론의 아들 엘아잘*도 죽었다. 에브라임 산지에 있는 비느하스, 곧 에르아살의 아들의 마을 기베아[11]에 그 시신을 묻었다.

11) 개역성경 여호수아 24장 33절에서는 히브리 낱말 〈기베아〉를 '산'으로 옮겼다.

교훈

1. 모세와 아론을 뒤이어 이스라엘을 지도해 온 두 지도자인 여호수아와 엘아잘*이 수(壽)를 다 하고 그리던 가나안 땅에 매장되었다. 그들은 참으로 큰 복을 받은 사람들이다. 야훼 하나님을 충성스럽게 섬기며 그의 법도대로 살던 지도자들이 하나님이 주신 복 속에 잠들었다는 것은 하나의 이상이며 모두가 바라는 것이다. 책 여호수아의 결론이 바로 이것이다. 야훼 하나님을 섬기고 하나님의 율례와 법도를 따르는 자는 하나님께 복을 받는다는 것이다.

2. 요셉의 뼈가 마침내 아버지 야곱이 사놓았던 땅에 안장되었다. 수백 년 동안 자기 자리를 잡지 못하고 운반되어 오던 그 해골이 마침내 그가 바라며 예언한 대로(창 50:25) 이스라엘 백성의 성공과 함께 자기 자리에 매장됨으로써 모든 것이 완결되었다. 역사의 주인이 하나님이 아니셨더라면 이런 일이 일어날 수 없었을 것이다. 하나님의 뜻은 반드시 이루어지고야 만다.

사사기(士師記)

해설

중국말로 재판관을 사사(士師)라고 하는지, 중국인들이 성경을 번역하면서 이 책에 "사사기(士師記)"라는 이름을 붙였다. "판관들의 이야기" 혹은 "판관들에 관한 기록"이라는 뜻이다. 히브리 성경에서 〈쇼페팀〉(שֹׁפְטִים)이라고 한 책 이름을 그렇게 번역한 것이다. 〈쇼페팀〉은 원래 "판관들"을 뜻하는 복수명사이고, 영어 성경의 Judges가 옳은 번역일 것이다.

여호수아가 죽은 후 이스라엘 열두 지파는 각각 자기들의 지역에 흩어져서 살면서 그들이 쫓아내지 못한 본토인들과 섞여 살아야만 했다. 그리하는 가운데 그들의 야훼 신앙이 해이해지면서 타락한 생활을 하였다. 지방마다 또는 지파마다 본토인들과 마찰이 있었고, 때로는 그들에게 오히려 점령을 당하여 지배를 받아야 하는 어려움도 겪었다.

야훼 하나님은 이스라엘 백성이 믿음을 잃고 타락할 때 그들을 원수들의 손에 내팽개쳐서 고통을 당하게 하셨다. 어려움이 계속되고 심해질 때 비로소 그들은 정신을 차리고 야훼 하나님께 도움을 청하며 부르짖었다. 야훼는 그런 때에 그 백성을 도탄에서 건질 수 있는 인물을 일으켜 그들을 다시 구출하는 작업을 하셨다.

사사기에 그런 인물이 열두 사람 나타난 것으로 되어 있다. 그런 사람에게 특별하게 붙인 이름이 없고, 단지 그들이 백성을 〈샤파트〉〔שָׁפַט, '판가름하다'(judge), '다스리다'(govern)〕했다고 표현하였다. 즉 백성 사이에 일어난 사건이나 사태를 해결하고 판가름하고 그들을 그 역경에서 구출하는(〈호쉬아으〉 הוֹשִׁיעַ, deliver) 역할을 했다는 뜻이다. 그런 일 곧 〈샤파트〉하는 사람을 〈쇼페트〉(שֹׁפֵט)라고 하는

데, 이 명사를 "판관"(judge)으로 번역할 수 있다.

이스라엘 열두 지파가 동시에 한 문제를 가지고 같이 싸우거나 해결한 것이 아니고, 대개는 지역적으로 또는 어떤 한 지파나 몇 지파가 문제를 가지고 있었고, 거기에 사사가 나타나서 문제를 해결하곤 했다.

사무엘 시대 이후에 샤울* 왕이 통일 왕국을 만들기 전까지의 약 200년 동안에는 이스라엘 여러 지파가 (1) 하나님을 배반하여 (2) 하나님께 징계 받아 원수들에게 점령되어 고통을 당하고, (3) 그들이 회개할 때 하나님께서 사사를 보내셔서 도탄에서 건져주셔서 (4) 얼마동안 잘 살다가 다시 타락하는 일이 거의 주기적으로 반복 되었다.

여호수아에서는 이상(理想)을 그려 윤곽적인 이야기를 한 것이다. 실제에 있어서는 이스라엘 백성이 신명기적인 정신대로 살지 못했기 때문에 사사 시대를 거치는 동안 많은 어려움을 겪어야 했다.

그러나 하나님의 은혜로 말미암아 이스라엘은 마침내 통일 국가를 이루는데 성공했다. 통일 왕국을 이루었지만 그것도 오래가지 못하고 남과 북으로 분열하고, 결국은 두 나라가 다 망하여, 드디어 남왕국 사람들이 바벨론으로 사로잡혀가는 비운을 만났다.

포로시대에 (신명기적)예언자들이 이스라엘의 역사를 예언자적인 입장에서 편찬하면서 사사 시대를 정리하려고 할 때, 신명기적 정신에 입각하여 사사들의 활동을 중심하여 묘사하였다. 야훼 하나님께 돌아와서 하나님의 법도를 따를 때 구원이 있었고 그렇지 않을 때 다시 패망하였다는 간단한 잣대를 가지고 그 역사를 그린 것이다.

사사기에서는 열두 명의 사사를 묘사하면서 몇 사람은 아주 간단하게 취급하고 몇 사람은 집중적으로 세밀하게 묘사하였다. 그 내용을 (1) 사사의 이름, (2) 해당 본문, (3) 사사의 본거지, (4) 사사의 활동 지역, (5) 쳐부순 적(敵), (6) 이스라엘이 압박당한 햇수, (7) 사사가 다스린 햇수의 일곱 가지에 맞추어 도표로 나타낸다면 다음과 같다.

(1)	(2)	(3)	(4)	(5)	(6)	(7)
오트니엘*	3:7-11	유다?		아람 왕 쿠샨리샤타임*	8	40
에훗	3:12-30	벤야민*	에브라임과 모압 산지	모압 왕 에글론, 암몬 족 블레셋 사람	18	80
샤갈*	3:31		블레셋	블레셋 사람		
드보라	4:1-5:31	에브라임	타볼*산 납탈리* 즈불룬*	시세라* 하촐*왕 야빈 가나안 족	20	40
기드온	6:1-9:57	므낫세	므낫세	미디안 사람 아말렉 사람 케뎀 족[12)]	40	
톨라*	10:1-2	잇사갈	에브라임			23
야일	10:3-5	길앗*				22
옙타*	10:6-12:7	길앗*		암몬 족	18	6
입잔*	12:8-10	베들레헴				7
엘론	12:11-12	즈불룬*				10
압돈	12:13-15	에브라임				8
삼손	13:1-16:31	단	블레셋	블레셋 사람	40	20
				계	144	256

교훈

1. 하나님은 이스라엘 백성을 선민으로 삼아 모세를 통하여 애굽에

12) 개역성경 사사기 6장 3절에서는 '동방 사람들'로 옮겼다.

서 구출하셨고, 여호수아를 통하여 가나안 땅을 평정하여 그들의 보금자리를 만들어 주셨다. 따라서 이스라엘 사람들은 야훼 하나님과 언약을 맺은 백성으로 그 언약에 충성했어야 했다. 그러나 여호수아가 죽은 후 그들은 가나안 본토인들의 문화와 종교에 물들어 하나님과 맺은 언약을 잊어버리고 세속화와 이교화에 빠져들었다. 그래서 결국은 하나님의 약속대로 본토인들이나 주변 이방인들에게 공격, 점령, 탄압, 혹사 당하는 벌을 받아야만 했다. 인간의 어리석음과 연약함을 여기서 볼 수 있다. 은혜를 깨닫지 못하고 배반하는 인간의 가련한 모습을 보면서 우리 자신을 돌아보게 된다.

2. 그런데도 하나님은 언약을 지켜 번번이 이스라엘을 도우시고 사사를 보내셔서 그들을 도탄 가운데서 건져내셨다. 동시에 긴 세월 동안 이스라엘을 징계하시면서 통일의 길로 몰아가셨다. 여기서 하나님의 신실하심을 알 수 있다.

3. 사사기 저자들은 예언자들로 과거의 그 부끄러운 역사를 이스라엘에게 알려주고 하나님이 어떻게 사사를 통하여 구원했는가를 보여줌으로써 후손들이 그 전철을 밟지 않게 하려 했다. 그들은 사사기의 역사 이후 통일 국가가 된 이후에도 이스라엘은 여전히 사사 시대처럼 하나님을 배반하다가 망한 역사가 있으므로 그런 추행을 반복하지 않게 하려고 이 역사를 쓴 것이다.

우리도 꼭 같다. 그 후의 역사 속에서 우리도 계속 하나님을 배반하고 그 법도를 어기면서 살고 있으며, 번번이 하나님의 징계를 받고 있지 않는가? 오늘도 사사기는 우리의 반성과 회개를 촉구하고 있다.

이스라엘이 가나안 정복에 실패하다(삿 1:1-36)

해설

책 여호수아에 의하면 여호수아 생전에 가나안 땅을 대강 이스라엘이 정복하고 제비를 뽑아 열두 지파 각각에게 영토를 분배한 것으로 되어 있다. 그러나 많은 경우에 본토인들이 그냥 남아 있었다는 암시가 나타나 있었다.

이제 사사기로 접어들면서 여호수아 사후의 사정이 소개된다. 민족의 영도자 여호수아가 큰 공을 세우고 죽었지만, 아직도 남은 일이 많이 있었다. 즉 가나안 본토인들을 완전히 정복하고 그들의 땅을 차지해야 하는 과업이 그냥 남아 있는 것이었다. 각 지파는 자기들에게 배정된 고장에서 살림을 하면서 본토인들과의 적대관계를 해결하지 못한 채 불안하고 불편한 삶을 살았다.

그런대로 믿음과 사명을 느끼는 사람들이 "이런 마당에 누가 본토인들과 정면 대결하여 싸워야 하겠습니까?" 라고 야훼 하나님께 여쭈었다.

야훼의 계시가 유다 지파에게 떨어졌다. 예루살렘 남부 땅을 배당받은 유다 지파도 그 지역의 본토인들을 완전히 축출한 것이 아니었는데, 야훼가 우선 유다 지파에게 충동을 일으키신 것이다. 유다 지파에게 제비가 떨어져, 그들이 본토인 토벌의 선봉이 될 것을 명하신 것이다.

유다는 시므온 지파에게 협조를 구했다. 그 대가로 시므온이 요구할 때 유다가 협조하겠다는 조건을 붙였다.

야훼 하나님께서 유다 지파와 동행하셔서 그들은 가나안 족속과 브리스 족속을 물리쳤다. 베젝*이라는 곳에서 1000명의 적군을 무찔렀다. 베젝* 전투에 나타난 적장 아도니베젝*이 패전하고 달아났다. 유다 군대는 그를 추격하여 생포한 후에 그의 두 엄지손가락과 발가락을 베었다. 아도니베젝*은 장수여서 과거에는 자기가 70명의 직군의 왕들의 엄지와 발가락을 자르고 자기 식탁에서 부스러기를 주워 먹게 했는데 이제는 자기 신세가 꼭 그렇게 됐다고 넋두리한다. 그는 마침내 예루살렘으로 끌려가서 거기서 죽었다.

베젝* 전투 후에 유다 지파는 예루살렘을 공격하여 점령하고 성 주민을 도륙하고 성읍을 불살라버렸다. 유다 지파는 이어서 산지와 네게브*와 서해안 지대에 사는 가나안 족과 싸웠다. 다음은 헤브론에 사는 가나안 족과 싸워 세샤이*와 아히만과 탈마이*를 무찌렀다. 다음은 데빌* 주민과 싸웠다.

우군을 지휘하는 장수 갈렙이 방을 내걸었다. 데빌*에 있는 키르얏세펠*을 점령하는 사람에게는 자기 딸 악사를 주겠다고 말한 것이다. 갈렙의 아우 크나즈*의 아들 오트니엘*이 그 성을 점령하였으므로 악사를 아내로 삼게 하고 네게브*에 있는 땅을 그에게 주었다. 악사는 남편 오트니엘*더러 아버지 갈렙에게 메마른 땅이 아니라 물이 있는 땅을 선물로 달라고 청하게 했다. 성급한 악사는 스스로 아버지를 찾아가 굴로트마임[13]을 선물로 달라고 졸랐다. 갈렙은 딸의 요구를 갑절로 들어주었다. 즉 위에 있는 굴로트와 아래 굴로트를 주었다.[14] 샘이 있는 두 필지의 땅을 주었다. (이 이야기는 여호수아기 15장 15-19절에 이미 나온 것이다.)

모세의 장인 켄 족*인 호밥(이드로 - 출 3:1, 르우엘 - 출 2:18; 민 10:29, 사사기 4:11)의 자손들이 유다 지파 사람들과 함께 아랏 근처 네게브*(광야)에 있는 유다 광야로 올라갔다. 그리고는 아말렉 사람들과 함께 거주했다. 유다 지파 사람들이 시므온 지파 사람들과 함께 행진하여 제파트*에 살고 있는 가나안 족을 섬멸했다. 이어서 가자*

---

13) 개역성경 사사기 1장 15절에서는 '샘물'로 옮겼다.

14) 개역성경 사사기 1장 15절에서는 각각 '윗샘'과 '아랫샘'으로 옮겼다.

지방, 아쉬켈론 지방, 에크론* 지방을 점령하였다. 그리고 하나님의 도우심으로서 산악지대를 점령했다. 그러나 평지에 있는 주민들은 쫓아내지 못했다. 그 까닭은 그들이 철 병거를 가지고 있었기 때문이었다. 모세가 말한 대로 헤브론은 갈렙에게 주었고, 갈렙은 아낙의 세 아들을 몰아냈다.

벤야민* 지파는 예루살렘에 있는 여부스 족을 몰아내지 못했고, 따라서 사사기를 저술하는 그 후대까지 여부스 족은 벤야민* 지파와 함께 예루살렘에서 살았다.

요셉 지파는 가나안 중부에 있는 벧엘 공략에 나섰고, 야훼가 그들과 동행하셨다. 원래 그 성의 이름이 루즈*였다. 우선 그곳으로 정탐꾼들을 보냈다. 그 성에서 나오는 한 사람을 매수하여 그 성으로 가는 길을 알려달라고 했다. 그리하면 앞으로 좋게 해 주겠다는 조건을 내세웠다. 그리하여 그 안내자를 따라 그 성으로 잠입하여 그 주민을 전부 죽였다. 그러나 그 안내자와 그의 가족을 살려주었다.

므낫세 지파는 그의 책임 영토 안에 있는 성읍들과 인근 마을의 주민들을 쫓아내지 못했다. 벳세안, 타아낙*, 돌, 이블레암*, 므깃도 성과 그 인근 마을을 평정하지 못했고, 그 곳 가나안 족이 그대로 눌러 살았다. 이스라엘이 강해진 후에 비로소 그들을 강제 노동에 부려먹었다. 그러면서도 쫓아내지는 않았다.

에브라임 지파 역시 게셀에 사는 가나안 사람들을 쫓아내지 않았고, 함께 살았다.

즈불룬* 지파는 관하에 있는 키트론* 주민과 나할롤 주민을 쫓아내지 않았다. 따라서 가나안 사람들이 같이 살았고, 그들에게 강제 노동을 부과하는 정도였다.

아셀* 지파는 악코*, 시돈, 아흐랍*, 악집*, 헬바, 아픽*, 르홉 주민들을 쫓아내지 않았고, 그들과 함께 살았다.

납탈리* 지파는 그들 관하의 벳세메쉬*, 벳아나트* 주민들을 쫓아내지 않고, 그 땅 주민 가나안 사람들과 함께 살았고, 그들에게 강제 노동을 부과했다.

남쪽 해안 지대에 있던 단 지파는 아모리 족에게 밀려서 산지로 물러났고, 평지로 내려갈 수가 없었다. 아모리인들이 계속해서 하르헤레스*, 아이얄론*, 샤알빔*에서 살았고, 요셉 지파가 그들을 압박하여 강제 노동을 하게 했다.

교훈

1. 여호수아가 살아 있는 동안에도 그랬고 더더욱 그가 죽은 후의 상황은, 책 여호수아에서 말한 이상과는 상당한 거리가 있었다. 남부 지방에서 유다 지파가 어느 정도 성공했을 뿐이지 북으로 올라가면서 모든 지파들이 소임을 다 하지 못해 본토인들을 쫓아내지도 못하고 쫓아내지도 않는 형편이었다. 결국 가나안 원주민들의 문화와 종교에 이스라엘이 전염되고 동화되면서 그들과 공존하는 상태가 되었다.

그 원인이 무엇이었을까? 가나안 본토 문화와 종교는 가시적이고 육감적인 것이었다. 거기에 반하여 야훼 종교는 보이지 않는 하나님을 믿는, 보다 고등하고 신령한 종교이어서, 이스라엘이 아무래도 가시적인 것에 쏠리고 유혹을 당하는 것은 자연스러운 일이었다. 그런 위험이 있기 때문에 모세도 여호수아도 그렇게 간절히 거듭 강조하고 경고하고 가르쳤던 것이다.

야훼 종교를 바르게 유지한다는 것은 매우 어려웠다. 아무나 참 신앙을 가질 수 있는 것이 아니다. 많은 연단과 훈련과 시련을 통해서 고등한 종교가 꽃핀다. 유목 생활을 하며 유랑하던 이스라엘 백성에게 단번에 참된 야훼 종교를 가지라는 것은 무리였다고 보아야 할 것이다.

2. 하나님은 인간의 약점을 아시기에 이스라엘의 실패를 책망하거나 그들을 버리시는 것으로 끝장을 내시지 않고 오래 참으며 사사들을 보내어 그런대로 그들과 같이 싸워주시기도 하면서 그들을 훈련하셨다. 우리는 여기서 하나님의 오래 참으심과 그의 꾸준하신 사랑(〈헤세드〉 חֶסֶד, steadfast love)를 발견하게 된다.

3. 우리가 세속 세상에서 살면서 거룩한 정체성을 유지하며 세속적인 악을 몰아내는 것은 결코 쉬운 일이 아니다. 그래도 하나님은 우리더러 우리 주변에서 세속적인 사상과 풍조와 윤리와 종교를 몰아내어 성화하라는 명령을 하시고 계신다. 온 천하가 하나님의 왕국이 될 때까지 그 운동이 우리의 목표가 되어야 할 것이다.

이스라엘의 불순종(삿 2:1-5)

해설

가나안 땅을 분배 받은 이스라엘 여러 지파가 해당 지역에서 원주민들을 몰아내지 못하거나 몰아내지 않고 그들의 문물에 전염되어가고 있을 때, 야훼 하나님은 그냥 계신 것이 아니었다.

여호수아 시대에 이스라엘 군의 본진이 있던 길갈로부터 야훼의 천사가 〈보킴〉(בֹּכִים, '우는 사람들')에 올라오셔서 거기 모인 이스라엘 백성에게 말씀하셨다. 〔〈보킴〉이라는 이름은 구약성경에 여기에만 나타나는 것으로 칠십인역 성경(LXX)에서는 이를 벧엘과 동일시하고 있다.〕 하나님께서 이스라엘을 애굽에서 데리고 나와 그들의 조상들에게 약속한 땅으로 들여보냈고, "나는 결코 너희와 맺은 언약을 어기지 않을 터이니, 너희는 이 땅의 주민들과 언약을 맺지 말 것이며 그들의 제단을 헐어버리라!"고 했건만, 그들은 하나님의 명령을 순종하지 않았다. 그러니 이제는 하나님이 그 원주민들을 몰아내 주지 않을 것이고, 그들이 이스라엘에게 적이 되고 그들의 신들이 올무가 될 것이라고 말씀하셨다.

이 말을 들은 이스라엘 백성은 대성통곡했다. 그리고는 그곳을 〈보킴〉이라 부르고, 야훼께 제사를 드렸다.

교훈

1. 하나님과 맺은 언약을 파기하고 타락해 가는 이스라엘을 하나님은 방관하시지 않았다. 천사로 나타나셔서 그 백성을 책망하고 경고 하신 것이다. 즉 하나님은 그의 백성이 타락할 때 수수방관하신 분이 아니시다. 적시에 그들에게 나타나셔서 경고하셨다.

그렇다면 이스라엘 백성은 울기만 할 것이 아니라 회개하고 단연코 그 언약을 시행하는 방향으로 나갔어야 했다. 그러나 어리석게도 그들은 천사의 말을 들은 다음에도 여전이 타락의 길을 가다가 징계를 받았다.

2. 하나님의 경고 말씀을 들을 때, 잠시 통곡하고 형식적으로 제사 드리는 정도로 끝나서는 안 된다. 우리도 많은 경우 훈계와 경책을 받을 때 일시적으로 회개하고 눈물까지 흘리지만, 그것이 오래 가지 못하고, 정로를 찾아 들지 못한다. 어째서일까? 우리는 다 매를 거듭 맞아야 정신을 차리는 완악한 인간들이다. 인간에게는 내적으로 근본적인 변화가 일어나야 한다. 즉 성령의 능력을 통한 중생의 역사가 있어야만 한다. 이스라엘의 역사에서 그들이 꼭 같은 실패를 거듭하는 것을 보면, 사람 힘으로는 인간 개조가 불가능하다는 생각을 할 수밖에 없다.

여호수아의 죽음(삿 2:6-10)

해설

여호수아의 죽음은 여호수아 24장 29-31절에서 언급하였고 사사기 1장 1절에도 나온 이야기이다.

여호수아가 살아있는 동안과 그보다 더 오래 살아남은 장로들이 살아 있는 동안에는 이스라엘 백성이 야훼를 예배했다는 것이다. 즉 과거에 야훼가 이스라엘을 위해 하신 일들을 목격한 지도자들이 살아 있는 동안에는 그들이 야훼를 예배했다는 것이다.

그런데 야훼의 종 여호수아가 110세에 죽고 그가 속한 에브라임 지파 영토 내에 있는 팀낫헤레스*에 매장되고 출애굽 제1세대가 다 죽고 난 다음에 야훼께서 이스라엘에게 하신 일을 알지 못하는 새 세대가 자라났다는 것이다. 여호수아가 이스라엘 백성에게 영토를 분배하고 각 지파가 저마다 자기들의 지역으로 분산하였는데, 그 제1세대가 죽고 묻힌 뒤에 과거를 알지 못하는 제2세들이 나타나면서 문제가 생기기 시작했다는 말이다.

교훈

1. 여호수아의 죽음을 분수령으로 해서 야훼에 대한 이스라엘 백성의 태도가 달라졌다. 낡은 세대는 가고 새 세대가 오는 것이 자연스럽더라도 영존하시는 야훼 하나님과 또 그와 맺은 언약은 불변하는데, 야훼에 대한 신앙과 그 언약이 유지되지 못하는 것이 문제이다. 한국인 중에 6.25를 경험한 세대와 그것을 경험하지 않은 세대 사이에 그렇게도 큰 차이가 있고 새 세대의 작태가 너무도 염려스러운 것처럼 여호수아 이후 이스라엘의 형편도 그러했다. 그 때문에 역사교육이 필요하다.

기념비가 필요하고, 성경이 필요하다. 과거를 배우고 아는 것이 중요하다.

2. 이스라엘 백성은 새 장소에서 새 환경을 맞으면서 정신을 차릴 수가 없었을 것이다. 특히 그들은 유랑민이었고 가나안 본토인들은 정착문화를 가진 사람들이어서, 이스라엘 백성은 문화적으로 유혹을 받지 않을 수 없었다. 거기서 그들의 유혹을 물리친다는 것은 결코 쉬운 일이 아니었다. 그래서 야훼 하나님은 모세를 통하여, 또 여호수아를 통하여 귀가 닳도록 거듭 경고하셨다. 제1세대가 자녀교육을 더 철저히 했더라면 그런 일이 없었을지 모른다. 어쨌든 세대가 바뀌면서 사정이 달라진 것이 문제이다. 야훼 신앙과 그와 맺은 언약을 면면이 이어가는 지혜와 용기와 결단이 필요하다.

이스라엘의 불충(不忠)(삿 2:11-23)

해설

이 대목에서는 사사 시대 이스라엘 백성의 태도를 요약한다. 여호수아와 백성의 어른들이 죽은 후에 제2세대들이 취한 태도는 한 마디로 야훼에 대한 불충이었다. 이스라엘 백성이 야훼 보시기에 악한 일을 행하여 바알(남신)과 아스다롯(여신)을 예배하고 자기 백성을 애굽에서 구출해 주신 하나님을 버리고 그들 주변에 있는 본토인들의 신들을 따르고 그것들에게 절함으로써 야훼의 마음을 격동시켰다.

그래서 야훼는 이스라엘을 원수들의 손에 넘기셨고, 이스라엘은 원수들을 당해 낼 수가 없었다. 야훼께서 맹세하며 경고하신 대로 야훼의 손이 이스라엘에게서 떠나고, 야훼께서 그들을 재난 속에 팽개치셨다.

야훼께서 사사들을 일으켜 그 노략자들에게서 자기 백성을 구출하셨지만, 그들은 사사들의 말을 듣지 않고 다른 신들을 따르고 그것들에게 절을 했다. 즉 야훼의 계명에 복종하던 조상들이 간 길을 걷지 않고 다른 길을 갔다. 야훼께서 신음하는 백성을 불쌍히 여겨 그들을 위하여 사사들을 일으키셨을 때마다 야훼는 사사와 같이 하셔서 원수들의 손에서 그 백성을 건지셨건만, 사사가 죽기가 무섭게 백성은 다시 타락하고 더 악해져서 다른 신들을 따르고 섬기고 예배하였다.

그러면 야훼는 다시 노를 발하셨다. 그리고 말씀하셨다. "이 백성이 그들의 조상에게 내가 명령한 언약을 어겼고 내 말을 복종하지 않았다. 그러니 여호수아가 죽을 때 남겨놓은 나라들 그 어느 것도 이제는 더 이상 쫓아내지 않을 것이다." 야훼께서 가나안 원주민들을 단번에 다 쫓아내시지 않고 여호수아에게 붙여 다 멸망시키시지 않은 것은 그들의 조상들처럼 그 후손들이 야훼의 길을 가는가 안 가는가를 시험하시려는 것이었다는 것이다.

교훈

1. 가나안 원주민들이 섬기는 바알(남신)과 아스다롯(여신)은 선정적이고 육감적인 충동을 주는 신으로서 야훼 하나님과는 비교도 할 수 없을 만큼 저속한 신들이다.

깊은 사색과 명상과 훈련이 없이는 야훼 하나님을 섬긴다는 것이 쉬운 일이 아니다. 보이지 않는 신을 섬긴다는 것이 어찌 쉽겠는가? 말초신경을 자극하고 만족을 주는 쉬운 종교에 더 많은 사람이 끌린다. 야훼의 능력을 체험하지 않은 새 세대 이스라엘 사람들이 관능적인 바알과 아스다롯을 따른 것은 너무도 당연한 것이었을지 모른다.

오늘 우리들에게도 많은 바알과 아스다롯이 우리를 유혹하고 있다.

그래서 야훼 종교가 엄존하는데도 많은 사람이 바알과 아스다롯과 같은 육욕적인 풍조와 유행과 사상과 종교를 선호하고 있다.

2. 참 하나님을 버리고 이방 신을 선호하고 예배하는 사람들에게 하나님은 대노하여 그들을 그냥 그들의 관능에 맡겨버리셨다. 노아 시대에도 하나님은 사람들을 내버려 두셔서 결국을 자멸하게 하셨다. 로마서 1장에서 로마의 음란한 사람들을 그들의 욕정에 내 맡기셨고 자멸의 길을 걷게 하셨다고 한 것처럼, 오늘 우리도 바알이나 아스다롯 같은 음란한 신들을 선호하고 따름으로써 자멸의 길을 걷고 있는 것이 아닌가? 하나님이 우리에게도 사사들과 같은 사람을 보내셔서 깨우침을 주셨으면 좋겠다. 사사들을 마다한 어리석은 이스라엘 사람들과 같이 되어서는 안 될 것이기 때문이다.

가나안 땅에 남겨두신 나라들(삿 3:1-6)

해설

가나안 정복 실전에 참가하여 목숨을 내 걸고 야훼 하나님만 의지하며 싸운 경력이 있는 자들은 야훼 하나님의 실존과 그의 능력을 실감할 수 있었을 것이다. 그러나 그런 경험이 없는 사람들은 야훼 신앙을 가지기가 매우 어려웠을 것이다. 야훼 하나님은 그런 경험 없는 사람들을 연단하기 위해서 원주민 나라들을 남겨두셨다는 것이다. 그런 전쟁을 경험하는 가운데 그들이 야훼를 알고 그에 대한 신앙을 가지게 하시려는 것이었다. 그런 목적을 위하여 남겨진 나라는 블레셋의 다섯 군왕, 가나안 여러 족속들, 시돈 사람들, 레바논 산지에 사는 히위 족속들이었다. 그 나라들을 남겨두신 것은 하나님께서 모세를 통하여 명령하신 계명들을 이스라엘이 복종하는가를 알아보려고 이스라엘을 시험하시기 위함이었다. 그런데도 이스라엘 백성은 가나안, 헷, 아모리, 브리스, 히위, 여부스 사람들 한 가운데서 살면서 그들의 딸을 아내로 삼고 자기들의 딸을 그들에게 시집보내고 그들의 신들을 예배하였다.

교훈

1. 모든 사건에는 다 의미가 있다. 이스라엘 사람들이 가나안을 정복하고 원주민들을 다 몰아내라는 야훼 하나님의 명령을 따라 전능자 야훼 하나님을 진심으로 의지하고 전력투구했더라면, 그 원주민들을 다 몰아낼 수 있었을 것이다. 그러나 사실 그들에게는 그런 믿음이 없었으므로, 그들은 하나님의 목적을 다 이루지 못했다. 결국 가나안 원주민 가운데 쫓겨나지 않고 남아 있는 나라와 족속들이 많이 있게 되었다.

그러면 그 의미를 생각해보자. 이스라엘이 연약하더라도 하나님께서 도우셨더라면 능히 원주민들을 다 토벌할 수 있지 않았겠는가? 이제 이 단계에서도 의미를 찾아보아야 한다. 미완성 교향학도 의미가 있다. 가나안 원주민들을 하나님께서 남겨 주셨다고 보자는 것이다. 이는 전화위복의 경우라 할 수 있다. 이스라엘 제1세대가 불민하여 이루지 못한 미완성품도 가치가 있다. 제2세들이 할 일이 없어서는 안 된다는 것이다. 그들을 시련하고 연단하여 하나님을 알고 그의 권능을 실감할 수 있는 길로 싸움의 상대가 있어야 했던 것이다. 어쩌면 자기정당화라고도 보이지만, 만사를 긍정적으로 해석하고 선용하는 것이 슬기이다. 하나님은 이스라엘 백성의 실패를 가지고 선을 이루셨다.

현실을 긍정적으로 받아들이고 주어진 상황에서 최선을 다하는 것이 하나님 백성이 지닐 마땅한 태도이다.

2. 문제는 하나님의 이러한 기묘한 계획을 알아차리지 못하고 현실에 안주하고 혹은 시대 풍조에 휩쓸려 내려가는 데 있다. 가나안에 입주한 이스라엘 제2세대들이 문제의식을 가지고 그들의 사명을 다하려 하지 않고 현실에 동화하고 만 것이 문제였다. 하나님의 뜻을 깨달아 그 뜻을 따르려고 힘써야 하는데, 그렇게 하지 아니하고 세류에 몸을 맡겼던 것이다. 물결을 거슬러 올라가려 하지 않는 새 세대의 연약함이 안타깝다.

오트니엘*(삿 3:7-11)

해설

이 단락의 내용은 다음 여섯 가지로 나누어 볼 수 있다.

1. 이스라엘 백성이 야훼 하나님을 잊어버리고 원주민들의 신인 바알과 아스다롯을 예배했다.

2. 그리하여 야훼 하나님이 이스라엘에게 진노하셨다.

3. 그래서 하나님은 이스라엘 백성을 아람나하라임(메소포타미아[15]) 왕 쿠샨리샤타임*의 손에 붙이셨고, 이스라엘 백성은 8 년간 그 왕의 지배를 받으며 그를 섬겨야만 했다.

4. 그러자 이스라엘은 회개하며 야훼께 울부짖었다.

5. 야훼 하나님께서는 갈렙의 아우 크나즈*의 아들 오트니엘*을 구출자[16](〈모쉬아으〉 מוֹשִׁיעַ, deliverer)로 세우셔서 이스라엘을 그 원수에게서 구출하게 하셨다. 야훼의 영(〈루아흐 야흐웨〉 רוּחַ יהוה)

15) 개역성경 사사기 3장 8절에서는 '메소보다미아'로 음역했다.

16) 개역성경 사사기 3장 9절에서는 '구원자'로 옮겼다.

이 오트니엘*에게 임하셨으므로, 그가 이스라엘을 다스렸다(〈샤파트〉 שָׁפַט, judge). 야훼께서 아람 왕 쿠샨리샤타임*을 오트니엘* 손에 붙여 패망케 하셨다.

6. 그래서 이스라엘은 40년의 태평성세를 이루었다.

교훈

1. 사사가 나타나서 활약하는 한 전형적이 주기(cycle)가 여기에 나타나 있다. 오트니엘*의 사건에서 그 한 주기(cycle)를 볼 수 있다.

그런 주기(cycle)가 여러 번 반복되고, 그것이 사사기를 형성하고 있다. 그러나 그 반복은 무의미한 것이 아니었다. 이스라엘 백성이 모르기 때문에 하나님이 반복해서 가르치고 보여주시는 가운데 발전이 있고, 마침내는 그들이 통일 국가를 이루는 데까지 이른 것이다. 긴 사사 시대는 하나님 안에서 의미가 있었고, 하나님의 뜻은 점진적으로 이루어졌다.

2. 야훼의 영의 역할이 아니었다면 오트니엘*이 성공할 수 없었을 것이다. 오트니엘*이 아무리 장사라 해도 대국 아람 왕의 군대와 싸워서 이긴다는 것은 야훼의 간섭 없이는 불가능한 일이었다. 전능자 하나님의 은총을 통해서 이스라엘은 거듭 구출의 경험을 한 것이었다.

그것은 지금 우리에게까지 적용되고 있는 진리이다. 하나님의 영이 없이는 아무도 원수를 이겨내지 못한다. 하나님의 영은 예술가에게 재간과 지혜를 주고(출 31:3; 35:31), 이스라엘 지도자들에게 지혜와 용기와 권위를 주었다(민11:17, 25-26, 29; 27:18). 그리고 왕들(삼상 10:10; 11:6; 16:13; 삼하 23:2)과 예언자들(왕상 22:24; 대하15:1; 20:14; 24:20; 사 61:1; 겔11:5; 미가3:8)에게도 그런 감동을 주었다.

에훗(삿 3:12-30)

해설

여기에도 앞서 말한 주기(cycle)의 여러 요소를 찾아볼 수 있다.

1. 40년 동안 평안을 누린 이스라엘은 다시 야훼 보시기에 악한 생활을 했다. 즉 야훼를 배반하고 이방 신들을 섬긴 것이다.

2+3. 그래서 야훼께서는 모압 왕 에글론에게 힘을 주어 이스라엘을 공격하게 하셨다. 에글론은 암몬 족과 아말렉 족과 동맹을 하여 이스라엘 군을 공격하여 종려의 도시[17](〈이르 핫트마림〉 עִיר הַתְּמָרִים)(아마도 여리고 성을 의미하는 것 같다)를 점령하여 차지하였다. 결국 그때부터 이스라엘은 18년 간 모압 왕 에글론을 섬겨야 했다.

4. 그러자 이스라엘이 하나님께 부르짖었다.

5. 야훼는 벤야민* 지파 사람 왼손잡이 에훗을 구출자(〈모쉬아으〉 מוֹשִׁיעַ)로 세우셨다.

에훗은 음모를 꾸몄다. 에글론에게 조공을 바친다는 핑계로 부하들과 함께 그에게 접근하여 조공물을 진상하고 물러 나오다가 부하들을 먼저 돌려보내고, 과거에 이스라엘 군이 길갈 근처에 세운 돌비가 있는 곳에서 혼자 돌아서서 에글론에게로 돌아가, 비밀로 여쭐 말이 있다고 하며 에글론을 단독 면담하는 자리를 만들었다. 벤야민* 족은 왼손잡이가 많은 것이 특색이었는데, 에훗 역시 왼손잡이로서 에글론을 죽일 계획을 하고 그의 오른 쪽 다리에 긴 비수를 감추고 들어갔던 것이다.

에글론이 여리고 성 숙소 옥상 서늘한 별실에서 에훗을 맞았다. 비밀로 할 말이 있다고 하자, 에글론은 경호원들을 물리치고 에훗과 단 둘이 있는 자리를 만들었다. 에훗이 "하나님께로부터 오는 메시지를 가지고 왔습니다."고 하자 에글론이 일어나 앉았다. 에훗은 그의 왼손

---

17) 개역성경 사사기 3장 13절에서는 '종려나무 성읍'으로 옮겼다.

으로 그의 오른쪽 다리에 숨겨두었던 비수를 뽑아들고 곧장 에글론의 비대한 배를 힘껏 질렀다. 마침내 그 비수의 손잡이까지 에글론의 기름진 배 가죽 속에 들어가 박혔다. 에글론의 배에서는 그의 창자가 삐져나왔다. 에훗은 그 칼을 에글론 배에 찔러놓은 상태에서 그 옥상 방을 빠져나와 문을 닫고 잠갔다.

에훗이 떠난 후 에글론의 호위병들이 왕의 침실로 가 보았으나 문이 잠겨 있어서, 왕이 용변을 보는 줄 알았다. 기다리다가 마침내 문을 열고 보니 왕이 죽은 상태였다.

에훗은 그렇게 지체되는 시간 동안에 세이라*까지 이르렀다. 에훗은 에브라임 산지에서 나팔을 불어 백성을 모아가지고 모압 진지를 향하여 공격을 개시했다. "나를 따르라, 야훼께서 원수들을 당신들의 손에 붙이셨소!"하면서 적군을 추격하여 요단강을 건너가려는 모압군을 섬멸하였다. 약 만 명을 도륙하였다. 그리하여 모압이 이스라엘에게 정복당하였다.

6. 그 후 80년간 이스라엘 백성이 평안히 살 수 있었다.

교훈

이번에는 가나안 중부에 있는 이스라엘 사람들의 땅이 모압 사람들에 의해서 침략당했다. 그들이 하나님을 배반하고 하나님을 진노하시게 했기 때문이다. 하나님은 모압 왕 에글론을 들어서 이스라엘을 징계하셨다. 그리하여 모압 사람들이 요단강을 건너와 이스라엘 백성을 공격하여 큰 성 여리고를 점령하고 그 지대를 통치하고 이스라엘 사람들에게 조공을 받아냈다. 그런 상황이 18년 동안 계속되는 가운데 이스라엘은 자기들의 잘못을 뉘우치고 하나님께 울부짖었다. 야훼 하나님은 그들의 탄원을 들으시고, 에훗이라는 사사를 일으켜 그들의 탄원에 응답하셨다. 원수를 응징하는 방법은 달랐지만 결과는 같있다. 즉 원수를 무찌르고 이스라엘에게 다시 안정을 주신 것이다.

아버지가 사랑하는 아들을 위하여 혜택을 베푸시는 것처럼 야훼 하나님은 이스라엘 백성의 아버지로서 자식의 반복적인 비행에도 불구하고 자식의 간구를 들어주신 것이다. 80년이라는 긴 시간 이스라엘이 태평을 누린 것은 자기들의 공로가 전혀 아니었다. 어디까지나 전능자 야훼 하나님의 사랑과 은총의 소치였다. 그리고 이스라엘 백성이 보다 더 성숙해지기를 원하시는 아버지 하나님의 처사였다.

샴갈*(삿 3:31)

해설

에훗 시대 이후에 서해안 지대에 사는 블레셋 사람들이 이스라엘을 침략하고 괴롭혔다. 이스라엘 백성의 신앙이 해이해져 다시 야훼 하나님을 배반하고 악을 행하였으므로 하나님께서 블레셋 사람들을 동원하여 이스라엘 백성을 응징하신 것이다.

철기문명을 가진 블레셋 사람들이 이스라엘의 영토를 침범하여 점령하고 약탈하고 학정을 베풀었다. 그러자 이스라엘은 정신을 차리고 야훼께 부르짖었다. 야훼께서는 그들의 탄원을 들으시고, 샴갈*이라는 구출자(〈모쉬아으〉 מוֹשִׁיעַ)를 일으켜 블레셋을 물리치게 하셨다. 샴갈*은 철기를 가진 원수들을 소 모는 막대기 하나를 들고 대항하여, 그 가운데서 600명이나 죽였다. 그리하여 이스라엘을 블레셋 사람의 질곡에서 구출했다.

교훈

블레셋 사람들은 해양 족으로서 일찍이 철기를 사용하는 사람들이었고 물리적으로는 매우 강력한 힘을 가진 족속이었다. 그들은 계속해서 출몰하면서 이스라엘을 괴롭혔다. 그들이 사사 시대에도 이스라엘 백성을 괴롭혔고, 이번에는 하나님의 도구의 역할을 한 셈이다.

그러나 하나님은 이스라엘의 울부짖음을 들으시고 샤갈*이라는 사사를 일으키셔서 블레셋 사람들을 무찌르게 하셨다. 소 모는 막대기 하나를 들고 블레셋 사람 600명을 때려 눕혔으니, 놀라운 일이 아닐 수 없다. 모세의 손에 들린 막대기처럼, 샤갈*의 손에 있는 막대기는 블레셋 철기군을 물리치는 도구가 되었다.

하나님이 같이 하시기만 한다면 누군들 이겨내지 못 하겠는가? 이스라엘에 대한 하나님의 관심과 사랑은 계속되었다. 이스라엘은 계속 변절하여도 하나님은 계속 그의 신의를 지키셨다. 이번에는 샤갈*이라는 사사를 통하여 하나님의 사랑을 베푸셨고 언약을 지키셨다.

드보라와 바락(삿 4:1-24)

해설

에훗의 80년 태평 시대가 지났을 때, 서해안에는 블레셋이 득세하여 이스라엘을 괴롭혔고, 가나안 내륙 북쪽에는 하촐*에 거점을 둔 가나안 왕 야빈이 이스라엘 백성을 압제하였다. 야빈이 부리는 장수는 시세라*였다. 그는 하로셋하고이임*에 살고 있었다. 가나안 군대는 철병거를 900대나 가지고 있는 강력한 군대였다. 그 세력에 눌려서 이스라엘은 20년 동안이나 압박당해야 했다. 그 상황을 다른 각도에서 말한다면, 이스라엘이 야훼를 반역하고 악을 행하였으므로 야훼께서 이스라엘 백성을 가나안 왕 야빈에게 붙여 벌 받게 했다는 말이다. 그러자 이스라엘이 뉘우치며 야훼께 울부짖으며 원조를 청했다. 그래서 야훼는 여자 예언자 드보라를 일으켜 이스라엘을 다스리게(〈샤파트〉 שָׁפַט) 하셨다.

드보라는 본래 에브라임 산지에 있는 라마와 벧엘 사이, 드보라의 종려나무 아래에 살고 있었는데, 곤경에 빠진 이스라엘 사람들이 그녀를 찾아와서 자기들의 사사 곧 판관 내지는 구원자의 역할을 해 달라고 청원했다. 아마도 드보라는 그 지대에서 이름난 여자 예언자로 알려져 있었던 모양이다.

드보라는 백성에게 요청받자 사양하지 않고 행동에 나서 영감(靈感) 중에 지휘권을 발동하기 시작했다. 그녀는 납탈리* 지방의 케데쉬*에서 바락이라는 사람을 불러왔다. 그리고 그에게 명령을 내렸다. “이스라엘의 하나님 야훼께서 당신에게 명령하십니다.”고 하면서 납탈리*와 즈불룬*에서 10000명의 사람을 이끌고 타볼* 산에다 진을 치라고 했다. 그러면 자기는 병거를 거느린 야빈의 군대 사령관 시세라*를 기손 강으로 유인할 터이니 거기서 만나자는 것이었다. 그러면 거기서 그 군대를 바락에게 붙여 파멸하도록 하겠다는 것이다.

바락은 “당신이 같이 가면 나도 가겠습니다. 당신이 안 가면 나도 안 갑니다.”고 응답했고, 드보라는 틀림없이 자기가 같이 가겠노라고 약속했다. 그러나 그 전투의 결과는 바락에게 영광이 돌아가는 것이 아니라 한 여인에게 돌아간다고 했다. 즉 야엘이라는 여자가 승리의 영광을 받도록 되어 있다는 말이었다.

드보라와 바락이 같이 케데쉬*로 올라갔고, 바락은 거기서 즈불룬* 사람들과 납탈리* 사람들 중에서 전투요원 10000명을 모집하여 전투에 나섰다. 거기에서 켄 족*에 속하는 두 무리의 사람들이 응원군으로 나타났다. 즉 그 두 무리 가운데 하나는 모세의 장인 호밥의 후손들이었다.

바락의 군대가 타볼* 산으로 올라갔다는 소식을 들은 시세라*는 900대의 병거와 군인들을 데리고 하로셋하고이임*에서 기숀 건천 쪽으로 소집하였다. 그 때 드보라가 바락에게 명을 내렸다. "일어나시오. 야훼께서 시세라*를 당신의 손에 붙이셨소. 야훼께서 당신의 선봉이 되실 것이오." 바락은 일 만 명의 군인을 거느리고 타볼* 산에서 밀려 내려왔고, 야훼는 시세라*와 그의 병거군과 군대에게 전율을 느끼게 하였다. 시세라*는 병거에서 내려 도보로 도망을 쳤다. 바락은 시세라*의 병거들과 군대를 그들의 본진이 있는 하로셋하고이임*까지 추격하여, 그들을 완전히 섬멸하였다.

시세라*는 도보로 달아나다가 켄 족* 사람 헤벨의 아내 야엘의 천막으로 숨어들었다. 야빈 왕이 헤벨 가문과 우호관계를 맺고 있었기 때문이었다. 야엘이 시세라*를 안심시키며 자기 처소로 데리고 들어갔다. 그리고는 융단으로 시세라*를 덮어 숨겨놓았다. 그러자 목이 타서 죽을 지경에 있는 시세라*는 물을 좀 달라고 청했다. 야엘은 양젖 자루를 풀어서 마시게 한 후 다시 융단으로 덮어놓았다. 시세라*는 야엘을 믿고, 문을 잘 지켜달라고 당부하며, 아무도 없다고 말하게 하였다.

그러나 야엘은 천막을 세우는 말뚝과 망치를 들고, 살짝 천막으로 들어가서 곤히 잠들어 있는 시세라*의 관자놀이에 말뚝을 놓고 망치로 내리쳐 말뚝이 시세라*의 머리를 관통하여 땅에 박히도록 하였다.

바락이 시세라*를 찾아 야엘의 집에 이르자, 그에게 야엘은 "어서 오십시오. 당신이 찾는 사람을 보여 드리겠습니다."고 하였다. 바락이 들어가서 그 처참한 광경을 보았다. 드보라가 예언한 대로 적장을 죽이는 승전의 영광이 야엘에게 돌아갔다.

이렇게 하나님은 가나안 왕 야빈을 이스라엘을 위하여 정복하셨다.

드보라의 통치가 40년간 계속되면서, 이스라엘이 평강을 누렸다. 이 사건은 가나안 중부 지방에 자리 잡고 있던 에브라임 지파를 중심하고, 그 이북 지대에서 일어난 것으로 보인다.

교훈

1. 드보라 사건의 특이성은 전과는 달리 여자 예언자 드보라가 사사의 역할을 했다는 점이다. 하나님의 영이 임하시면 그 누구도 예언자가 될 수 있고, 하나님께서 그를 통하여 일을 이룰 수 있는 것이다. 그러므로 우리가 인간의 성을 차별할 필요가 없다. 드보라가 여자이든 남자이든 역사하시는 분은 하나님이시고, 그의 영이셨기 때문이다. 우리는 신분 여하를 막론하고 하나님의 영의 능력을 구하고 그의 도우심과 인도하심을 구함으로 하나님의 뜻을 이룰 수 있다.

2. 드보라는 하나님의 영감을 받은 예언자로서 맡은 일을 성사하는 영광을 자기가 받으려고 생각하지 않았다. 영광은 하나님이 받으셔야 하는 것이고, 하나님이 누구를 하수인으로 사용하시든지 그에게 영광이 돌아가는 것이 마땅하다. 어디까지나 하나님을 중심하고 살아야 하고, 그의 뜻 이루는 것을 영광으로 삼아야 할 것이다.

3. 야엘 역시 여자의 몸으로 적장 시세라*를 죽임으로써 큰 공을 세웠다. 드보라와 함께 여성의 당당함을 여기서 발견한다.

표면적으로는 켄 족*과 야빈 왕이 우호적 관계를 지니고 있었지만, 그것은 피상적인 것으로 어쩔 수 없는 상황에서 벌어진 임시방편이었고 생활 수단이었을 것이다. 인간의 속마음은 알 수 없다. 역시 팔은 안으로 굽게 마련이다. 야엘은 모세의 장인의 족속인 켄 족*에 속하는 헤벨의 아내가 아니었던가? 야엘의 용맹을 높이 평가해야 할 것이고, 유사시에 나타난 혈족 간의 미담을 여기서 엿볼 수 있다.

드보라의 노래(삿 5:1-31)

해설

시세라*를 앞세운 야빈의 군대를 궤멸한 드보라와 바락은 그 승리의 기쁨을 노래로 표시했다. 그것은 야훼로 말미암은 승리였기에 야훼를 칭송하는 노래를 만들었다.

편집자는 서두(5:1)와 끝(5:31b)에서 상황을 간단히 설명한 다음에 그 시를 소개했다.

이스라엘 백성이 굳은 결의를 가지고 기꺼이 싸운 싸움이었지만, 찬미는 야훼가 받아 마땅하다. 만방의 왕들과 영주들아 들어라. 나는 야훼 이스라엘의 하나님을 노래하련다. 세일 곧 에돔 땅이 메마르다 해도 야훼가 행진할 때 땅은 흔들이고 하늘은 비를 내려부었다. 시내 산의 하나님 야훼, 이스라엘의 하나님 앞에서는 산들도 진동했다. 드보라 곧 이스라엘의 어머니가 나타남으로, 또 사사 삼갈*과 용맹스러운 야엘 때에는 그들 덕분에 이스라엘 농부들이 풍성한 삶을 살았고, 이방 신들로 인해서 전쟁이 일어났을 때, 이스라엘에게 창검(槍劍)이 없었어도, 야훼의 능력으로 승리할 수 있었다. 야훼의 승리, 인민의 승리를 악사들의 음악에 맞추어 노래하고 있다. 야훼의 백성이 고하를 막론하고 성문을 향하여 행진한다. 깨어라, 깨어라. 소리 높여 노래를 불러라. 에브라임, 벤야민*, 마키르*, 즈불룬*, 잇사갈, 납탈리*가 협력하여 얻어낸 승리이다. 그러나 르우벤, 길앗*(므낫세), 단, 아셀*이 협력하지 않은 것은 아쉽다. 이스라엘 지파들의 임금들이 타아낙*과 므깃도에서 가나안의 왕들을 대항하여 싸웠고, 하늘의 별들도 비를 내려 기손 강을 범람케 하여, 시세라*를 몰아세웠다. 헤벨의 아내 야엘은 가장 복 받을 만한 여인이다. 적장 시세라*를 단숨에 죽여버렸기 때문이다. 시세라*가 이렇게 처참히 죽은 줄을 알지 못하는 그의 어머니는 그의 개선을 기다리건만, 그는 영영 돌아올 수 없이 되었다.

"야훼여, 당신의 모든 원수가 패망하였고, 당신의 친구들은 쨍쨍 빛을 발하는 태양처럼 되었나이다."

교훈

1. 야빈의 큰 군대를 어느 누가 막아낼 수 있겠는가? 오로지 야훼 하나님만이 하실 수 있는 일이었다. 드보라와 바락과 야엘에게 지혜와 힘을 주시고, 이스라엘 백성에게 사기와 전투 의욕을 주어 싸우게 하신 이도 야훼이시다. 야엘이라는 여성에게 야문 용기를 주시고 적장을 단숨에 죽이게 하는 힘을 주신 것도 야훼이시다. 그러니 어찌 그 분 야훼를 노래하지 않을 수 있겠는가?

야훼에 대한 칭송은 승리를 경험한 당사자 드보라와 바락 만의 것이어서는 안 된다. 이스라엘 온 백성이 두고두고 기억하며 언제나 해야 하는 것이다. 시와 노래는 기억하기 좋게 한 글이어서 많은 사람이 대대로 동참할 수 있는 방편이다. 야훼에 대한 찬미와 노래는 아무리 강조해도 모자란다.

2. 이스라엘이 원수와 싸울 때, 열두 지파가 다 같이 협력하지 않고 몇 지파가 동참하지 않은 아쉬움이 남아 있다. 그 사실을 시에 실어 후손들에게 경각심을 일으켰다. 이스라엘의 모든 지파가 거국적으로 중대한 일에 협력하는 미덕을 나타냈어야 하는데, 여러 가지 핑계를 대며

발을 뺀 것은 예나 오늘이나 인간 사회에서 볼 수 있는 일이다. 우리는 하나님의 사업에 동참하지 않음으로써 후손들에게 오점을 남기는 일이 없도록 해야 할 것이다.

3. 이런 노래를 부르며 야훼를 찬미하는 것이 힘이 되어 이스라엘은 40년이라는 긴 세월 동안 태평성세를 누렸다고 본다면, 훌륭하고도 신령한 시와 노래가 국민 생활에 얼마나 큰 영향을 주는지 알 수 있다.

미디안 족의 압박(삿 6:1-10)

해설

하나님의 은혜를 잊은 이스라엘 백성은 또 다시 야훼의 눈에 거슬리는 악한 행동을 하였다. 야훼 하나님을 잊어버리고 이방 신들을 섬기며 하나님의 법대로 살지 않은 것이다. 그래서 하나님은 그들을 미디안 족속에게 붙여 7년 동안 고통당하게 하셨다.

미디안 족속은 아라비아 반도 서북쪽에 살던 사람들로서 굉장한 세력을 가지고 이스라엘 백성의 영토에 침입하여 노략질을 일삼았다. 이스라엘 사람들이 씨를 뿌리면 미디안 족과 아말렉 족이 달려들어 소출을 말끔히 빼앗아가고, 낙타를 타고 메뚜기 떼처럼 몰려와서 소와 양과 나귀를 끌어가는 등 이스라엘을 아주 못살게 굴었다. 그래서 이스라엘 사람들은 산과 동굴과 성채 등에 숨어서 살아야만 했다.

이렇게 미디안 사람들에게 시달리던 이스라엘 백성은 야훼께 울부짖으며 도움을 청할 수밖에 없었다.

미디안 족 때문에 울부짖는 이스라엘 사람들의 호소를 들으신 야훼 하나님은 예언자 한 사람을 보내셔서 하나님의 말씀을 전하게 하셨다.

"야훼 이스라엘의 하나님이 말한다. 내가 너희를 애굽에서 인도해 내어 종살이하던 집에서 구출하였고 애굽인들의 손아귀에서 뽑아냈으며, 너희를 압박하던 사람들의 손에서 건져내고 너희 앞에서 그들을 몰아내고 그들의 땅을 주었다. 그리고 '나는 야훼 너희 하나님이다. 너희가 아모리인들 한가운데서 살고 있지만 그들의 신들을 존경해서는 안된다.'고 했는데, 너희는 내 말을 경청하지 않았다."

교훈

1. 야훼 하나님을 배반한 선민 이스라엘에 대한 하나님의 징계는 또 다른 양상으로 나타났다. 미디안 족이 때로는 아말렉 족과 합세한 무리가 낙타를 타고 메뚜기 떼처럼 헤아릴 수 없는 세력으로 몰려다니면서 이스라엘 백성이 지어놓은 농작물을 말끔히 빼앗아가고 그들이 기르는 우양과 나귀를 싹쓸이 해간 것이다. 기가 막힐 일이고, 이스라엘 백성은 도저히 살 도리가 없는 지경에 이른 것이다.

하나님은 은혜를 모르고 배신하는 백성을 무슨 수로든지 징계하실 수 있다. 우리는 이 엄연한 사실을 직시하고, 하나님께 대한 우리의 태도를 바르게 지니도록 애써야 한다.

2. 하나님은 회개하고 돌아오는 백성을 뿌리치시지 않는다. 이스라엘이 회개하고 울부짖을 때 그들의 탄원을 언제나 들어주시는 분이셨다. 하나님은 우선 예언자를 보내어 그들을 경책하시고 잘못을 깨닫게 하신다.

예언자의 말이 별다른 것이 아니었다. 옛날 하신 말씀을 되풀이하신 것에 불과했다. 예언이란 반드시 새 말이 아니다. 하나님께서 주시는 말씀을 그대로 전하면, 그것이 예언이다. 새 시대에는 새 말만 필요한 것이 아니라, 잃었던 진리를 밝히고 거듭 알려주는 일도 필요하다. 이스라엘 사람들은 이 평범한 진리를 무시했던 것이다. 그리하여 야훼께서는 야훼의 정체를 바로 알고 그를 섬기고 그의 법을 따르라는 조상전래의 진리, 그것을 예언자의 입을 통하여 그들에게 상기시키신 것이다.

기드온을 부르심(삿 6:11-27)

해설

미디안 족의 횡포와 노략질에 시달린 지 7년이 되자 마침내 야훼의 예언자가 나타나 이스라엘 백성에게 경고와 격려의 말씀을 들려주시자 이스라엘 백성은 희망을 품기 시작했다. 그러던 어떤 날 하나님의 천사가 므낫세 지파의 아비에셀 가문의 요아쉬*라는 집에 나타났다.

오프라*라는 동네의 상수리나무 밑에서 요아쉬*의 아들 기드온이 미디안 사람들의 눈을 피하여 포도즙 틀 안에서 몰래 밀을 털고 있을 때였다. 하나님의 천사가 기드온에게 나타나서, "너 힘 있는 용사야, 야훼가 너와 같이 계신다."라고 말을 거는 것이었다.

그러나 기드온은 따졌다. "야훼께서 우리와 같이 계신다고요? 그러면 어째서 우리에게 이런 일들이 일어납니까? 조상들이 말하기를, '야훼가 우리를 애굽에서 구출하시지 않았느냐?'고 하지만, 야훼는 우리을 버려두셨고, 미디안 사람들에게 내주셨습니다."

그러나 야훼가 기드온을 향하여 말씀하셨다. "너는 그 힘을 가지고 가서, 이스라엘을 미디안 사람들의 손에서 구출하여라. 이렇게 내가 너를 임명한다." 그런데도 기드온은 다시 "내가 어떻게 이스라엘을 구원합니까? 내 가문은 므낫세 지파 중에서 가장 약하고, 나는 나의 가문 중에서도 가장 미약한 자입니다."라고 하면서 꽁무니를 뺐다. 그러자 야훼가 말씀하셨다. “네가 약하지만 내가 너와 같이 있으리라. 네가 미디안 사람들을 몽땅 때려눕힐 것이다.”

그러자 기드온은 천사로 나타난 야훼의 정체를 확인하고 싶었다. 그분이 야훼시라는 확증을 보고 싶었다. 자기에게 호의를 가지신 그분에게 식사 대접이라도 하면서 좀 더 자세히 그 정체를 확인하려 했다. 그리하여 천사더러 그 자리를 떠나지 말고 기다려 주시면 집안으로 들어가서 선물을 가지고 나오겠다고 청했다. 그래서 천사는 그러겠다고 승낙했다. 기드온은 집안으로 들어가서 새끼 염소 한 마리를 잡고, 급히 구운 빵(누룩을 섞을 겨를이 없었을 터이니까)을 가지고, 상수리나무 밑으로 나와서 그 천사 앞에 놓았다. 그때 천사가 그 고기와 빵을 바위 위에 놓고 고기 국물을 그것들 위에 부으라고 했다. 그리고는 그가 들고 있던 지팡이 끝을 그 고기와 빵에 대었다. 그랬더니 그 바위에서 불이 나와 고기와 빵을 사르는 것이었다. 그러는 동안 하나님의 천사는 사라지고 말았다. 거기서 기드온은 그가 야훼의 천사였다는 것을 확신하게 되었다. 야훼의 천사를 면대하면 죽는 줄 알고 있던 기드온은 자기에게 죽음이 떨어지는 줄로 알고 공포에 사로잡혔다. 그러나 야훼는 그를 위로하며, 죽지 않을 터이니 안심하라고 타이르셨다. 거기서 기드온은 야훼를 위하여 제단을 쌓았다. 그리고 그 제단을 “야훼는 평화!”라고 불렀다. 그 날 밤에 야훼께서 기드온에게 다음과 같이 말씀하셨다. “너는 네 아비의 황소 한 마리와 일곱 살 난 또 다른 황소를 끌고 가서 네 아비가 섬기는 바알제단을 헐어라! 그 곁에 있는 귀신 기둥(아세라 목상)도 베어버려라! 그리고 이 성채 꼭대기에 야훼를 위하여 격식대로 제단을 쌓아라. 그리고는 그 둘째 황소를 잡고 베어낸 나무 기둥을 화목으로 하여 번제를 드려라!” 이 말을 들은 기드온은 종 열 사람을 거느리고 가서 야훼가 지시한 대로 하였다. 가족과 동네 사람들이 무서워서 주간에는 하지 못하고 야음을 이용하여 그 일을 단행했다.

교훈

1. 하나님은 기드온을 점지하여 그를 도구로 삼으시기로 하고 천사를 보내어 그를 임명하셨다. 기드온은 용맹하기로 이름이 나 있던 모양인데, 그는 또한 매우 이지적인 사람이었다. 남의 말을 쉽게 믿고 따르는 경솔한 사람이 아니었다. 야훼의 천사와 일문일답을 나눈 것은 매우 사려 깊고 신중한 사람의 처사였다. 기드온은 확신을 가지고 일을 하려는 사람이었다. 그에게 나타난 천사가 정말 야훼의 천사인지를 확인하고야 믿고 단행하려는 신중파였다. 하나님의 일을 하려는 사람들에게 용기도 필요하지만, 만사를 신중하게, 확신을 가지고 일하는 것도 중요하다.

2. 미디안 족이 간섭한 7년 동안에 이스라엘 백성은 아마도 강요에 의하여 집집마다 바알과 아세라를 섬기는 제단을 쌓았던 모양이다. 그러는 동안에 어떤 사람들은 진심으로 이방신을 신봉하게 되었을 것이다. 기드온의 집도 예외가 아니었다. 이제 이스라엘 백성의 호소에 응답하신 하나님은 기드온을 통하여 미디안을 몰아내기로 계획하시고, 우선 지도자로 쓰시려는 기드온의 집부터 정화하기로 하셨던 것이다. 그래서 하나님은 기드온더러 그의 아버지가 세운 바알의 제단을 헐라는 명령을 내리셨다. 지도자가 솔선수범을 하지 않고는 자기를 따르라고 할 수 없기 때문이다.

3. 아버지와 다른 가족들 몰래 또 동네 사람들의 눈을 피하여 밤에 바알 제단을 헐고 그 대신 야훼께 번제를 드린 기드온의 행동은 정말로 용기를 필요로 하는 일이었다. 그러나 그런 파격적인 놀라운 사건은 다른 동족에게 큰 격려가 되고, 적을 대항하여 봉기하는 일에 촉매(觸媒)와 원동력이 되는 행동이었다.

바알 제단을 허문 기드온에 대한 호응(삿 6:28-35)

해설

지난밤에 무슨 일이 일어났는지를 알지 못하고 있던 오프라* 동네 사람들은 아침에 바알 제단이 헐리고 아세라 목상이 잘려나가고 새로 보는 제단에는 황소 한 마리가 제물로 바쳐져 있는 광경을 발견하자, "이게 누구의 짓이냐?"라고 하며 서로 쑥덕거렸다. 수소문한 끝에 기드온이 그런 일을 했다는 것을 알게 된 동민들은 기드온의 아버지 요아쉬*에게 아들을 내 놓으라고 다그치며 기드온을 죽이려고 했다. 그러나 요아쉬*는 당당했다. "바알을 두둔하는 자는 내일 아침에 죽으리라. 바알 제단이 헐린 것을 보라. 바알이 정말 신이라면, 왜 그의 제단이 헐렸겠느냐? 그 신에게 힘이 있다면, 그가 자기를 방어할 것이다." 그 말에 동민들은 입을 봉하고 말았다. 결국 그날부터 기드온을 "여룹바알"이라고 불렀다. 그것은 기드온이 바알의 제단을 헐었기 때문에, "바알아, 그(기드온)와 겨루어라!"라는 뜻으로 한 말이다.

이렇게 이스라엘 백성이 대항하고 나서자 미디안과 아말렉의 연합군이 요단 동쪽 강가를 끼고 북상하여 요단강을 건너 이스르엘 계곡(평야)에 진 치고 이스라엘 백성과 대치하는 국면으로 접어들었다. 이스라엘 백성으로서는 무시무시하고 소름 끼치는 광경이다. 고양이 앞에 쥐와 같다고나 할까, 상대할 꿈도 꿀 수 없는 압도적인 세력의 적군이 눈앞에 나타난 것이다.

그때에 야훼의 영이 기드온을 사로잡았다. 야훼의 영으로 무장한 기드온은 자신이 속한 아비에셀 족속을 불러내려고 용감하게 나팔을 불었다. 나팔 소리를 들은 아비에셀 가문이 기드온을 따라나섰다. 그리고 기드온은 므낫세 온 지파에게 사신을 보냈다. 그들도 호응했다. 게다가 아셀* 지파와 즈불룬*과 납탈리* 지파에게도 응원을 청했다. 그들이다 기드온의 호소에 긍정적으로 응답하고 전쟁터로 모여들었다. 이 사건은 주로 가나안 중부와 북부에서, 특히 므낫세 지파 영토를 중심으로 일어난 사건인 것으로 보인다.

교훈

1. 기드온과 그의 집안이 바알 제단과 아세라 목상을 부순 사건은 누구나 할 수 있는 일이 아니었다. 하나님의 영이 그를 감동하고 그에게 용기와 힘을 주셨기 때문에 이루어진 일이었다. 하나님은 필요할 때 당신의 영을 통하여 경천동지의 놀라운 사건을 이루신다. 미디안이 7년 동안이나 철권정치를 하면서 이스라엘을 선무(宣撫)하고 유도(誘導)하는 바람에 바알 숭배가 이미 기정사실이 되고 거의 습관이 되다시피 한 시점에 그 제단을 헐고 야훼의 제단을 세우고 제사를 드린 기드온의 처사는, 겁을 먹고 살던 이스라엘 대중에게는 너무도 충격적인 사건이었을 것이다. 그러나 하나님의 영은 기드온의 행동을 기폭제로 삼아 모든 백성의 마음을 움직여 그들이 미디안을 대항하는 전쟁터로 몰려나오게 한 것이다. 하나님께 어찌 불가능한 것이 있겠는가?

2. 야훼의 영이 기드온을 사로잡고 그의 아버지와 동민, 마침내는 여러 지파 백성을 감동하자, 이들은 미디안 군대와 아말렉 군대의 수가 아무리 많고 그들이 무장했을지라도 담대하게 맞서려고 단결하고 모여들었다. 성령께서는 하나님의 백성을 하나로 묶는 결속력을 가지고 계신다. 교회가 하나 되는 비결도 성령을 진심으로 모시는 데 있다. 성령 안에서 하나가 되면 불가능한 일이 없다.

양털의 표징(삿 6:36-40)

해설

하나님의 부르심을 받은 기드온은 우선 과감하게 바알 제단을 헐어 버렸다. 이것이 미디안 사람들과 아말렉 사람들을 격동시켜 사태가 전면전으로 나아가기에 이르렀다. 그들은 기드온의 군대와 결전을 벌이려고 이스르엘 평원에 진 쳤다. 그 때 하나님의 영은 가나안 중북부 지방의 여러 지파를 감동하여 연합군을 이루게 하셨다.

기드온은 신중한 사람이어서, 그 전쟁이 얼마나 승산이 있는가를 하나님께로부터 확약을 받고 싶어서 증거를 보여 달라고 청했다. 털을 깎지 않은 양가죽을 땅에 깔아놓을 텐데, 밤에 그 양털에만 이슬이 내리고 다른 데는 이슬이 내리지 않게 하신다면 그것으로 하나님이 원수를 자기 손에 붙이신 것을 믿겠다는 것이었다. 하나님은 그의 청을 들어주셨다. 아침에 일어나서 양털을 보니 이슬이 양털에 담뿍 내렸고 주변 땅에는 물기가 없었다. 양털을 쥐어짜니 물이 한 대접 가득하였다.

기드온은 무례를 무릅쓰고 다시 하나님께 청하였다. 이번에는 반대로 양털에는 이슬이 내리지 않고 주변의 땅에만 이슬이 내리게 해 달라는 것이었다. 하나님은 다시 그의 청을 들어주셨다. 아침에 일어나 보니 양털은 보송보송 말라 있고 주변 땅에만 이슬이 내려 있었다.

교훈

기드온이 용기 있는 사람인 것이 사실이고 하나님의 천사를 만나 더욱 큰 힘을 받아 바알 제단을 때려 부수는 데 성공한 것도 사실이지만, 막상 미디안 사람들과 아말렉 사람들이 동맹군을 이루어 넓은 이스라엘 평원에 진을 친 것을 보았을 때, 어찌 겁이 나지 않았겠는가?

하나님의 약속을 믿고 있기는 하였지만, 더 확실한 승리의 보장을 받고 싶었을 것이다. 양털에만 이슬이 내리는 기적과 땅에만 이슬이 내리는 기적, 이 두 번의 기적을 보여주심으로써 기드온을 더욱 격려하며 승리의 확신을 주신 하나님의 현명하신 처사를 여기서 볼 수 있다. 하나님이 전능하심을 목격한 기드온은 확신을 가지고 전투에 나설 수 있었을 것이다.

우리도 하나님이 전능하셔서 그가 부리시는 일꾼에게 확신을 주어서 승리하게 하시는 분이심을 믿어야 한다. 즉 하나님 편에서는 하실 일을 다 하심을 확신해야 한다.

미디안 군대로 하여금 놀라서 달아나게 하다(삿 7:1-25)

해설

용기와 확신을 얻은 기드온은 아침 일찍 일어나 북쪽 평야에 진을 치고 있는 적군이 내려다보이는 남쪽 언덕에 포진했다. 야훼께서 기드온에게 지시하셨다. 야훼께서 친히 원수를 무찌르실 텐데 기드온 휘하에 모여든 삼만 이천 명이 다 싸운다면 자기들의 힘과 공로로 이겼다고 할지도 모른다고 하시면서, 겁쟁이들은 다 돌려보내라고 하셨다. 결국 만 명이 남았다.

야훼는 다시 기드온에게 명령하셨다. 만 명도 너무 많으므로 더 줄이라는 것이었다. 군인들을 물가로 데리고 내려가서 그들이 개울물을 마시는 모습을 보고 필요한 사람을 선별하라는 것이었다. 즉 개처럼 혀로 물을 핥아서 먹는 사람과 무릎을 꿇고 손으로 물을 떠서 먹는 사람을 갈라 세우고, 핥아먹는 사람만 골라서 남게 하라는 것이었다. 그리고 남은 사람은 다 돌려보내도록 했다.

결국 삼백 명이 남았다. 하나님은 그 삼백 명에게 미디안 사람들을 붙여서 승리하게 하시겠다는 것이었다. 그리고는 각 부대가 가지고 있는 항아리와 뿔나팔들을 징수하고는 남은 군인들을 소속 진영으로 돌아가게 했다. 그날 밤에 야훼께서 기드온에게 공격 명령을 내리시며, 원수를 기드온의 손에 붙이시겠다는 확약을 다시 주셨다.

그러나 적군을 바라보는 기드온의 눈초리에 공포의 기색을 발견하신 야훼께서는 또 한 가지의 확증을 보여주시기로 하셨다. 종 푸라*를 데리고 적진 가까이 가서 적진에 떠도는 소문을 들어보라고 명령하셨다. 기드온이 적진에 접근했을 때 한 사병이 동료에게 자기의 꿈 이야기를 하는 것이었다. 자기가 꿈을 꾸었는데, 보리 떡 한 개가 미디안 진영으로 굴러 오더니 천막에 와 닿으며 그 천막을 때리니 천막이 허물어지며 뒤집히고 무너지더라는 것이다. 그러자 그 말을 들은 동료가 "이것은 틀림없이 기드온의 검을 가리키는 것이고, 하나님께서 미디안과 그 모든 군대를 기드온의 손에 붙인다는 뜻이다."라고 말하는 것이었다.

이런 꿈 이야기와 그 해석을 들은 기드온은 야훼 하나님의 놀라운 역사를 생각하며 그 자리에 엎드려 하나님께 절하고 본영으로 돌아왔다. 그리고는 "야훼께서 미디안 군대를 당신들의 손에 붙이셨습니다. 일어나십시오!"하고 출발을 재촉했다. 그러면서 구체적인 행동 방안을 제시했다. 그 300명을 세 부분으로 나누고, 각자에게 나팔을 들게 하고 빈 항아리와 그 속에 횃불을 감추어 가지고 가라고 하였다. 원수 진영 외각에 이르면 자기가 하는 대로 하라는 것이었다. 자기와 자기 부대가 나팔을 불면 다 같이 따라서 불면서 적군의 진지를 돌면서,"야훼를 위하여! 기드온을 위하여!"라고 고함을 지르라는 것이었다.

밤 제2경〔아마 저녁 10시에 시작하여 새벽 2시까지 계속되는 야경(夜警) 시간〕이 시작되는 무렵, 그러니까 모두가 잠자리에 든 시점에 기드온의 군대가 나타나 나팔을 일제히 불며 항아리를 두드리고 왼 손에 들고 있던 횃불을 치켜들어 야음을 밝히면서 "야훼를 위한 검! 기드온을 위한 검!"이라고 소리 질렀다. 그러자 잠들었던 적군들은 정신을 잃고 놀라 달아나며 저마다 닥치는 대로 동료 군인들을 찔러 죽이는 것이었다. 그러면서 아벨므홀라까지 달아났다.

기드온의 300명 군인 외에도 납탈리* 지파와 아셀* 지파와 므낫세 지파에서 모여왔던 이스라엘 군인들도 같이 미디안 군인들을 추격했다. 동시에 기드온은 에브라임 사람들에게도 응원을 청했다. 즉 미디안 사람들이 달아나는 방향에 있는 모든 물 근원들을 장악하여 원수들로 하여금 마시지 못하게 하라는 것이었다. 그래서 벳바라*와 요단강에 이르기까지 모든 물을 장악하였다. 그 추격전에서 이스라엘 군은 미디안 수령들 두 사람을 생포했다. 오렙과 제엡*인데, 그들을 죽여서 그 수급(首級)들을 기드온에게 가져왔다. 기드온과 그의 군대는 적군을 추격하여 요단강 건너편까지 갔던 것이다.

교훈

1. 하나님은 당신이 받으셔야 할 영광을 누구에게도 빼앗기려 하시지 않는다. 야훼께서 자신의 힘으로 미디안과 아말렉의 연합군을 몰아내고 승리하실 터이지 삼만 이천이라는 수의 이스라엘 군인이 잘 싸워서 승리할 일은 아니었다.

그리하여 하나님은 인간의 힘으로 승리했다는 오해하는 일이 없도록 징집되어 나온 많은 이스라엘 군인들을 돌려보내고 삼백 명만을 추리셨다. 뽑힌 삼백 명도 반드시 잘났거나 남달리 용맹스럽거나 한 우수한 사람들이 아니라 물을 핥아서 먹는 개 같은 사람들을 택하셨다. 즉 신중하여 사리를 가늠하는 사람이 아니라는 말이다.

이는 결국 사람의 힘으로 승리하는 것이 아니라는 것을 말해 준다. 따라서 하나님께 돌려야 할 영광을 사람이 가로 채어서는 안 될 것이다.

2. 기드온이 아무리 용맹스러운 사람이라고 해도, 아군보다 월등히 많은 적군(7장 12절에서는 바닷가의 모래 같이 많다고 했다)을 보면서 겁내지 않을 수 없을 것이다. 야훼의 천사를 만나 격려 받고 실제로 하나님의 능력을 확증하는 기적들을 보았지만, 그래도 겁을 낼 수밖에 없으리만큼 우세한 적군이었다.

하나님은 다시 적군 병사 한 사람의 꿈에 나타나서 미디안 군의 패망을 암시하는 꿈을 꾸게 하고, 그 소식을 적군의 진중에 유포시키는 묘책을 쓰셨다. 즉 심리전을 통하여 적군의 사기를 저하시키는 일을 하셨고, 그 적군의 상황을 기드온으로 하여금, 또 그와 동행한 종으로 하여금 듣게 하셔서 거꾸로 이스라엘 군의 사기를 높여주셨다.

하나님께서 하신 기묘한 전략에 우리는 혀를 내두를 수밖에 없다. 하나님께서 당신의 백성을 승리로 이끄시는 방법은 얼마든지 있다. 우리는 그를 믿고 따라야 할 뿐이다.

3. 삼백 명의 기드온 군대가 무수한 적군을 물리치고 완승한 것은 물리적인 힘이 아니라 기묘한 심리전의 결과이다. 하나님이 하시려고 마음을 잡수시기만 하면 이루시지 못할 일이 어디 있겠는가? 이 전쟁은 철두철미하게 야훼 하나님의 지략과 능력으로 승리한 전쟁이었다. 따라서 그 영광을 오직 하나님께만 돌려야 할 것이다. 기드온과 그의 부하들의 경우에는 그들이 야훼의 말씀을 믿고 그의 명령에 복종한 것이 공로라면 공로라고 할 수 있을 것이다. 그들이 믿고 따르지 않았다면 결과는 달랐을 것이다. 여기서 믿음이 이긴다는 명제가 성립된다.

기드온의 개선과 보복(삿 8:1-21)

해설

기드온이 미디안 군과 전쟁 할 때 주력부대는 삼백 명으로 구성된 특수 요원들이었지만, 납탈리* 지파와 아셀* 지파와 므낫세 지파의 사람들에게도 후원을 부탁했다. 미디안과 아말렉의 연합군을 요단강 동쪽까지 추격할 때 그 여러 지파가 협력하여 승전의 공을 세웠던 것이다. 그러는 와중에 뒤늦게 에브라임 지파의 응원도 청했던 것이다.

기드온과 그의 군대가 요단 동쪽 추격전을 마쳤을 때 에브라임 사람들은 기드온에게 강한 불만을 쏟아냈다. 어째서 처음부터 자기들을 청하지 않았느냐고 한 것이다. 기드온은 한 마디 비유를 써서 재치 있게 그들의 불편한 마음을 다독거려 주었다. "므낫세 지파에 속하는 아비에셀(기드온의 가문)의 포도원에서 정식으로 포도를 거두는 것보다 에브라임 포도원에서 따다 남은 포도를 주어 거두어들이는 것이 더 많소이다. 하나님이 적장 오렙과 제엡*을 당신들의 손에 붙이셨습니다." 라고 하면서 그 두 적장을 그들에게 내주었던 것이다.

그래서 에브라임 사람들이 오렙은 오렙('까마귀') 바위에서, 제엡*은 제엡*('이리', wolf)이라는 포도즙 틀에서 죽였다. 그리고 그들의 머리를 베어가지고 기드온에게 가져다 바쳤다. 이런 식으로 기드온은 에브라임 사람들이 공을 세우게 함으로써 그들의 불평을 풀어주었다.

기드온과 그의 군대 삼백 명이 요단강을 건너서 수콧*에 이르렀다. 그들은 몹시 피곤하고 굶주린 상태였다. 그래서 기드온이 수콧* 사람들에게 자기 군인들을 위하여 빵을 좀 달라고 하였고, 그들에게 자기들은 이제 미디안 족속의 왕들인 제바흐*와 찰문나*를 잡으러 가야 한다고 하였다. 그러나 수콧*의 관원들이 거절을 하면서, "당신이 제바흐*와 찰문나*를 잡아 그들의 손을 베어 가지기라도 했단 말이요? 그래서 우리더러 빵을 내놓으라는 것이요?" 하고 그의 요구를 거절하였다. 격분한 기드온은 대답했다. "야훼께서 제바흐*와 찰문나*를 내 손에 붙이셨을 때, 나는 당신들의 몸을 광야의 가시와 찔레 위에 깔고 짓밟겠오."

기드온은 브누엘로 올라가서, 그 곳 사람들에게 같은 요청을 했는데, 그들 역시 수콧* 사람들과 같은 대답을 했다. 그래서 기드온은 "내가 승리하고 돌아와서, 이 탑을 허물어버릴 것이오." 하고 내뱉었다.

미디안 족의 왕들인 제바흐*와 찰문나*는 요단강 동쪽 우군과는 별도로 패잔병 만 오천 명을 거느리고 칼콜에 주둔하고 있었다. 이미 십이 만 명의 군인이 전사한 상태였다. 기드온은 그들을 습격하였고, 그 두 왕은 도망을 가다가 기드온 군에게 붙들렸다. 그리고 그들의 군인들은 공포에 사로잡혔다.

기드온이 전투를 마치고 헤레스 언덕에 이르러 수콧* 청년 한 사람을 만났다. 그에게서 수콧*의 관원들과 장로들의 이름을 알아냈다. 일흔 일곱 사람의 이름이었다. 기드온이 수콧*에 이르러 광야의 가시와 찔레를 모아놓고 장로들을 그 속에 넣고 밟아 죽였다. 그리고 브누엘로 가서 탑을 헐고 그 도성 사람들을 죽였다.

그리고 제바흐*와 찰문나*에게 "타볼*에서 너희가 죽인 사람들은 어떠했느냐?"라고 물었다. 두 왕은 "그들은 하나 같이 당신과 같았습니다. 그들은 왕의 아들들을 닮았습니다."라고 대답했다. 이에 기드온은 "그들은 다 내 형제들이다. 내 어머니의 아들들이다. 야훼를 두고 맹세하는데, 너희가 그들을 살려두었더라면, 내가 너희를 죽이지 않을 것인데."라고 말했다. 그리고는 기드온이 자기 아들 예텔더러 그들을 죽이라고 했다. 그러나 예텔은 아직 어리고 무서워서 감히 검을 뽑지 못했다. 그러나 제바흐*와 찰문나*는 "그가 어리니 힘이 있겠습니까? 당신이 우리를 죽이시오!" 하고 말했다. 드디어 기드온이 그들을 죽이고 그들의 낙타 목에 걸려있는 부적(符籍, 〈사하론〉 שַׂהֲרוֹן)들을 떼어버렸다. (〈사하론〉은 반달을 가리키는 것으로 반달형의 장식품을 낙타에 달고 다닌 것이다. 그것은 일종의 미신이었을 것이다.)[18] 그것들을 부적으로 달고 다닌 것으로 보인다.

이렇게 해서 미디안과 아말렉의 연합군과 벌인 전쟁은 이스라엘의 대승으로 끝났다.

교훈

1. 사람들은 체면과 명예를 따지기 좋아한다. 미디안 족과 벌인 전쟁에서 에브라임 사람들은 자기들이 부스러기 공을 세운 데 대해서 적잖은 수치를 느낀 것이다. 그래서 기드온에게 따지고 들었다.

기드온은 명석한 사람이었다. 전시에 같은 동포끼리 불화하는 것은 어느 모로 보나 불리하다고 보았으므로 그 사태를 무마하고 화평을 유지하기 위해서 에브라임 사람들에게 큰 공을 세울 기회를 주었다. 미운 아이에게 떡 한 개 더 준다는 식으로 에브라임 사람들을 무마함으로 전시를 무사히 넘기고 민족의 화합을 도모한 것은 얼마나 잘한 일인가!

2. 크게 전공을 세우고 돌아오는 기드온과 그의 군인들, 그렇지만 아직도 적의 남은 패잔병을 추격해야 하는 중책을 가진 기드온에게 수콧*과 브누엘 사람들이 협조하지 않음으로 기드온이 대노하였고, 그 때문에 기드온이 맹세한 대로 수콧*과 브누엘 사람들은 처참하게 응징 당했다.

민족적 대과업을 놓고 동족이 협조하지 않았으니, 이 얼마나 괘씸하고 못된 행동인가! 아직 전란이 끝나지 않았고 미디안 군의 수가 워낙

18) 히브리어 본문 사사기 8장 21절의 〈사하론〉을 개역한글판에서는 '새 달 형상의 장식'으로, 개역개정판에서는 '초승달 장식'으로 옮겼다.

많았기 때문에, 물리적인 것만 보는 사람들에게는 미디안 군에게 아직 승산이 있어 보였을 수도 있다. 결국 기회주의자들은 그런 때에 중립을 취하려고 한 것이다. 이는 야훼와 그의 종 기드온을 믿지 못하는 데서 온 귀결이었다. 기회주의가 결국 자멸을 자취한 셈이다.

3. 기드온은 용맹한 사람이면서 한편 인정도 있는 사람으로서 미디안 적장들이 타볼* 산의 기드온 군 본영을 지키고 있던 기드온의 형제들을 무참히 죽이지만 않았더라면 그 적장들을 살려주려고 했다. 그러나 그들의 잔인한 행동을 보고받은 기드온은 자기 손으로 그들을 죽이고야 말았다. 그들은 결국 행한 대로 갚음을 받은 셈이다.

4. 기드온은 적장들을 죽이고 나서 그들이 타고 다니던 낙타의 목에 걸린 부적들을 잡아 떼어버렸다. 그 부적은 결국 적군의 종교적 상징이라고 볼 수 있는 것으로 그것을 떼어버렸다는 것은 야훼께서 이방 신을 이겼다는 상징이 될 것이다.

기드온의 우상숭배(삿 8:22-28)

해설

미디안 사람들의 학정에 7년 동안이나 시달리던 이스라엘 백성을 그 원수에게서 해방시킨 기드온을 이스라엘 백성이 존경한 것은 자연스러운 일이다. 그리하여 그에게 길이 자기들을 다스려달라고 말한 것은 당연한 일이었다. 그들은 기드온 당대만 아니라 대대손손 그 가문의 통치를 받겠다고 했다. 이는 기드온 왕조(dynasty)를 이루어 자기들을 통치해 달라는 것이었다.

그러나 기드온은 이를 거절했다. 그러면서 오히려 백성에게 자기의 한 가지 요청을 들어달라고 했다. 각자가 얻은 노획물 중에서 귀고리 하나씩을 그에게 바치라는 것이었다. 미디안 사람들은 금귀고리를 착용하고 있었던 것이다. 백성은 그 요청을 달게 받아들였다. 그리고는 겉옷을 하나 땅에 펴 놓고 거기에다가 매 사람이 노획한 금귀고리를 하나씩 던져놓았다. 그것을 달아보니 금이 무려 1700세겔에 달했다. 금귀고리 외에 여러 가지 귀중품들도 바쳤다. 기드온은 그 금을 가지고 에봇(출 28:6-14; 39:2-7)을 만들어 그것을 자기의 고향 마을 오프라*에 안치하였고, 모든 이스라엘 백성이 그것을 숭배했다. 따라서 그것이 기드온과 그의 가문의 올무가 되었다.

어쨌든 그로부터 40 년간의 기드온 시대에는 가나안 땅이 평온했다.

교훈

기드온을 선봉으로 이스라엘 군대가 미디안 군을 완전히 물리치자 이스라엘 백성은 그 영광을 하나님께 돌릴 생각을 하지 못하고 눈에 보이는 장수 기드온을 높이고 존경하기에 이르러 그 가문을 임금의 가문으로 삼겠다고 제안했다. 그것이 바로 사실을 제대로 보지 못하는 인간의 착오요 그릇된 발상이다. 인간을 최고 권위로 삼고 잘살아보자는 생각을 하는 것이다.

다행히 기드온이 그들의 제안을 받아들이지 않은 것은 잘 한 일이다. 그러나 기드온 역시 인간적인 약점을 가지고 있었다. 그와 그의 백성을 승리로 이끄신 야훼 하나님께 의론하고 그의 뜻을 받들어야 하는데 그렇지 않고 자기 생각대로 전쟁 기념물을 만들어 길이 기억하려고 한 것이다. 아니면 그 에봇을 이용하여 점을 치는 등 이방적인 미신 숭배 행위를 하려고 한 것인지도 모른다.

그 기념물이 백성의 숭배의 대상이 되어 결국 우상숭배를 조장하는 일이 되고 말았다. 가나안 원주민들이 하는 식으로 가견적인 물건을 세워놓을 때 자연히 백성은 그것을 예배하게 되는 것이다. 우상을 만들지 말라고 하신 하나님의 계명을 어긴 셈이다.

그럼에도 불구하고 야훼 하나님은 그 백성에게 40년이라는 긴 시간 동안 태평한 날을 누리게 하셨다. 고마운 일이 아닐 수 없다.

기드온의 죽음(삿 8:29-35)

해설

미디안과 벌인 전쟁이 끝나자 기드온은 자기 고장 오프라*에 돌아가서 살았다. 그에게는 아내가 많이 있었고, 그들에게서 아들을 무려 70인이나 낳았다. 세켐*에도 그의 첩이 있었는데, 그녀를 통해서 나은 아들을 아비멜렉이라고 불렀다. 기드온은 장수하고 죽어서 그의 아비 요아쉬*의 무덤에 안장되었다. 그런데 기드온이 죽자 이스라엘 백성은 다시 타락하여 바알을 섬기고 바알브리트*를 자기들의 신으로 모셨다. 즉 그들은 야훼 하나님을 기억하지 않았다. 그들의 원수의 손에서 백방으로 구출하신 그 하나님을 잊어버렸고, 이스라엘을 위하여 그렇게도 훌륭한 일을 한 기드온 집안에 대해서도 충성하지 않았다.

교훈

1. 기드온이 이스라엘 민족의 은인으로 크게 존경받은 것은 사실이나, 그의 사생활에는 큰 결함이 있었다. 많은 아내와 첩을 두고 자식을 많이 낳았던 것이다. 자식을 낳았으면 올바르게 기르고 가르쳐 하나님

나라에 이바지할 수 있는 인간으로 양육하는 책임을 져야 한다. 기드온이 칠십 명이나 되는 아들을 얼마나 바로 길렀을까 의심스럽다. 무책임한 인간이라고 해야 할 것 아닌가? 하나님이 주신복으로 기드온이 장수하였지만, 인간 중에서 그 어느 누구도 숭배의 대상이 될 만한 사람은 될 수 없는 법이다.

2. 40년이라는 긴 세월 동안 하나님이 베푸신 평안을 누리는 이스라엘은 다시 타락하여 하나님을 잊어버리고, 기드온에 대한 존경심도 그들에게서 사라졌다. 인간은 연약하여 망각하기 일쑤이다. 하나님의 능력과 은혜를 영원히 기억할 수 있다면 얼마나 좋을까? 우리가 그렇게도 연약하기에, 하나님을 언제나 기억할 수 있는 방안을 모색해야 할 것이다. 그래서 하나님은 할례라는 제도를 주셨고, 주일 제도를 주셨고, 성찬식이라는 제도를 주신 것이다. 그렇게까지 세심한 계획과 조치로써 우리의 기억을 새롭게 하시려는 하나님의 사랑과 관심에 부응하여 우리 편에서도 하나님의 은혜를 기억하도록 애써야 한다.

아비멜렉이 군주국 창건하다(삿 9:1-6)

해설

기드온은 전공(戰功)을 세운자로서 이스라엘 백성의 대대적인 지지를 받으며, 군주국의 왕이 되라는 청을 받았지만 그것을 거절했다. 기드온이 그 청을 받아들여 이스라엘의 왕이 되었더라면 그의 온 가족이 왕족의 부귀영화를 누릴 수 있었을 것이다. 기드온이 그처럼 좋은 기회를 거절하자 그의 아들 70명 가운데 세켐*에 있던 첩의 아들 아비멜렉이 그 기회를 이용하여 자기 아버지의 후광을 업고 자기가 군주가 되려는 욕심을 부렸다. 아비멜렉은 자기의 세력을 규합하기 위해서 세켐*으로 내려가서 자기 어머니의 가문을 충동했다. 자기 아버지 기드온의 다른 70명의 아들에게 왕국의 권한을 내주고 그들의 지배를 받는 것보다 자기가 왕이 되어 그들을 지배하면 더 좋지 않겠느냐고 하는 달콤한 미끼를 던져 그들의 지지를 얻었다. 즉 혈연의 끈끈함을 이용하여 권력을 잡았다. 바알브리트*라는 신을 섬기는 세켐* 주민들은 그 신당 재산에서 은 70세겔을 아비멜렉에게 주었고, 아비멜렉은 그 돈으로 불량배들을 사가지고 자기 아버지 기드온의 동네 오프라*로 올라갔다. 그리고는 기드온의 아들 70명을 한 바위 위에서 다 죽여버렸다. 그러나 요행히도 기드온의 막내 아들 요담이 몸을 숨겨 난을 피했다. 그 후에 세켐*과 벳밀로*의 모든 성주들이 아비멜렉에게 같이 몰려와서 그를 임금으로 추대했다.

교훈

1. 성경 종교의 목적은 하나님만을 왕으로 모시고 그의 왕국을 건설하는 데 있다. 기드온은 아무리 큰 전공을 세웠더라도 자기가 이스라엘의 왕이 될 생각을 하지 않은 훌륭한 사람이었다. 그러나 이방 종교 곧 바알브리트* 신을 섬기는 세켐* 사람들에게서 나온 아비멜렉은 비록 기드온의 자식이기는 했지만, 자기의 나라를 세우고 자기가 영달을 누리겠다는 생각으로 많은 동기를 죽이고 왕위에 올랐다. 아비멜렉은 결국 야훼를 무시하고 이웃과 동기도 사랑할 줄 모르는 불륜의 인간이었다. 어찌 그런 인간이 성공할 수 있겠는가?

2. 인간의 혈연관계나 사상이나 이념을 가지고 뭉쳐도 야훼 하나님의 뜻을 받들지 않고 그의 법도를 어긴다면, 어떤 거사나 계획도 결코

성공할 수 없다. 무슨 일을 하든지 하나님의 재가를 받을 수 있어야만 성공할 수 있다. 동족이나 가족의 피를 흘리면서 왕권을 얻는다면, 하나님이 어찌 그 거사를 용서하거나 묵과하실 수 있겠는가? 사람들은 힘이나 돈이 제일인 줄 알지만, 참 된 힘은 하나님의 뜻의 맞는 삶을 통하여 하나님의 윤허와 동조를 받아야 생긴다.

요담의 풍자(諷刺)(삿 9:7-21)

해설

아비멜렉이 그의 아비 기드온의 아들들을 큰 바위 위에서 다 죽였는데, 아들 칠십 명 가운데 맨 마지막 아들 요담만이 요행히 피신하여 살아남았다. 형들이 다 죽임을 당했다는 소식을 들은 요담은 세켐*에 있는 그리심 산에 올라가서 큰 소리로 외쳤다. "너희 세켐* 양반들아, 들으라! 하나님이 너희 말을 들을 것이다."

그리고 요담은 세 가지 나무 비유로써 그 시대를 풍자했다. 나무들이 자기들을 다스려 달라고 하기 위해서 올리브나무에게로 가서 "우리의 왕이 되어주시오!" 했더니, 올리브나무는 "내가 좋은 기름을 내서 인간과 신들을 섬기고 있는데 그것을 그만두고 나무들의 왕 노릇을 하란 말이요?" 라고 하면서 사양했다는 것이다. 그래서 이번에는 나무들이 무화과나무에게 "와서 우리의 왕이 되어주시오!"라고 하니, 무화과나무는 "내가 달콤하고 맛있는 열매를 내는 일을 그만 두고, 나무들을 지배하는 일을 하라고요?" 라고 하면서 사양했다는 것이다. 다음으로 나무들이 포도나무더러 자기들을 다스려달라고 했는데, 포도나무는 "신들과 인간을 흥겹게 하는 포도 생산을 그만 두고 나무들을 다스리란 말이요?"라고 하며 거절했다는 것이다.

마침내 모든 나무가 가시나무에게 자기들을 다스려달라고 하자, 가시나무는 "너희가 좋은 믿음을 가지고 나에게 기름을 부어 너희의 왕으로 삼는다면, 좋다. 너희가 나에게로 와서 나를 피난처로 삼아라! 만일 그렇지 않다면, 가시나무에서 불이 나와 레바논의 백향목을 사르듯 할 것이다."라고 했다는 것이다.

이런 풍자적인 비유를 말한 요담은 현실을 꼬집었다. 자기 아버지 기드온이 목숨을 걸고 미디안 군과 싸워서 세겜* 사람들을 구출했는데, 그들이 그에게 등을 돌리고 그의 아들 70인을 다 죽이고는 그의 여종에게서 난 아들 아비멜렉이 자기들의 친척이라는 이유로 그를 세겜* 양반들의 왕으로 삼고는 신의와 명예를 가지고 했다고 떠들어댄다. 어디 한 번 아비멜렉으로 인해서 기뻐하고, 아비멜렉은 세겜* 사람들로 인해서 기쁨을 누려보아라. 그러나 상황은 바뀌어 아비멜렉으로부터 불이 나와서 세겜*의 양반들과 벳밀로* 요새를 불사를 것이다. 그리고 세겜*의 양반들에게서 그리고 벳밀로* 성으로부터 불이 나와서 아비멜렉을 불사를 것이라고 저주를 퍼부었다.

요담은 그의 형뻘 되는 아비멜렉이 무서워서 거기서 달아나 베엘*로 가서 칩거(蟄居)하였다.

교훈

1. 아비멜렉은 기드온의 아들 칠십 명 곧 자신의 이복형제들을 다 죽일 작정을 하고 세겜* 사람들과 공모하여 이를 결행했지만, 요담은 간신히 피신하여 목숨을 건졌다.

여기서 모든 것이 사람의 뜻과 계획대로 되는 것이 아니라는 것을 알 수 있다. 하나님이 살아계셔서 지배하시는 인간 역사이기 때문에, 악인이 아무리 치밀한 계획을 세워도 그것이 관철되지는 않는 법이다.

2. 요담의 풍자는 큰 진리를 담고 있다. 하나님은 천지만물을 만드실 때 모든 것에 각각 그 존재의 목적과 기능과 책무를 주셨는데, 어떤 것들이 하나님의 뜻을 어기고 엉뚱한 길로 가는 수가 있다. 결국 그것은 자멸의 길이며 많은 해를 가져오는 길이 된다.

각각 자기의 본분을 알아서 자기 직책을 수행하는 세계가 된다면 거기가 낙원일 것이다. 그렇지 못하기 때문에 세상은 혼란하고 살기 어렵다.

3. 아비멜렉은 자기 주제를 파악하지 못하고 크게 범죄하여 하나님의 심판을 자초하는 행동을 했다. 하나님을 모르고 그의 뜻을 깨닫지 못하는 인간은 결국 자기가 자기 행동의 표준이 되기 때문에 엄청난 혼란과 비극을 초래한다.

요담은 성령의 감동을 받지 않고서라도, 천인무도의 악행을 저지른 아비멜렉의 장래를 예언할 수 있었다. 그것은 일척 동자(童子)도 깨달을 수 있는 인간의 공리이기 때문이다. 악한 자는 결국 망하게 되어 있다는 말이다.

아비멜렉의 몰락(삿 9:22-57)

해설

아비멜렉이 소위 군주국을 이루고 집권한 지 3년이 지났다. 하나님께서 아비멜렉과 셰켐*의 귀인들 사이에 서로 반목하는 악령을 보내셨다. 전에는 그들이 힘을 합하여 기드온의 아들 70인을 죽이는 일에 동참했지만, 이제는 그들이 저지른 악행의 대가로 그들이 서로를 해하는 일에 몰입하게 하신 것이다.

우선 셰켐*의 귀인들이 합작하여 아비멜렉을 대적하였다. 그들이 아비멜렉 영토의 여러 산마루에 복병을 배치하고, 그 산을 지나가는 사람들을 털었다. 결국 사회 불안을 조성하는 것이었다. 그래서 그 소식이 아비멜렉의 귀에 들어갔다. 어제의 친구가 오늘은 원수가 된 것이다.

게다가 가알이라는 사람이 그의 인척들과 함께 외지에서 셰켐*으로 이주해 들어왔을 때, 아비멜렉에게 적대적인 마음을 가지고 있던 셰켐* 귀인들에게는 가알이 세력이 있어 보였든지 그들이 가알과 마음을 통하게 되었다. 셰켐* 귀인들이 가알과 함께 들로 나가 그들의 포도원에서 포도를 따가지고 즙을 내어 마시며 잔치를 벌였다. 그리고는 그들이 섬기는 신당으로 들어가서 먹고 마시면서, 아비멜렉을 조롱하였다. 거기서 가알이 말했다. "아비멜렉이 도대체 누구이고, 우리 셰켐* 사람은 누구이기에, 아비멜렉을 섬겨야 한다는 말입니까? 기드온과 그의 부하 즈불*도 셰켐*의 조상 하몰 사람들을 섬기지 않았습니까? 그런데 어째서 우리가 아비멜렉을 섬겨야 합니까? 이 백성이 내 휘하에 있다면, 내가 아비멜렉을 제거하겠습니다. 아비멜렉더러 '당신의 군대를 더 증원해 가지고 나와라!'고 말하면서 그에게 도전할 것입니다."

셰켐* 성주로 있던 즈불*이 가알이 했다는 말을 듣자 화가 났다. 아루마에 있는[19] 아비멜렉에게 사신을 보내어 전했다. "가알이라는 자가 자기 인척들을 이끌고 셰켐*에 이주해 들어와 성 사람들을 선동하여 당신에게 맞서도록 하고 있습니다. 그러니까 야간에 당신과 당신의 부하들이 들에 매복해 있다가 이른 아침에 해가 뜨자마자 일어나 성을 향하여 돌진하십시오! 가알과 그의 군대가 싸우려고 나오면, 그들을 마음대로 처치하십시오!"

---

19) 개역성경 사사기 9장 31절에서 '가만히'로 옮긴 히브리 낱말을 여기서는 '아루마에 있는'으로 번역했다.

이 전언을 들은 아비멜렉과 그의 군대는 밤중에 일어나 네 떼로 나누어 세켐*을 향하여 매복했다. 가알이 나가서 성문 어구에 섰을 때, 아비멜렉과 그의 군대가 매복했던 자리에서 일어났다. 가알이 아비멜렉의 군대를 보고는 즈불*에게 말했다. "보아라! 산마루로부터 사람들이 내려오고 있다." 그러자 즈불*이 말했다. "네 눈에는 산에 있는 그림자들이 사람으로 보이느냐?" 가알이 다시 말했다. "보아라! 사람들이 탑부르에레츠[20]로부터 사람들이 내려온다. 그리고 또 한 무리는 엘론므온네님[21]쪽으로부터 오고 있다." 그러자 즈불*이 응답했다. "네가 지금 자랑하는 것이 무엇이냐? 아비멜렉이 누구기에 우리가 그를 섬겨야 한다는 거냐 라고 말하는 놈아! 네가 깔보는 것이 저 군대가 아니냐? 어서 나가서 그들과 붙어보아라."

그래서 가알은 세켐* 귀인들의 앞장을 서서 아비멜렉과 싸웠다. 아비멜렉이 가알을 추격하였고, 많은 사람은 부상을 입고 쓰러졌다. 아비멜렉은 성안으로 들어가서 주민들을 죽이고 그 성을 점령하고 소탕한 다음에 거기에 소금을 뿌려 그곳을 불모지를 만들어버렸다. 즈불*은 가알과 그의 인척들을 몰아내고 세켐*에서 살지 못하게 했다. 아비멜렉은 아루마에서 계속 살았다.

세켐*의 탑이라는 곳의 귀인들이 이 소식을 듣고는 엘브리트* 신당이 있는 성채로 모였다. 아베멜렉이 이 소식을 듣자, 그의 부하 군인들을 데리고 찰몬* 산으로 올라갔다. 아비멜렉이 도끼를 들고 떨기 나무를 찍어서 어깨에 올려놓았다. 그리고 부하들더러 자기와 꼭 같이 하라고 명을 내렸다. 그리고는 그 성채에다 그 덤불을 쌓아놓고 불을 질렀다. 그리하여 그 안에 있는 사람 남녀 약 천 명이 불타 죽었다. 그러고 나서 아비멜렉은 테베츠*로 가서 그 곳을 점령하였다. 그러자 그 성의

---

20) 이를 개역성경 사사기 9장 37절에서는 '밭 가운데'로 옮겼다.

21) 이를 개역성경 사사기 9장 37절에서는 '므오느님 상수리나무'로 옮겼다.

주민들은 공포에 사로잡혀 그 성안에 있는 탑으로 몰려 들어가 대문을 잠그고 탑 꼭대기로 올라갔다. 아비멜렉은 그 탑을 불사르려고 했다. 그 때 그 꼭대기에 있던 여인 하나가 맷돌 윗판을 아비멜렉 머리를 향하여 던졌다. 결국 아비멜렉의 두개골이 부서지고 말았다. 그러자 아비멜렉은 자기의 무기를 들어주는 젊은 호위병에게 자기 검을 빼서 자기를 찌르라고 일렀다. 여인에게 죽임을 당했다는 말을 듣기 싫었던 것이었다. 그래서 그 젊은 군인이 아비멜렉의 검을 뽑아 그를 죽였고, 그는 숨을 거두었다. 이스라엘 사람들은 아비멜렉이 죽은 것을 목격하고서야 각각 집으로 돌아갔다.

하나님은 아비멜렉이 자기 아비를 거역하여 그의 동생 70명을 죽인 죄에 대하여 이렇게 보응을 하셨다. 동시에 하나님은 세켐* 사람들의 모든 악행의 보상을 그들 자신의 머리에 떨어지게 했다. 즉 요담이 예언한 저주가 그대로 들어맞았다.

교훈

1. 이번에는 하나님의 영이 아비멜렉과 세켐* 군인들 사이를 이간하셨다. 하나님의 영은 하나님의 나라를 건설하기 위한 모든 분야와 경우에 작용하신다. 하나님의 뜻을 거슬러 악행을 일삼는 아비멜렉을 패망으로 이끌고 그들을 응징하는 일에 하나님의 영이 작용하셨다. 이는 하나님의 전지전능하심을 보여 준다.

2. 사람은 자기 꾀에 자기가 걸려든다. 사람이 아무리 꾀를 짜내어 도모해도 하나님의 계획을 무너뜨릴 재간은 없다. 성령이 요담을 통하여 예언한 말씀은 여지없이 그대로 이루어지고야 말았다.

3. 하나님의 뜻을 거역하는 세력이 제 아무리 승승장구하여도 하나님의 숨은 도구를 통해 패망하고야 마는 것이다. 아비멜렉이 테베츠* 성에서 무명의 여인이 던진 맷돌에 두개골이 작살날 것을 누가 짐작했겠는가? 결국 하나님을 배반하는 세력은 하나님에 의하여 물러나고, 역사는 보다 나은 방향으로 진전된다.

4. 세상 사람들은 자기들의 이권을 위하여 손을 잡고 때로는 흩어진다. 자기들의 입에 달면 삼키고 쓰면 뱉는다. 그처럼 자기중심적이다. 그러나 하나님의 백성은 오직 하나님과 그의 뜻을 위하여 충성해야 한다. 아비멜렉 사건은 하나님을 떠난 자기중심적인 삶의 한 표본이라고 할 수 있다. 아비멜렉은 하나님 없이 살다가 하나님 없이 죽은 인간의 한 표본이다. 아비멜렉은 소위 이스라엘을 다스린다는 왕이 아니었는가? 그런데도 실제로는 하나님을 모르고 그의 뜻을 벗어난 통치자였다. 진정으로 하나님을 알고 믿고 그의 뜻을 존중하는 군주가 나라를 다스린다면 얼마나 좋을까?

톨라*와 야일(삿 10:1-6)

해설

아비멜렉의 삼 년 통치는 엉망이었다. 기드온이 다스린 사십 년간의 태평은 간 데 없고, 이스라엘은 다시 깊은 수렁으로 빠져들었다. 아비멜렉이 죽은 후에 이스라엘 백성은 아마도 야훼께 울부짖었을 것이다. 백성의 호소를 들으신 하나님은 다시 사사를 보내주셨다. 이번에는 에브라임 산지에 있는 샤밀*이라는 곳에 살고 있는 잇사갈 지파 사람 톨라*가 나타나서 이스라엘 백성을 도탄에서 구출했다. 그가 이십삼 년을 다스리다가 죽고 고향 샤밀*에 안장되었다.

돌라*가 죽은 후에 이스라엘은 다시 혼란에 빠지고 타락했던 모양이다. 도탄 속에서 그들은 하나님께 부르짖었을 것이다. 하나님께서 이번에는 길앗* 지파 사람 야일을 사사로 일으키셨다. 그가 22년 동안 그 지방을 다스렸다. 야일에게는 아들이 30명이 있었는데, 그들이 각각 성읍을 하나씩 차지하고 있었으며 하나같이 나귀를 타고 다녔다. 아들을 30인이나 거느린 야일은 길앗* 지방에서 상당한 세도를 부렸을 것으로 추정된다. 야일이 죽어서 카몬*이라는 곳에 매장되었다.

사사들의 활동이 전국에 걸치지 않고 한 지방에 국한된 경우가 많았던 것으로 보아야 할 것이다. 돌라*는 요단 서쪽 중부 지대에서 사사로서 다스렸고, 야일은 갈릴리 호수 동북쪽의 넓은 길앗* 지방에서 통치한 것으로 보인다.

교훈

1. 이스라엘 열두 지파는 저마다 땅을 분배받았지만 한 지파가 지정된 곳에서만 사는 것이 아니고 형편에 따라 다른 지방으로 가서 살았던 것으로 보인다. 돌라*는 잇사갈 사람이면서도 에브라임 지방에서 살았고, 거기서 사사의 사명을 받았다. 하나님은 지방이나 가문이나 어떤 인간적 조건을 따지지 않고 쓸 만한 사람을 골라서 일꾼으로 불러 세우신다. 하나님의 일꾼은 하나님의 마음에 드는 자가 되어야 하고, 하나님께 선택 받는 것이 필요하다.

2. 길앗* 넓은 지방에 혼란이 왔을 때 하나님은 아들을 삼십 명이나 둔 야일을 불러서 사사로 쓰셨다. 통치에는 많은 인력(人力)이 필요하다. 하나님은 그런 이점을 가진 사람을 택하셔서 그 지방을 다스리게

하신 것으로 보인다. 곧 아들 부자를 택하셔서 기민하게 백성을 다스리게 하신 것으로 보인다. 하나님이 당신의 목적을 위하여 인재를 택하시는 일이나 다스리시는 방법은 다양하다.

암몬 사람들의 압박(삿 10:6-18)

해설

각 지방에 있는 이스라엘 백성이 거의 다 타락하여 야훼 하나님을 잊어버리고 자기들이 살고 있는 지방의 신들을 섬기며 하나님 보시기에 역겨운 일을 행하였다. 바알들과 아스다롯*과 아람의 신들과 시돈의 신들과 모압의 신들과 암몬 자손의 신들과 블레셋의 신들 닥치는 대로 숭배했던 것이다.

야훼께서 진노하시는 것은 당연한 일이었다. 하나님은 이스라엘 백성을 서쪽에서는 블레셋에게, 동쪽에서는 암몬 자손에게 내주어 압박을 당하게 하셨다. 특히 요단강 동쪽에서 길앗* 지방의 이스라엘 백성이 18년 동안 암몬 사람들의 압박을 받아야만 했다. 때로는 암몬 사람들이 요단강을 건너 유다와 벤야민*과 에브라임 지파의 영토를 침범하여 그들을 심하게 압박했다.

이스라엘 백성은 그토록 긴 세월 고생을 하고서야 정신을 차리고 야훼께 부르짖었다. 자기들의 하나님 야훼를 버리고 바알을 섬김으로 하나님께 죄를 지었다고 고백했다.

야훼께서는 지도자들을 통하여 다시 지난 역사를 회상시켰다. 과거에 하나님께서 이스라엘을 애굽과 아모리와 암몬과 블레셋의 손에서 구출한 바 있었고, 이스라엘이 시돈과 아말렉과 마온 사람들에게 압박을 당해 구출을 애원할 때도 건져주셨는데, 이스라엘이 다시 하나님을 버리고 다른 신들을 예배했으니, 이제 더는 그들을 구출하시지 않겠다고 하셨다. 그리고 그들이 택하여 섬기고 있는 다른 신들에게 구출해 달라고 부탁하라 하셨다.

그러자 이스라엘 사람들은, "우리가 죄를 졌습니다. 하나님께서 좋으실 대로 하십시오. 다만 발등에 떨어진 불은 꺼주십시오!" 하고 졸라 댔다. 그리고는 이방 신들을 버리고 야훼를 예배했다.

하나님은 이스라엘이 당하는 고통을 더 이상 묵과하실 수 없었다. 그리하여 이스라엘 구출 작업을 시작하셨다. 아마도 이스라엘 지도자들을 부추겨 암몬 사람들에게 선전포고를 하게 하셨던 것 같다. 암몬 사람들이 길앗* 고원에 진을 쳤고, 그에 맞서 이스라엘 여러 지파는 연합하여 미스바에다 진을 쳤다.

길앗* 사람들 즉 므낫세 지파가 주축이 된 전쟁이 될 참인데, 그들의 사령관들이 서로 말했다. "암몬 사람들과의 전투에 누가 앞장서겠습니까? 그 사람이 길앗* 주민을 다스리는 우두머리가 될 것입니다." 즉 승전의 공을 세운 사람을 그 지방 혹은 그 지파의 영주로 모시자는 협약을 한 셈이다. 전쟁을 위해서 군인들은 모였는데, 그들을 지휘할 장수는 아직 없는 형편이었다.

교훈

1. 이스라엘 백성이 가나안 여러 지역에 흩어져서 사는 동안 그들의 조상들에게서 전해 받은 야훼 신앙을 간직하려고 애를 썼겠지만 결국은 본토인들의 이방 종교와 문화에 동화되고 도처에서 신앙절개를 잃고 말았다. 사탄은 야훼 종교를 파멸하려는 노력을 적극적으로 하고 있었던 것이다.

이스라엘 백성이 정신을 차리고 야훼 하나님을 붙들고 있으면, 그들의 수가 아무리 적어도 악의 세력을 물리칠 수 있었다. 그러나 그들이 조금이라도 정신을 잃고 곁눈질을 하면, 날쌔게 사탄이 비집고 들어왔다. 여기서 우리는 사탄의 끈질긴 방해공작을 의식함과 아울러 우리는 한 순간도 방심하지 않아야 함을 깨닫는다.

2. 이스라엘이 너무도 자주 하나님을 배반하고 곁길로 나가므로 하나님이 더는 그들을 구출하시지 않겠다고 결심할 정도로 크게 노여워하심은 사실이다. 그러나 자비의 하나님께서는 "이스라엘이 고통당하는 것을 더 이상 보고 계실 수가 없었다."(10:16b) 우리의 아버지와 어머니가 되시는 하나님이시기에 끝없이 용서하시고 자비를 베푸시는 것이다.

3. 하나님은 이스라엘을 암몬 사람들의 굴레에서 해방하시려고 전쟁을 도모(圖謀)하셨다. 이스라엘과 전쟁을 하는 가운데, 그들을 파멸하시려는 계획을 세워 그들을 전쟁 마당으로 유인하신 것이다. 성경에 나타나는 전쟁뿐 아니라 인류역사에 나타나는 크고 작은 모든 전쟁도 하나님의 간섭 없이는 있을 수 없다고 보아야 할 것이다.

엡타*(삿 11:1-28)

해설

암몬 전쟁에서 용맹을 떨칠 사람이 엡타*인데, 1-3절에서 우선 엡타*라는 인물을 설명한다. 길앗* 지방 사람 곧 므낫세 지파에 속한 엡타*는 용맹으로 이름이 났지만 창녀의 몸에서 난 사람이었다. 엡타*의 아버지의 이름 또한 길앗*인데, 그가 창녀에게서 낳아 데리고 온 아들이 엡타*였던 것이다. 길앗*의 정실(正室) 몸에서도 아들들이 태어났다.

본처의 아들들이 자라났을 때, 그들은 옙타*에게 "너는 다른 여자의 소생이기 때문에 우리 아버지 유산을 조금도 물려받을 수 없다."라고 말하면서 옙타*를 쫓아내버렸다. 그래서 옙타*는 그의 형제들을 피하여 달아나 톱*이라는 곳에서 살고 있었다. 거기서 건달들이 옙타*에게 몰려와 그를 따라다녔다.

이제 암몬과 전쟁해야 하는 다급한 형편이 되자 길앗* 지방의 원로들은 옙타*의 용맹을 알고 있는지라 그의 거처를 알아내었다. 톱*에 살고 있는 옙타*를 찾아간 원로들은 "우리가 암몬 사람들과 전쟁을 해야 하니, 어서 와서 우리의 사령관이 되어 주게!" 하고 옙타*에게 간청했다. 그러나 옙타*는 원로들에게 "나를 마다하고 내 아버지 집에서 몰아낸 사람들이 바로 어르신들이 아닙니까? 당신들이 어려운 지경에 이른 이 시점에 나를 찾아온 까닭이 무엇입니까?" 라고 하면서 자신의 불편한 마음을 드러냈다. 원로들은 "과거에는 그랬지만, 지금 우리가 자네에게 돌아서지 않았나? 어서 같이 가서 암몬 사람과 싸워주게! 그리고 우리의 두목이 되고 길앗* 주민 모두를 다스려 주게!" 라고 하면서 옙타*에게 매달렸다. 그러니까 원로들은 옙타*더러 사사가 되어 달라고 한 것이다. 그러자 옙타*는 "어르신들이 암몬 사람들과 싸우기 위해서 나를 다시 집으로 데려가시고, 야훼께서 그들을 내 손에 붙여주신다면, 내가 당신들의 두목이 되겠습니다."라고 대답했다. 이에 원로들은 "야훼께서 우리 사이의 증인 되실 것일세. 자네가 말한 대로 우리가 할 것일세." 라고 대답했다.

그리하여 옙타*는 원로들과 함께 갔고, 백성이 그를 두령과 사령관으로 삼았다. 그리고 옙타*는 미스바에서 진을 치고 있는 이스라엘 군의 총사령관의 자격으로 야훼의 이름을 걸고 그의 취임 연설을 하며 소신을 밝혔다.

그런 다음 옙타*는 암몬 왕에게 사신을 보내어 "당신과 내가 무슨 관계가 있기에 당신이 나의 땅으로 싸움을 하려고 들어왔소?"라고 물었다. 암몬 왕은 "이스라엘이 애굽에서 나오면서 아르논에서부터 얍복까지, 또 광야에서부터 요단강까지 나의 땅을 빼앗아갔소. 그러니 순순히 그 땅을 내놓으시오!"라고 대답했다.

엡타*가 다시 사신을 보내어 다음과 같이 말했다. "이스라엘이 모압 사람들의 땅이나 암몬 사람들의 땅을 취한 것이 아니요. 이스라엘 백성이 애굽에서 나와 광야를 거쳐서 홍해와 가데스바네아에 이르렀소. 거기서 이스라엘이 에돔 왕에게 사신을 보내어 그의 땅을 통과하게 해 달라고 했는데, 그가 허락하지 않았소. 다음에는 모압 왕에게 사신을 보냈는데, 그도 거절했소. 그래서 이스라엘은 가데스에 머물고 있었소. 그러다가 그들은 광야를 거쳐서 에돔과 모압 땅을 돌아 모압 땅 동쪽 경계선에 이르러 아르논 계곡 남쪽에 진을 쳤소. 아르논 계곡은 모압의 남쪽 경계선이기 때문에, 그 남쪽에 진을 쳤던 것이지 모압 땅을 침범한 일이 없었소. 다음에는 헤스본의 왕 곧 아모리인들의 왕 시혼에게 사신을 보내어 그의 땅을 통과하게 해 달라고 청원하였소. 그러나 시혼은 이스라엘을 믿지 않았고, 도리어 군인을 소집하여 야하즈*에 진을 치고 이스라엘과 맞서 싸웠소. 그 때 야훼께서 시혼과 그의 백성을 이스라엘의 손에 붙여주셨고, 이스라엘이 그들을 무찌르고 그 땅을 점령한 것이오. 즉 아르논에서 얍복까지, 또 요단강에 이른 광야를 말이오. 즉 이스라엘의 하나님 야훼께서 그의 백성 이스라엘을 위하여 아모리인들의 땅을 점령하신 것이오. 그런데 당신들이 아모리인들을 대신하겠다는 것이오? 당신들은 당신들의 신 그모스가 소유로 준 땅을 차지하면 될 것 아니요? 우리는 우리 하나님 야훼께서 우리를 위해서 정복하신 것을 차지해야 하지 않겠소? 당신들이 발락 왕보다 나은 것이 무엇이오? 발락이 언제 이스라엘에 맞선 적이 있었소? 이스라엘과 전쟁을 한 일이 있었는가 말이오. 이스라엘이 헤스본과 그 지방 여러 마을에서 살 때, 또 아로엘과 그 마을들과 아르논 계곡을 따라 있는 모든 마을에서 살 때, 즉 지난 300년 동안 어째서 당신들이 그 땅을 되찾지 않았소? 당신들에게 죄를 지은 자는 내가 아닙니다. 오히려 당신이 나에게 전쟁을 걸어옴으로써 나에게 잘못을 저지르고 있습니다. 재판장이신 야훼로 하여금 이스라엘을 도우시든지 암몬 사람들을 도우시든지 결정하도록 하십시다." 암몬 왕은 옙타*가 보낸 사신의 말에 귀를 기울이지 않았다.

교훈

1. 옙타*는 서자(庶子)라는 이유로 가문에서 쫓겨나 고향을 등지고 타향에 살고 있었다. 인간 사회의 전통과 풍습과 고정 관념은 그런 사람을 차별하고 천대하고 무시한다. 그러나 인간의 생명은 사람이 만드는 것이 아니고 하나님께로부터 오는 것이므로, 사람으로 태어났으면 누구나 하나님 앞에서 동등한 권리와 가치를 가진다.

하나님은 옙타*에게 용맹을 주셨다. 이스라엘의 비상시에 그의 용맹이 필요하였다. 하나님께서는 옙타*를 들어 쓰시려고 계획하셨다. 우리는 출생의 배경이나 가문의 내력 여하를 막론하고 하나님 앞에서 떳떳하게 천부의 역량과 재간과 탈란트를 가지고 하나님과 인간에게 기여하려고 최선을 다해야 할 것이다.

2. 민족적 난국에 직면했을 때 길앗*의 원로들이 사람의 가문이나 출생의 배경 등보다는 그 사람의 역량을 보아 지도자로 모시려고 노력한 것은 매우 현명한 일이었다. 그들이 옙타*를 찾아 나서 강권하여 그들의 지도자로 삼음으로써 난국을 타개할 수 있지 않았는가? 사람이 비본질적인 것에 매달려 사리를 그르치는 일이 있어서는 안 된다. 사람

은 그 누구에게나 존재의 가치가 있으므로, 그것을 찾아 존중하고 최선으로 이용하는 것이 하나님의 뜻이다.

3. 하나님은 건달처럼 목적 없이 살아가는 옙타*를 부르셔서 중책을 맡기셨다. 하나님은 옙타*를 감동하셔서 이스라엘 사사의 중책을 수행하도록 그를 찾아 그에게 힘과 지혜를 주셔서 그 중책을 수행할 수 있게 하셨다. 사람이 힘이 있다고 되는 것이 아니다. 하나님이 지혜와 능력을 주실 때 금상첨화의 효과를 나타낼 수 있다.

4. 옙타*가 암몬 왕을 향하여 변증한 말의 내용은 아주 설득력이 있고 조리가 있다. 그에게서 그런 훌륭한 생각과 말이 나온다는 것은 기대하기 어려운 일이다. 성령이 주시는 지혜와 능력이 그의 배후에서 작용했다고 볼 수밖에 없다. 하나님은 불학무식한 베드로를 들어 써주셨다. 성령이 그를 사로잡을 때, 그의 말에는 권위가 있었고, 그는 많은 사람을 감동시킬 수 있었다. 그러나 성령의 말씀도 귀가 있는 사람만 들을 수 있다. 암몬 사람들은 옙타*의 말이 바로 들리지 않았고, 결국은 이스라엘과 맞서 싸우다가 큰 코를 다치고 말았다.

옙타*의 맹세(삿 11:29-33)

해설

옙타*가 용감한 사람이기는 하지만 이스라엘 군대의 총사령관으로서 암몬 군대와 전쟁해야 하는 마당에는 떨리고 무서웠을 것이 틀림없다. 그때에 야훼의 영이 옙타*에게 임했다. 옙타*는 총사령관의 기치를 들고 길앗*과 므낫세 영토를 시찰하고 자기 집이 있는 미츠파*를 거쳐서 암몬 군대 앞에 나타났다. 막중한 책임을 느낀 그는 필사적 각오를 다짐하면서 야훼의 도우심을 부탁하는 맹세했다. 하나님께서 이미 승전을 약속한 것이기에, 그가 새삼스럽게 맹세를 하지 않아도 되는 처지였는데 말이다. "하나님께서 암몬 사람들을 내 손에 붙여주신다면, 내가 승리하고 돌아올 때 나를 맞으러 내 집에서 제일 먼저 나오는 자를 야훼께 바치겠습니다. 그것을 번제로 드리겠습니다." 이런 맹세를 한 다음에 옙타*는 암몬과 싸웠고, 야훼께서 암몬 군대를 옙타*의 손에 내주셨다. 결국 이스라엘 백성이 암몬 군대를 무찌르게 되었다.

교훈

옙타*는 이스라엘 군 총사령관의 책임을 맡았을 때, 한편으로는 하나님의 영에게 감동되었고, 다른 한편으로는 길앗* 원로들의 전폭적인 지지와 탄원이 있었다.

그러나 옙타*는 하나님의 능력을 완전한 신뢰하지 못한 듯하다. 그리하여 "만일"이라는 말을 한 것이다. "당신께서 만일 암몬 사람들을 내 손에 붙여 주신다면 …"이라고 한 것은 아직 완전한 신뢰를 하지 못했기 때문이 아니었겠는가? 이미 받았다고 생각해야 하는데, 그렇지 못하고 "…한다면"이라는 조건을 붙여 번제를 드리겠다고 한 것이다. 하나님은 이미 완전한 승리를 약속하셨는데, 옙타*는 반신반의 상태에서, 하지 않아도 되는 맹세를 함으로 공연한 어려움을 당하게 되었다. 하나님은 약속대로 이스라엘에게 대승을 안겨주셨다. 그 일에 대하여 감사하기만 하면 되는 것이다.

옙타*의 딸(삿 11:34-40)

해설

옙타*가 대승하고 집으로 돌아올 때 그의 무남독녀가 팀브렐[22]을 들고 춤을 추면서 아버지를 환영하러 문을 열고 나타났다.

옙타*는 그 광경을 보자 자기 옷을 찢으며 말했다. "아이구나, 내 딸아! 네가 나를 몹시 어렵게 하는구나. 네가 나를 크게 괴롭히는 원인이 되었구나! 내가 야훼 앞에 맹세를 하였고, 그것을 취소할 수가 없으니 말이다." 그러면서 자초지종 사실을 말해 주었을 것이다.

그 말을 다 들은 옙타*의 딸은 대답했다. "야훼께서 아버지의 원수 암몬 사람들에 대한 복수를 해 주시지 않았습니까? 그러니 그에게 맹세하신 것을 그대로 실천하시오!" 그러면서 한 가지 마지막 요청이 있으니 들어달라고 아버지께 간청했다. 두 달의 유예 기간을 달라는 것이었다. 그러면 자기 친구들과 함께 산으로 들어가, 처녀로 죽는데 대한 통곡을 하겠다는 것이었다. 옙타*가 그것을 마다할 수 있겠는가?

그의 딸은 그녀의 친구들과 함께 산으로 들어가, 여자로서의 책임을 다 하지 못하고 처녀로 죽는 일에 대하여 애통하는 울음을 울었다. 그러고 돌아온 후에 그녀는 옙타*가 맹세한 대로 제단에서 불사름을 당했다.

그 후에 이스라엘 사람들 사이에는 하나의 풍습이 생겼다는 것이다. 해마다 나흘 동안 이스라엘 사람의 딸들은 밖으로 나가 옙타*의 딸을 애도하였다는 것이다.

---

22) 개역성경 사사기 11장 34절에서는 '소고(小鼓)'라고 했다.

교훈

1. 사람을 제물로 바치는 일은 이방 풍속에나 있는 일인데, 옙타*는 자신의 어리석은 맹세 때문에 외동딸을 희생제물로 바쳐야 했다. 그러나 일단 하나님께 맹세한 것을 어기지 않고 지키는 정신은 우리가 본받아야 할 것이다. 이스라엘은 수 없이 언약을 어겨 거듭 매 맞고는 다시 언약을 지키겠다고 다짐하고도 또 그 언약을 파기하는 백성이었는데, 옙타*의 행동은 참으로 이스라엘 역사에 있어서 특기할만한 하다.

2. 옙타* 딸의 행동은 더욱 가상하다. 아버지가 야훼 앞에서 한 맹세를 두고 그 딸은 자기와 의논도 하지 않고 세운 맹세이기 때문에 이의를 품고 승복하지 않을 수도 있지 않았겠는가? 그리고 두 달의 유예를 얻은 그 딸이 자기 목숨을 아끼는 마음으로 멀리 달아날 수도 있으련만, 그러지 않고 야훼 앞에서 아버지가 한 맹세를 존중한 것은 참으로 신앙의 극치에서 나타난 사건이라고 보아야 할 것이다.

3. 옙타*의 딸과 그의 친구들이, 또 후대의 이스라엘 여성들이 여인의 기능을 발휘하지 못하고 죽는 일을 애통히 여겼다는 것은 우리의 반성을 촉구한다.

하나님의 창조 원리에 따르면 피조물에게는 각각 그 본연의 기능과 책임이 있다. 따라서 그것을 깨달아 각각 그 임무와 기능을 충실히 이행함이 마땅하다. 그렇게 하지 못하는 것을 슬퍼하고 통탄하는 정신이 있다면 이 세계는 제대로 돌아갈 것이다. 각자 타고난 역량을 발휘하면서 살기를 바라는 것이 창조주의 뜻이 아니겠는가?

지파 간의 갈등(삿 12:1-7)

해설

암몬 사람들과 전쟁할 때 옙타*는 에브라임 지파의 협조를 청하지 않았다. 에브라임 지파 사람들은 그런 훌륭한 전쟁에 자기들이 참가하지 못한 일을 부끄럽게 생각했던 모양이다. 그리하여 군대를 조직하여 요단강을 건너 미츠파*에 있는 옙타*에게 가서 거세게 항의하며 싸움을 걸었다. 자기들을 불러주지 않은 앙갚음으로 옙타*의 집을 불살라 버리겠다는 것이었다.

옙타*의 대답은 달랐다. "암몬 사람들이 우리를 몹시 압박함으로 나와 내 백성이 그들과 적대 관계 속에 있었소. 그래서 당신들의 원조를 청했는데, 당신들은 그들에게서 나를 건져주지 않았소. 당신들이 나를 건져줄 생각이 없기에, 나는 생명을 내걸고 암몬 사람들과 싸웠고, 야훼께서 그들을 내 손에 붙여주셨소. 그런데 어째서 오늘에야 당신들이 나타나서 나와 싸우자는 것이오?"

옙타*는 길앗* 사람들을 모두 불러 내어 에브라임 군인들과 싸워 그들을 제압했다. 에브라임 사람들의 입에서 나오는 말이 길앗* 사람들의 화를 치밀게 하는 것들이었기 때문이었다. 에브라임 사람들은 "너희 길앗* 놈들은 에브라임에서 도망한 놈들이다. 에브라임과 므낫세 한 가운데 있던 놈들이 아니냐?"라고 떠들어댔던 것이다.

길앗* 군대는 에브라임 군대를 무찌르고 패잔병이 달아나는 요단강 여울을 막고 있다가, 위장을 하고 강을 건너려는 에브라임 군인을 붙들면, "네가 에브라임 사람이냐?"고 물었다. "아니요."하고 대답하면, "그러면 어디 〈쉽볼렛〉(שִׁבֹּלֶת)라고 말해 보아라!"고 했다. 그리하여 〈십볼렛〉(סִבֹּלֶת)이라고 하면 그가 에브라임 사람인 것을 알고 죽였다. 에브라임 사람은 그런 발음을 하지 못하기 때문이었다. 이렇게 에브라임이 길앗*과 싸우는 가운데 사만 이천 명이 죽었다.

옙타*는 사사로서 육 년을 다스리고 죽어서 길앗*의 자기 동네 곧 미스바에 매장되었다.

교훈

같은 조상에서 나온 지파들이지만, 후대로 내려오면서 지파 간에도 불화가 있고 알력이 생겼다. 죄로 물든 인간은 너나 할 것 없이 자기중심적이고 자기의 평안과 명예와 영광을 도모하면서 산다. 에브라임과 므낫세는 요셉의 아들들로서 형제지간인데도, 그 두 지파가 서로의 명예를 위해서 다툰 것이다. 에브라임은 둘째 아들이면서도 그의 할아버지 야곱이 그를 앞세워주었기 때문에 자기들이 위라고 생각하며 자기들의 영예를 존중하고 있었다. 그리하여 암몬 사람들과 벌인 전쟁에서 전공을 세우지 못함으로써 자기들의 체면이 서지 않는다는 이유로 옙타*와 전쟁까지 불사하는 행동을 했다.

양반은 곁불을 쪼이지 않는다는 격언과 같이 체면과 명예로 사는 사람들이 있다. 그러나 하나님은 형제가 우애하고 서로 사랑으로 협조하기를 원하신다. 하나님의 사랑의 법도를 어긴 에브라임이 응징 당한 것은 자업자득이었다고 보아야 할 것이다.

입산, 엘론, 압돈(삿 12:8-15)

해설

옙타*의 6년 통치가 지난 후에 이스라엘 백성은 또 타락하여 다시 외세의 압박을 받았다. 그리하여 이스라엘 백성이 울부짖자 그에 대한 하나님의 응답으로 베들레헴의 입산이 사사로 나타나 그들을 다스렸다. 입산에게서 특기할 만한 것은 그에게 아들 삼십 명과 딸 삼십 명이 있었다는 사실이다. 그러니 그의 아내는 몇 사람이나 되었을까? 그는 자녀들의 배필을 다른 지파 혹은 다른 가문에서 구하여 그들을 결혼시켰다. 그것도 하나의 통치 수단이었을 것이다. 그는 칠 년 동안 사사의 일을 보았고, 죽은 후에 고향인 베들레헴에 안장되었다.

입산 시대가 지나자 아마도 다시 이스라엘 백성은 타락해 사회는 혼란에 빠지고, 그들은 본토인들의 지배를 받으며 고통을 당해 마침내 다시 회개하며 하나님께 호소했을 것이다. 하나님은 그 호소에 응답하여 즈불룬* 사람 엘론을 사사로 세워주셨다. 그는 십 년 동안 이스라엘을 다스리고 죽은 후에는 즈불룬* 땅 아이얄론*에 안장되었다.

엘론의 시대 십 년이 지난 후 이스라엘 백성은 다시 하나님을 배반해 그 징벌로 외세의 침략과 압박을 받게 되고 그 고통에 못 이겨 다시 하나님께 울부짖었을 것이다. 하나님은 다시 그들에게 은총을 베풀어 새로운 통치자를 세워주셨다. 그가 바로 에브라임 땅에 살고 있는 피라톤* 가문의 힐렐의 아들 압돈이었다. 그에게는 아들 사십 명이 있었고, 손자가 삼십 명이나 됐다. 그 칠십 명 자손이 나귀를 타고 나서면 장관이었을 것이다. 압돈은 팔 년 동안 사사로서 통치하고, 죽어 고향 땅에 묻혔다.

교훈

하나님은 완전하신 분이시므로 우리에게도 완전함을 원하신다. 그러나 인간은 세상에서 완전할 수가 없기 때문에 상대적으로 완전한 자를 이용하신다. 노아도 아브라함도 다윗도 완전한 자들이 아니었지만, 하나님은 그들의 상대적 의를 인정하시고 그들을 도구로 사용하셨다.

사사 시대의 사사들이 많은 첩을 두고 현대인의 상상을 초월할 만큼 큰 가족을 거느리고 있었지만, 그 때에는 그만한 사람도 없었으므로 그들을 사사로 세우셨던 것으로 추정된다. 그런 사사들의 상대적 의를 절대시할 수는 없다. 우리의 목표는 하나님의 온전하심을 닮는데 있어야 한다(마 5:48).

삼손의 출생(삿 13:1-25)

해설

이스라엘 백성이 다시 야훼의 눈밖에 나는 행동을 하였다. 이번에는 하나님께서 그들을 블레셋 사람들의 손에 붙여 사십 년 동안 고통 당하게 하셨다.

블레셋이라면 해양(海洋) 족으로 에게 해(Aegean Sea)와 소아시아에서 주전 12세기부터 팔레스타인 남부 해안에 이주 정착한 족속이었다. 그들은 철기를 사용하는 난폭한 사람들로서 그들 밑에서 이스라엘이 지내야 했던 사십 년 이스라엘의 삶, 특히 가나안 서남쪽에 사는 이스라엘 백성의 삶은 정말 괴로웠을 것이다.

이스라엘 백성이 다시 야훼께 돌아와 회개하며 울부짖었을 것이다. 하나님은 다시 그들의 호소를 들으시고 이번에는 단 지파에서 사사를 일으키셨다. 즉 단 지파 영토 고원 지대에 있는 초르아* 동네 사람 마노아의 아들 삼손을 사사로 삼으신 것이다.

삼손의 출생에는 별다른 점이 있었다. 마노아의 아내(이름이 종내 밝혀지지 않고 있다)가 석녀(石女)였었는데, 야훼의 천사가 그녀에게 나타나 아들을 낳게 될 것이라고 일러주며, 그녀더러 포도주와 독주를 마시지 말 것과 부정한 것을 마시지 말라고 명령하고, 낳을 아들은 처음부터 하나님을 위한 〈나질〉(נָזִיר, 민수기 6장 1-21절에 있는 법대로 살면서 하나님께 헌신하기로 서약한 사람)[23]이 되어야 한다고 하였다. 그리고 그는 블레셋 사람들의 손에서 이스라엘을 구출하기 시작할 것이라고 예고해 주었다.

그 여인은, 자기가 하나님의 천사를 만났을 때 그의 남편 마노아가 같이 있지 않았으므로, 남편을 찾아가서 천사 만난 이야기를 그에게 해 주었다. 즉 석녀인 자기가 임신을 해서 아들을 낳는다고 하였고, 그 아들은 나서부터 죽을 때까지 〈나질〉이 될 것이기 때문에, 자기더러 포도주나 독주를 마시지 말고 부정한 것을 마시지 말라고 하더라며, 그 분은 하나님의 천사와 같았고 아주 무시무시하였으며, 자기는 그가 어디서 왔는지를 묻지 않았고, 그도 그의 이름을 말해주지 않더라고 했다.

후사가 없어서 걱정하던 참에 아내를 통하여 천사의 말을 전해들은 마노아는 그것이 사실이기를 바라는 마음으로 야훼께 탄원했다. 하나님께서 보내셨던 그분을 자기와 아내가 같이 있는 때에 다시 보내셔서, 앞으로 낳게 될 그 아이에 대하여 자기들이 어떻게 해야 할는지를 가르쳐 달라고 한 것이다.

하나님은 마노아의 기도를 들으셨고, 하나님의 천사를 밭에 있는 마노아의 아내에게 다시 보내셨다. 마노아의 아내는 남편에게로 달려가 "전번에 나에게 나타나셨던 분이 나타나셨다."고 했다. 마노아가 일어나 그의 아내를 따라서 그 사람에게로 가서 "당신이 바로 이 여자에게 말씀하신 분입니까?"라고 물었다. "맞습니다." 라고 천사가 대답하자, 마노아는 "당신의 말씀대로 이루어졌을 때, 그 아이의 생활 법칙은 어떤 것이어야 합니까? 그가 무엇을 해야 합니까?"라고 다시 물었다. 그러자 야훼의 천사가 마노아에게 말했다. "이 여인은 내가 그녀에게 말

---

23) 개역성경에서는 '나실인'으로 옮겼다.

한 모든 것에 주의를 기울여야 합니다. 포도나무에서 나오는 것은 아무것도 먹지 않아야 합니다. 포도주나 독주를 마시지 말아야 하며 부정한 것은 어떤 것도 먹지 말아야 합니다. 그녀는 내가 명한 것을 낱낱이 다 지켜야 합니다."

그 말을 들은 마노아는 야훼의 천사더러, "당신을 위하여 염소새끼 한 마리를 잡아드리려고 하니 조금 기다려주십시오!"라고 했는데, 천사는 "당신이 나를 만류하는데, 그래도 나는 당신의 음식을 먹지 않을 것입니다. 번제물을 준비하시기로 원하신다면, 그것을 야훼께 드리십시오!"라고 대답했다. 마노아는 그때까지도 그 사람이 야훼의 천사라는 사실을 알지 못했던 것이다. 그때 마노아가 그 천사에게 이름을 물으며, 그의 말대로 일이 이루어지는 날 그를 칭송할 수 있게 해 달라고 했다. 그러나 야훼의 천사는, "어째서 내 이름을 묻습니까? 그 이름은 너무도 놀라운 것(〈펠리〉 פִּלְאִי)[24]입니다."고 대답했다.

마노아는 그 염소새끼와 곡식제물을 가져다가 야훼를 위하여 쌓은 바위 제단에 올려놓았다. 즉 놀라운 기적들을 행하시는 야훼를 위하여 바쳤다. 제단에서 타오르는 불길이 하늘을 향해 치솟을 때, 마노아와 그의 아내가 지켜보는 가운데 야훼의 천사는 하늘로 올라갔다. 그리하여 그들은 땅에 엎드렸다. 그 천사가 더는 그들에게 나타나지 않았다. 그 때 비로소 마노아는 그분이 야훼의 사자인 것을 알아차리고는 겁이 나서, "우리가 하나님을 보았으니 틀림없이 죽겠구려." 하고 걱정을 했다. 마노아의 아내는 남편을 안심시켰다. "야훼께서 우리를 죽이실 요량이라면, 어째서 우리의 번제와 곡물제를 받으셨겠습니까? 그리고 어째서 이런 모든 일을 우리에게 보이시고, 이런 일들을 지금 우리에게 일러주었겠습니까?"

---

24) 사사기 13장 18절에 나오는 이 히브리 낱말을 개역한글판에서는 '기묘'로, 개역개정판에서는 '기묘자'로 옮겼다.

이런 일이 있은 후에, 그녀가 아들을 낳고 그를 삼손이라고 불렀다. 그 소년이 자랐고 야훼께서 그를 축복하셨다. 삼손이 초르아*와 에쉬타올* 사이에 있는 마하네단(מַחֲנֵה־דָן, '단의 진영')이라는 곳에 있을 때 야훼의 영이 삼손을 격동하기 시작하셨다.

교훈

1. 가나안 땅을 점령하고 살고 있던 이스라엘은 여러 지역에 흩어져 살면서 거의 예외 없이 원주민들의 문화와 종교에 유혹을 당하여 야훼 하나님을 배반하고 원주민들의 신을 섬기는 죄를 범했다.

지방에 따라서 이스라엘 지파들을 괴롭히는 원주민들의 종류가 달랐다. 삼손이 나타난 곳은 단 지파가 살고 있던 서해안 남부 지역인데, 그 지대에 살고 있던 몇 지파는 강력한 블레셋 족속에게 시달려야 했다. 이스라엘 백성은 그들이 사는 지방과 족속이 다를지라도, 그들의 공통분모는 야훼를 배반하고 하나님의 법을 어기고 이방신을 섬기는 점이었다. 하나님은 지파를 막론하고 그들이 어디에 있든지 간에 그들의 범죄를 징벌하셨고, 그들이 회개할 때 다시 구출의 손을 뻗으셨고, 사사를 일으켜 그들을 구원하셨다. 즉 이스라엘은 변해도 하나님은 변하시지 않았다.

2. 하나님은 이스라엘을 사랑하셔서 삼손을 특별한 방법으로 출생시키시고 키우셨건만, 삼손은 일생동안 하나님의 뜻을 제대로 받들지 못함으로써 상당한 위기를 초래했다. 하나님의 부르심에 충성스럽게 응답하고 그 뜻을 따라 사는 것이 쉽지는 않다. 특수한 사명을 가진 자에게는 특수한 몸가짐과 마음가짐이 필요한데, 삼손처럼 그렇지 못한 수가 많다. 우리는 그 전철을 밟지 않아야 할 것이다.

3. 하나님의 큰 사명을 받은 우리는 외형적으로가 아니라 정신적으로 〈나질〉이 되어야 할 것이다. 아무나 하나님의 사자가 되는 것은 아니다. 영적인 면에서 남다른 결심과 훈련과 결행이 필요하다. 삼손과 같이 실패자가 되지 않기 위해서 각별한 주의를 하면서 책임 수행에 힘을 써야 할 것이다. 결국 삼손도 막판에 큰일을 해내기는 했지만, 그것은 어디까지나 하나님의 은혜의 조치였고, 하나님께서 자신의 명예를 위하여 행복한 결말(happy ending)을 이룬 것이 아니겠는가?

삼손의 결혼(삿 14:1-20)

해설

삼손이 성장하여 성년이 된 후 어떤 날에 팀나*라는 곳에 갔는데, 거기서 블레셋 여자 하나를 만났다. 그 여자에게 반한 삼손은 부모에게 그 이야기를 하며 그녀와 결혼을 하게 해 달라고 졸랐다. 그러나 그들은, 친척이나 동족 가운데도 규수가 있을 터인데 할례도 안 받은 블레셋 사람의 딸과 결혼을 한단 말이냐고 하면서 말렸다. 그러나 삼손은 그 여자가 마음에 든다고 하면서 그 여자와 결혼하게 해 달라고 계속 졸라댔다. 그 때는 블레셋이 이스라엘을 정복하고 괴롭힐 때였으므로, 야훼께서는 블레셋을 응징할 계기를 찾고 있던 참이었다. 그리하여 삼손과 그 블레셋 여인의 혼인은 야훼의 책략 속에 들어있던 것이었다. 그러나 삼손의 부모가 그것을 알 리가 없었다.

삼손의 부모는 그의 아들에게 큰 기대를 걸고 있던 터라 삼손이 조르는 바람에 그녀를 보러 같이 팀나*로 내려갔다. 삼손이 팀나*의 포도밭 단지에 왔을 때 젊은 사자 한 마리가 삼손에게 달려들었다. 그 때 야훼의 영이 삼손에게 임하였고, 삼손은 힘을 얻어 마치 염소새끼 한 마리를 찢듯이 맨 손으로 그 사자를 찢어발겼다. 그러나 삼손은 그 사실을 부모님께 말하지 않았다.

그들이 팀나*에 이르러 그 블레셋 여자를 만났는데, 그녀가 삼손을 기쁘게 해주었다. 얼마 후에 결국 삼손이 그 여자와 정식으로 결혼 예식을 올리기 위해서 팀나*로 내려가다가 전에 사자를 죽인 곳에 이르러 그 사자의 유골을 보려고 길에서 벗어나 들어가 보니, 사자의 살은 새들이나 들짐승들의 밥이 되었는지 없어지고 말라빠진 유해 몸통에 온통 벌이 붙어 작업을 하고 있었고, 꿀이 가득하였다. 그래서 삼손은 배도 고프고 꿀이 구미에 당겨서 꿀은 긁어내어 그의 양 손에 움켜 담아가지고 부모가 기다리는 장소까지 나오면서 그것을 먹었다. 부모를 만나서는 그것을 부모에게도 드렸고, 그들 역시 그 꿀을 먹었다. 그러나 삼손은 그 사자의 이야기를 부모님께 말하지 않았다.

삼손의 아버지가 그의 자부가 될 블레셋 여자에게 이르자, 그 지방 풍속대로 신랑 측 곧 삼손이 잔치를 베풀었다. 동네 사람 30명이 삼손을 보려고 나타났다. 그 자리에서 삼손은 아마도 흥을 돋우려고 수수께끼를 내었다. 잔치가 벌어지는 그 이레 동안에 그 수수께끼를 풀면 그들에게 삼베 겉옷 서른 벌과 예복 서른 벌을 줄 것이고, 알아내지 못하면 반대로 그들이 삼손에게 삼베 겉옷 서른 벌과 예복 서른 벌을 주어야 한다고 제안했다. 그러자 손님들이 함의하고 그 수수께끼를 말하라고 했다. 그래서 삼손이 말했다. "먹는 놈에게서 먹을 것이 나왔고, 강한 놈에게서 단 것이 나왔다." 그런데 사흘이 지났지만 그 수수께끼를 푸는 사람이 없었다.

나흘 째 되는 날 그 손님들이 삼손의 아내에게 "네가 네 남편을 구슬려서 우리에게 그 수수께끼의 답을 알아내지 않으면, 우리가 너를 불사르고, 네 아비 집도 불살라버리겠다. 네가 우리를 초대해 놓고 우리를 알거지로 만들 셈이냐?"라고 을러댔다. 그래서 삼손의 아내는 울면서 삼손에게 "당신은 나를 미워하고 있어요. 나를 진정으로 사랑하지 않고 있어요. 당신이 내 백성에게 수수께끼를 내고는 나에게 설명을 하지 않고 있어요." 라고 호소했다. 그러자 삼손은 "여보. 내가 내 아버지와 어머니에게도 말하지 않았는데, 어째서 당신에게 말을 한단 말이요?" 라고 말했다.

그녀는 잔치가 진행되는 그 이레 동안 줄곧 삼손 앞에서 울고 있었다. 그녀가 그토록 끈질기게 조르는 바람에 삼손은 그 답을 아내에게 실토했다. 그러자 그녀는 손님들에게 말해 주었고, 마지막 날 해가 지기 전에 그들이 삼손에게 "꿀보다 더 단 것이 무엇이며, 사자보다 더 강한 놈이 무엇이겠느냐?"라고 그 답을 말했다. 삼손은 자기 아내에게 속을 것을 알고 그들에게 "너희가 내 암소로 밭을 갈지 않았다면, 내 수수께끼를 풀지 못했을 것이다."라고 대꾸했다. 삼손은 자기 아내가 그들과 내통한 것을 알아차렸던 것이다.

바로 그때 야훼의 영이 강력히 삼손에게 임했다. 삼손은 아쉬켈론*으로 내려가 그 동네 사람 30인을 죽이고 그들을 털어서 예복 30벌을 가져다가 수수께끼를 푼 사람들에게 주었다. 삼손은 노발대발하여 그 아버지의 집으로 돌아왔고, 얼마 후에 삼손의 아내는 그녀의 아버지에 의하여 삼손의 들러리 역할을 한 친구의 아내가 되었다.

교훈

1. 삼손은 자기가 〈나질〉이라는 사실을 부모를 통해서나 그의 겉모양을 보아서도 알고 있었을 터인데, 그의 행동은 자유분방한 세속에 물들어 있었던 것 같다. 그리하여 팀나*에서 본 이방 여자에게 반하여 부모의 만류를 뿌리치고 그녀와 결혼을 하겠다고 나선 것이다. 부모의 속을 상하게 한 소명자들이 부지기수이다. 이방인 여자와 결혼하는 것이

얼마나 위험하다는 것을 지성으로는 알면서도 육정을 이기지 못해 그녀와 결혼하고만 삼손의 실패의 경우가 우리에게 전감이 된다.

2. 어떤 인간사가 일반적인 통념에서 잘못된 것으로 판단이 되지만, 만사형통케 하실 수 있는 능력을 가지신 하나님은 인간의 악을 이용하여 다소나마 그의 뜻을 이루시는 것이 사실이다. 가룟 유다가 그리스도를 팔아넘기는 악을 저질렀지만, 그리스도의 죽음은 만인을 구원하는 공로가 됐다. 삼손의 첫 결혼이 부모가 반대하는 결혼으로 이스라엘의 통념을 어기는 것이었지만, 하나님은 그 결혼에서 블레셋을 응징하는 사건을 만들어 내셨으므로, 야훼께서 배후에서 역사하셨다고 말할 수도 있다. 그리하여 야훼의 영이 그 사건 속에서 작용하셨다(14:6; 14:19). 이스라엘 사람 삼손이 하나님 영의 능력으로 블레셋 사람들을 혼내주는 쾌거를 행함으로 야훼의 이름을 어느 정도 나타낸 점에서, 그 사건은 하나님의 영이 관여한 사건으로 간주할 수 있다는 말이다.

3. 삼손은 그의 아내의 구슬림에 넘어가고, 삼손의 아내는 동족의 협박에 넘어가고 말았다. 하나님의 사람도 사람들의 간계에 속는 것이 다반사이다. 하나님의 사람들이 어떻게 하면 남에게 속지 않고 정로만을 걸을 수 있을까? 아마도 항상 조심하며 성령과 그리스도 안에 있으려고 애써야 할 것이다. 성령의 보호가 아니고서는 악의 유혹을 물리칠 도리가 없 다.

4. 삼손이 젊은 사자를 만나는 위기에 직면했을 때 하나님 영의 능력으로써 거뜬히 그 짐승을 찢어발긴 것은 당연한 일이었다. 그 힘을 남용하여 애꿎은 아쉬켈론* 사람 서른 명을 죽이고 그들의 옷을 약탈한 것은 과연 잘 한 일인가? 하나님이 주시는 힘과 재간을 남용하는 일

은 피해야 한다. 그러나 하나님은 삼손의 만용을 통해서라도 불의한 백성 블레셋을 다소나마 응징하신 것이 사실이다. 하나님은 악한 바벨론 군대를 통해서 타락한 이스라엘 백성을 응징하시지 않았는가?

삼손이 블레셋을 쳐부수다(삿 15:1-20)

해설

화가 풀리지 않은 삼손은 얼마 후에, 곧 밀 가을을 하는 계절에 염소새끼 한 마리를 가지고 자기의 옛 아내를 만나러 갔다. 창세기 38장 17절에는 염소새끼 한 마리가 창녀에게 주는 화대(花代)로 되어 있다.

그 집을 찾아간 삼손은 "내 아내의 방에 들어가기를 원한다."라고 했으나, 그녀의 아버지가 막아서며 허락하지 않고, "자네가 내 딸을 거절한 것이 분명하기에, 그녀를 자네 친구에게 주었네. 그러니 그 애 대신에 더 예쁜 그 애 여동생을 자네가 취하면 되지 않겠나?"라고 말하는 것이었다. 삼손의 목적은 트집을 잡아 그 처가와 블레셋 사람들에게 앙갚음을 하는 데 있었다. 그리하여 이제 자기가 하는 일은 정당하고 책잡을 수 없는 것이라고 선언하고는 그들에게 복수하기 시작했다.

삼손은 들로 나가서 여우 300마리를 잡았다. 그리고 여우를 두 마리씩 꼬리를 묶어서 거기에 횃불을 매달아 아직 추수하지 않은 블레셋 사람들의 밀밭과 포도밭과 올리브 밭으로 들여보냈다. 그리하여 모든 곡식을 태워버렸다.

블레셋 사람들은 그게 누구의 짓인지 알려고 수소문하였다. 사람들은 삼손의 처가 집에서 그 딸을 삼손의 친구에게 내어준 까닭에 일어난 일일 것이라고 말했다. 그 사실을 알게 된 블레셋 사람들은 그 집에 달려들어 그녀와 그녀의 아비를 불태워 죽이고 말았다.

거기서 삼손은 맹세하면서 끝까지 복수를 하겠다고 선언했다. 삼손은 닥치는 대로 블레셋 사람들을 죽였다. 그리고는 내려가서 에탐*이라는 바위 절벽에서 기거했다.

이 사건으로 말미암아 블레셋 사람들은 삼손이 기거하는 유다 지파 경내로 진격하여 들어와서 레히(לְחִי, '턱뼈')를 공격했다. 이에 유다 지파 사람들이 항의하자, 블레셋 사람들은 삼손이 한 짓을 응징하려고 그를 붙들러 왔다고 그 사유를 알렸다.

그래서 유다 지파 사람 삼천 명이 에탐* 바위 절벽으로 내려가서 삼손에게 "블레셋 사람들이 우리를 다스리고 있는 사실을 네가 알고 있으면서, 어떻게 이런 일을 했느냐?"라고 말했다. 삼손은 당당했다. "그들이 내게 한 그대로 나도 그들에게 한 것뿐입니다." 그러자 유다 지파 사람들이 삼손에게 말했다. "우리가 너를 블레셋 사람들의 손에 넘기려고 너를 묶으러 왔다." 삼손은 그들에게 타협안을 냈다. 즉 그들이 자기를 공격하지 않겠다고 맹세한다면 순순히 묶여서 가겠다는 것이었다. 타협이 이루어져서, 그들이 삼손을 두 개의 밧줄로 묶어서 블레셋 군대가 있는 레히로 데려갔다. 그러자 블레셋 사람들은 환호성을 올리면서 삼손을 맞았다.

바로 그 순간 야훼의 영이 삼손에게 세차게 임하였다. 삼손의 손을 묶었던 밧줄들이 불에 탄 삼베처럼 되어 삼손의 손에서 녹아내리고 말았다. 그러자 삼손은 생생한 나귀 턱뼈를 발견하여 그것으로 1000명의 블레셋 군인을 죽였다. 신이 난 그의 입에서는 시가 터져 나왔다. "나는 한 나귀의 턱뼈로 일천 명을 죽였다. 나귀 턱뼈로 죽은 시체가 태산 같구나." 이런 시를 읊고 나서 삼손은 그 뼈를 던져버렸다. 그 뒤로 사람들은 그 곳을 라맛레히(רָמַת לְחִי, '턱뼈의 언덕')라고 불렀다.

천 명을 단숨에 도륙한 삼손은 목이 말라 죽을 지경이었다. 그 곳에는 샘이 없었던 모양이다. 그래서 삼손은 야훼께 호소했다. "당신께서 당신의 종의 손으로 이 큰 승리를 이루셨는데, 이제 이 종이 목말라 죽어야 합니까? 할례 받지 않은 더러운 사람들의 손에 죽어야 하겠습니까?" 이 호소를 들으신 하나님께서는 레히에 있는 우묵한 곳을 터뜨려서, 거기서 물이 나오게 하셨다. 물을 마신 삼손은 정신을 차릴 수 있었다. 그래서 그 곳 이름을 엔학코레*(עֵין הַקּוֹרֵא, '부르신 분의 샘')라 부르게 됐다.

삼손은 블레셋 사람들의 시대에 이스라엘을 이십 년 동안 다스렸다.

교훈

1. 삼손의 아내가 자기 남편을 배신해 그 일로 말미암아 삼손은 앙심을 품고 블레셋 사람들에게 복수하기로 결심했고 드디어 블레셋 사람들은 자기들에게 있던 밀과 포도와 올리브 등 모든 농작물이 망가지는 화를 입었다. 이어서 삼손의 아내와 그 처가가 동족에게 몰살 당했다. 이는 다 배신 때문에 생긴 무서운 결과들이다.

비록 민족이 서로 다르더라도 한 남자와 한 여자가 일단 결혼하고 나면 두 사람은 믿음으로 결속된 한 몸인데, 남편이나 아내가 그 신의를 버리고 배신함은 큰 죄이고, 그 대가가 얼마나 큰지 알아야 한다.

2. 삼손의 앙갚음에 분개한 블레셋 사람들은 대거 이스라엘 사람들과 전쟁을 선포하기에 이르렀다. 애 싸움이 어른 싸움이 되는 격으로 삼손의 사돈 간의 싸움이 점점 커져서 민족 전쟁이 되었다. 작은 싸움을 하지 않았더라면, 큰 싸움은 없었을 것이 아닌가? 개인 관계를 제대로 잘 유지하는 것이 사회와 민족과 국가의 평안에 이바지 하는 일이 된다.

3. 삼손의 과대한 행패가 블레셋을 격동시켰고, 이스라엘은 블레셋에게 공격을 받아야 하는 위기에 몰리게 되었다. 이스라엘은 블레셋 사람들에게 통치를 받고 있던 터인데, 삼손의 행패 때문에 설상가상 더 큰 어려움을 당하게 된 것이다.

야훼 하나님은 여기서 이스라엘 편이 되어 위기일발의 순간에 삼손을 통하여 블레셋의 공격을 저지하시고, 20년간의 태평성세가 이루어지게 하셨다. 이스라엘을 편애하시는 하나님이시기도 하지만, 블레셋이 워낙 난폭하였기에, 이스라엘의 호소를 들으시고 삼손의 손을 빌어 그들을 응징하시고, 이스라엘에게는 평강을 주신 것이다.

야훼의 영(15:14)이 움직이는 대로 대세는 기울어진다. 삼손에게 야훼의 영이 세차게 임하시자, 삼손은 나귀 턱뼈 하나를 가지고도 블레셋을 이겨낼 수 있었던 것이다.

4. 나귀의 턱뼈 하나로 블레셋 사람 천 명을 죽이는 삼손의 눈부신 활동은, 하나님의 영이 가담하셔서 된 일이라 하더라도, 인간 삼손의 노고도 헤아릴 수 없이 컸다. 결국 목이 말라 죽을 지경까지 이른 결렬한 혈투였다. 삼손은 전력투구하였고, 젖 먹은 힘까지 다 내어 싸운 것이다. 만일 그러한 상황에 물이 없었더라면 삼손은 블레셋 사람들에게 붙들려 갈 수도 있는 처지였다. 또 하나의 위기가 거기 있었던 것이다. 그러나 삼손은 그 위기를 믿음으로 해결했다. 즉 하나님께 그 사정을 아뢰었고, 하나님은 기적으로 물을 내셔서 그를 살려내셨다. 결국 삼손의 승리는 하나님의 도우심에서 온 것이다.

삼손과 들릴라(삿 16:1-22)

해설

삼손은 외모도 특별나고, 그의 괴력으로도 이름난 이스라엘의 사사였으므로, 그가 나타나자 가자* 성은 긴장도 하고 시민들 사이에는 온갖 쑥덕공론이 오갔을 것이다.

정식으로 부부생활을 하지 않던 삼손은 타향에 오자 창녀의 집을 찾아들었다. 그 여자는 아마도 그 지대에서는 매우 이름난 창녀였는지 모른다. 누구나 보면 알 수 있는 명물이 나타났기 때문에, 아니면 삼손이 남몰래 찾아간 그 창녀의 제보(提報)에 의해서였는지도 모르지만, 삼손이 그 창녀의 집에 있다는 정보를 들은 시민들은 이를 삼손을 없애버릴 절호의 기회로 알고 음모를 꾸몄다. 삼손이 필시 그 창녀의 집에서 밤을 지내고 아침이면 살짝 성문을 빠져나갈 것으로 판단한 시민들은 성을 둘러쌌을 뿐 아니라, 그가 빠져나갈 성문 가에 무리를 지어 단단히 무장을 하고 매복하여 날이 밝기를 기다리고 있었다.

그러나 삼손은 한밤까지만 그 창녀의 집에 있다가, 밤중에 일어나서 빗장으로 걸어 잠근 성문과 그 대문의 문설주까지 뽑아서 메고는 헤브론 앞에 있는 산정까지 올라갔다. 가자*에서 헤브론까지는 40마일이나 되는 거리였다(150리가 넘는 거리). 이 사실을 안 블레셋 사람들은 어안이 벙벙하였을 것이고, 삼손의 힘에 완전히 압도되고 말았을 것이다. 즉 그들의 힘으로는, 곧 정공법으로는 삼손을 제압할 수 없다는 결론을 내린 듯하다. 결국 속임수를 쓰는 길밖에 없다는 판단을 내렸을 것이다.

이런 일이 있은 지 얼마 뒤에 삼손은 예루살렘 남서쪽에 위치한 소렉 계곡에 사는 여인 들릴라와 깊은 사랑의 관계에 빠져들었다. 수시로 삼손의 거동을 지켜보던 블레셋 사람들은 또 하나의 기회를 포착했다.

이번에는 블레셋의 여러 영주(領主)들이 결탁하여 삼손을 제거하려고 나섰다. 영주 한 사람이 은 천 백 개씩을 주는 조건으로 들릴라를 매수한 것이다. 들릴라로 하여금 삼손을 꾀어 그 힘의 소재를 알아내고, 어떻게 해야 그를 묶어놓을 수 있는지를 알아내게 하려는 것이었다. 들릴라가 갖은 애교를 다 피우면서 삼손에게 물었을 것이다.

그러나 삼손은 들릴라의 꾐에 호락호락 넘어가지 않았다. 오히려 들릴라를 농락했다. 완전히 마르지 않은 새 활시위 일곱 줄로 자기를 묶으면 자기가 약해지고 보통 사람과 같아진다고 말하자, 들릴라는 영주들에게 그것을 알렸고, 그들은 부랴부랴 아직 다 마르지 않은 새 활시위 일곱 줄을 그녀에게 가져다 주었다. 그리고는 그녀의 내실에 숨어 있었다. 들릴라가 삼손을 일곱 겹의 활시위를 가지고 묶어 놓고는 "삼손! 블레셋 사람들이 당신을 잡으러 옵니다."라고 말했다. 그러면 삼손은 묶인 채 맥없이 블레셋 사람들의 손에 넘어갈 줄 알았으리라. 그러나 삼손은, 실 한 오라기가 불에 닿으면 타버리듯이, 그 활시위들을 단번에 끊어버리는 것이었다.

들릴라는 결국 삼손의 힘의 비밀을 알아내지 못한 것이다. 들릴라는 큰 부자가 될 수 있는 절호의 기회를 어찌 놓치려 했겠는가? 그리고 블레셋 사람들이 어찌 단념했겠는가? 들릴라는 삼손에게 아양을 떨면서, 어째서 자기에게 거짓말을 했는가, 어찌 그토록 자기를 놀려먹을 수 있는가 라고 하면서 그 비밀을 알려 달라고 졸라댔다.

삼손은 다시 그녀에게 장난을 쳤다. 즉 한 번도 사용한 적이 없는 새 밧줄을 가지고 자기를 매면 여느 사람처럼 되고, 맥을 쓰지 못한다고 했다. 들릴라는 그 소식을 영주들에게 전했을 것이고, 새 밧줄을 그녀에게 가져다주었을 것이다. 들릴라는 여러 겹의 밧줄로 삼손을 묶어놓았다. 그리고는 "삼손! 블레셋 사람들이 들이 닥칩니다."라고 일렀다. 그러나 삼손은 그 밧줄들은 실 한 오라기를 끊듯이 끊어버렸다.

들릴라는 포기하지 않고 세 번째로 시도했다. 이번에는 삼손이 또 다른 방식을 말했다. 즉 자기의 머리의 털을 일곱 가닥으로 나누어 배틀 날씨와 섞어서 짠 다음에 말뚝으로 단단히 조여 놓으면 자기에게서 힘이 빠지고, 자기가 여느 사람처럼 된다고 말했다. 그래서 들릴라는 삼손이 잠들었을 때 그의 머리카락을 일곱 가닥을 나누어 배틀 날과 섞어 짠 다음에 말뚝으로 그것을 단단히 조여 놓았다. 그리고는 종전처럼 "삼손, 블레셋 사람들이 들이 닥칩니다."라고 소리쳤다. 그러나 삼손은 잠에서 깨어나 말뚝과 베틀과 피륙을 다 뽑아버렸다.

세 번이나 농락당한 들릴라는 "당신의 마음은 나와 함께 있지 않으면서 어떻게 나를 사랑한다는 말을 합니까?"라고 하면서 불쾌감을 나타냈다. 그러면서도 포기하지 않고 갖은 애교와 간청으로 끈질기게 졸라댔다. 삼손은 귀찮아 죽을 지경이 되었다. 그래서 마침내 그의 비밀을 들릴라에게 털어놓기에 이르렀다. 자기는 모태에서부터 〈나질〉이고, 자기 머리에는 삭도를 댄 적이 없다는 것이었다. 머리카락을 미는 순간 자기는 힘이 빠지고 다른 사람과 같아진다고 고백했다. 들릴라는 삼손의 비밀을 전부 듣자 블레셋 영주들을 불러 그 비밀을 알아냈다고 실토했다. 이번에는 거짓이 아니라는 심증을 가지고 그 영주들은 약속한 은을 들릴라에게 모두 가져다주었다. 들릴라 역시 든든히 하기 위해서, 약속금부터 챙긴 것이다. 들릴라는 자기의 따스한 무릎에 삼손의 머리를 누여 잠들게 한 다음에 한 사람을 불러 일곱 가닥으로 가른 삼손의 머리카락을 삭도로 밀어버리게 했다. 삼손은 힘이 약해지기 시작했고, 드디어 그의 힘은 사라지고 말았다. 들릴라는 "삼손, 블레셋 사람들이 들이 닥쳤어요."라고 말했다. 들릴라의 말을 듣고 삼손이 잠에서 깨어나서는, "내가 다른 때처럼 나가서, 마음대로 힘을 쓸 거야." 라고 생각하였지만 야훼가 이미 자기를 떠나셨다는 사실을 알지 못하고 있었다. 숨어 있던 블레셋 사람들이 달려들어 그를 붙들었고, 그의 눈알을 파냈다. 그들은 삼손을 소렉에서 가자*로 데리고 내려가 구리로 만든 족쇄를 채우고, 감옥에서 연자 돌을 돌리게 하였다. 그러는 중에 그의 머리카락은 다시 자라기 시작했다.

교훈

1. 지위 여하를 막론하고 한 남자가 정상적 가정생활을 하지 않거나 못할 때 유혹의 덫에 걸리기 쉽다. 삼손은 이스라엘의 사사라는 지위와 중책을 가지고 있으면서도 가정생활의 파탄으로 인해서 그릇된 길을 걸었고, 그 결과 자신에게 몇 차례 위기를 불러들인 적이 있었다. 적지(敵地)나 다름없는 곳에서 창녀를 찾아들어감으로써 큰 봉변을 당할 뻔 했다. 그런 사람에게도 다행히 하나님은 힘을 주어 괴력을 발휘하게 하셔서 난국을 피하고 위세를 들어내게 했던 것이다. 그것은 하나님의 관대함을 보이신 것뿐이지 삼손의 소행을 긍정하거나 재가하신 것은 아니다. 임직자는 어디까지나 하나님의 법도를 따라야 할 것이다. 그것이 자신과 하나님의 명예를 위한 길이다.

2. 삼손이 이방 여인 들릴라를 열애하게 된 것 자체가 악하다고 할 수는 없다. 그러나 사사의 직책을 가진 자로서는 만사를 신중히 했어야 했다. 팔은 안으로 굽기 마련이기에, 적의를 가지고 있는 블레셋 사람 가운데서 한 여인을 사랑하게 되었을 때는 거기에 반드시 음모가 있고 위기가 닥칠 수 있음을 짐작했어야 했다. 사랑에 눈이 어두워지면 사리 판단도 흐려진다. 특히 이스라엘 사사인 자기 한 사람의 실수와 파멸이 이스라엘 전체의 손해와 멸망을 초래할 수 있음을 생각했어야 했다. 그런데 삼손은 일신의 쾌락을 일삼고 색에 빠져서 자신의 신세를 망치고 이스라엘 전체에게 위기를 몰고 온 것이다.

3. 삼손은 〈나질〉로서 야훼 하나님과 맺은 언약을 끝까지 지켰어야 했는데, 결국 색을 탐하다가 그 언약을 파기하는 지경에 이르렀고, 마침내 그 계약은 파기될 수밖에 없었다. 즉 하나님도 삼손을 버릴 수밖에 없었고, 따라서 삼손은 일반인과 같이 무력한 존재가 되어버렸다. 하나님과 맺은 언약은 엄위한 것이다. 그것을 일방적으로 파기할 때, 그 약속은 무효가 될 수밖에 없다. 그런데 하나님은 다시 이스라엘을 위하여 은총을 베푸시고 삼손에게 마지막으로 다시 힘을 주셔서 다곤 신당을 무너뜨리는 괴력을 발휘하게 하셨다. 그것은 전적으로 이스라엘을 향한 하나님의 사랑과 은총에서 오는 소치였다.

4. 야훼 하나님이 삼손과 같이 계시는 한 삼손은 힘을 쓸 수 있었다. 그러나 하나님이 그와 같이 계시지 않을 때, 삼손은 무력한 자가 되고 말았다. 임마누엘로 오신 하나님의 아들을 언제나 모시고 사는 한 우리도 힘을 쓸 수 있다. 그렇지 않을 때는 무력한 자가 되고 만다.

삼손의 죽음(삿 16:23-31)

해설

삼손은 자업자득으로 블레셋 사람들의 감옥에서 짐승처럼 연자 맷돌을 돌리고 있는 신세가 되었다. 하나님이 이미 그를 떠났지만(16:20), 남은 한 번의 기회를 주시려는 하나님의 계획은 진행되고 있었다. 즉 하나님이 주시는 힘의 상징인 삼손의 머리카락은 블레셋인들에 의하여 강제로 깎였지만 다시 점점 자라고 있었다(16:22).

블레셋의 여러 영주들은 자기들이 삼손을 생포한 것을 감사하는 굉장한 기념 예배를 자기들의 신 다곤에게 드리려고 모였다. 만조백관이 모인 자리에서 "우리의 신이 우리의 원수 삼손을 우리 손에 넣어주셨소."라고 하며 삼손을 끌어내 세웠다. 아마도 소문만 듣고 있었을 백성들이 직접 삼손을 보자, "우리나라를 해코지하고, 우리 백성을 많이 죽인 우리의 원수를 우리의 신이 우리 손에 넣어주셨구나."라고 하면서 그들의 신을 찬미하였다.

그들은 기쁜 나머지 삼손을 불러 세워 무언가 자기들을 즐겁게 하는 행동을 해보라고 하였다. 그들은 그 집회 장소의 지붕을 받들고 있는 중심 기둥들 사이에 삼손을 세워 놓고는 무슨 짓이든 해 보라고 했다. 앞을 못 보는 삼손은 그의 손을 잡고 인도하는 사람더러 그 기둥들에 의지하고 서려고 한다고 하면서 자기를 그 중앙 기둥들을 만지게 해 달라고 했다.

그 거대한 회합 장소에는 블레셋 영주가 다 모였고 남녀 귀빈들이 가득 찼다. 그리고 그 옥상에도 삼손의 동작을 보러 모인 남녀 삼천 명이 올라가 있었다. 이 자리에서 삼손은 마지막으로 야훼를 불러 다시 한 번 자기를 기억하시고 힘을 달라고 호소하였다. 자기 눈을 파 낸 그 원수들의 원수를 갚게 해 달라는 것이었다. 그리고는 삼손은 그 중앙 기둥 둘 사이에 서서 양 손을 두 기둥에 하나씩 대고, "블레셋 사람들과 함께 죽게 해 주십시오."라 하고는 전력으로 기둥들을 밀어댔다. 그러자 기둥이 부러지면서 그 육중한 돌집, 삼천 명을 싣고 있던 돌집이 무너져 내렸다. 그 바람에 죽은 사람의 수가 그때까지 삼손이 죽인 사람의 수를 능가했다.

이런 일이 있은 후 삼손의 형제들과 가족이 내려와서 삼손의 시체를 거두어 가지고, 그의 아버지 마노아가 묻힌 땅에 같이 묻었다.

삼손이 이스라엘의 사사로서 다스린 햇수는 이십 년이었다.

교훈

1. 사람은 삼손처럼 자업자득, 자승자박의 행동을 한다. 그것이 하나님 세계의 공리이기도 하다. 역사의 주인이신 하나님은 공의의 하나님이시기 때문이다. 그것이 일반법인 것이 사실이지만, 하나님은 또한 때때로 특수한 법을 가지시고 일반법을 초월하시는 사건을 일으키시기도 하신다. 삼손의 머리카락을 다시 돋아나게 하시고 그에게 다시 괴력을 주셔서 블레셋 사람들을 복수하게 하신 일은, 하나님의 은총과 선택의 원리로만 해석될 수 있는 사건이다.

2. 삼손은 비록 어리석어서 자업자득의 벌을 받았지만, 그런 사람을 통해서도 하나님은 큰 역사를 이루시고, 자신의 영광을 나타내실 수 있는 분이시다. 20년이라는 짧지 않은 세월 동안 하나님은 삼손을 통하여 선민 이스라엘에게 행복을 주셨던 것이다. 블레셋 사람들은 삼손을 생포하여 그들의 신 다곤에게 축하 예배까지 드렸지만, 최후의 승리자는 야훼 하나님이셨다. 야훼를 이길 자는 아무도 없다. 어떤 신도 어떤 인간도 그 하나님을 깔보아서는 안 된다.

미카(여후)의 신당과 우상숭배(삿 17:1-13)

해설

사사 시대 말기를 한 마디로 표현한다면 "이스라엘에 왕이 없었고, 모든 백성이 자기 보기에 옳은 대로 행했다."(17:6; 18:1; 19:1; 21:25)는 것이다. 17-21장에 들어 있는 이야기들은 2장 6절-3장 6절에서 말한 주기(cycle) 곧 '번영' - '배반' - '원수들의 탄압' - '회개' - '사사를 통한 구출'이라는 차례를 따르지 않고, 이스라엘 지파들 간의 자기 파멸적인 알력을 말해 준다.

에브라임 산지에 미카여후*(מִיכָיְהוּ, '야훼와 같은 자')라는 사람이 있었다. 그가 자기 어머니에게 다음과 같이 말했다. "어머니에게서 제가 가져간 그 은 천 백 개는 어머니가 저주하신 것으로 저도 그 저주의 말씀을 들었는데, 그 은은 지금 제 소유입니다. 내가 그것을 가졌습니다. 그러나 이제 그것을 어머니께 돌려드리겠습니다." 아마도 블레셋 영주 중의 하나가 삼손을 제거할 때 들릴라에게 뇌물을 주려고(16:5) 미카여후*의 어머니에게서 은 천 백 개를 강제로 빼앗아 갔고, 삼손과 함께 블레셋 영주들이 몰살당한 후에 미카여후*가 들릴라에게 가서 그 은 천백 개를 도루 찾아온 것으로 보인다.

미카여후*의 어머니는 아들의 말을 듣고 얼마나 기뻤겠는가! 그래서 그 어머니는 "내 아들에게 야훼의 복이 있을지어다!"라고 축복했다. 은 천 백 개를 돌려받은 어머니는, "나는 내 아들을 위하여 내 손으로 그 은을 야훼께 헌납한다. 그것으로 쇠붙이를 녹여서 우상을 만들기 위해서 말이다."라고 말했다. 그 어머니는 은 이백 개를 가져다가 은장색에게 주었고, 은장색은 그것을 녹여 부어 우상 하나를 만들었다. 그리고 그것을 미카여후*의 집에 모셨다. 미카여후*는 신당(神堂)을 만들고, 에봇(제사장의 복장)과 데라빔*〔神像〕을 만들고, 자기 아들들 중의 하나를 제사장으로 세웠다. 이것이 바로 그 시대상의 일면이었다. 이스라엘을 다스리는 임금이 없었고, 백성들은 제멋대로 살았던 것이다.

베들레헴에 레위 사람 하나가 살고 있었는데, 그가 베들레헴을 떠나 에브라임 산지에 있는 미카여후*의 집으로 왔다. 그 집에서 레위 사람의 직책을 수행하기 위해서였다. 미카*25)의 집에 신당이 있다는 말을

25) '미카'는 '미카여후'의 짧은 꼴이다.

들었기 때문이었을 것이다. 미카*가 그에게 어디서 왔는가 라고 물었더니, 자기는 레위인이고 베들레헴에서 살다가 살만한 곳이 어디 있을까 해서 다닌다는 것이었다. 미카*는 그가 레위인이라는 말에 구미가 당겼던 모양이다. 그에게 자기와 같이 있으면서 자기에게 아버지와 제사장이 되어 달라고 했다. 그렇게 한다면 일 년에 은 백 개를 주고, 옷과 기타 생계 책임을 지겠다고 제안했다. 미카*가 홀어머니 밑에서 자랐던 모양이다.

그 젊은 레위인은 미카*의 제안을 받아들이고, 미카*의 친 아들들 중의 하나와 같이 되었다. 미카*는 그 레위인을 그의 제사장으로 임명하였고, 미카*의 집에서 살았다. 그리고 미카*는 "이 레위인이 나의 제사장이 되었으니 야훼가 나를 번영하게 하실 것을 내가 안다."고 말했다.

이처럼 이스라엘의 종교가 문란하고 혼돈 상태에 이르렀던 것이다. 즉 야훼 종교와 우상숭배가 뒤죽박죽이 되어 있었다.

교훈

1. 미카여후*는 자기 이름이 "야훼 같은 사람"을 뜻하는데도 그 이름에 걸맞지 않게 야훼가 가장 싫어하는 우상을 만들어 신당에 모시고 사설 종교를 차렸다. 많은 사람들은 야훼를 모신다고 하면서도 실상은 자기를 중심하거나 자기 편의를 위해서 사설 종교, 가족 종교를 만들어 그 안에서 안주하려고 한다.

종교계에 지도자가 없어지고 암흑시대가 되면서 이스라엘 사람들은 야훼와 그의 법도를 떠나 저마다 자기 나름대로 우상을 만들어 섬기게 되었다.

2. 하나님께서 모세를 통하여 주신 전통적인 종교 규범이 있는데도 사사 시대의 이스라엘 백성은 그것을 무시하고 살아 그 종교생활이 혼란스러웠다. 레위 사람을 제대로 대우하지 않기 때문에 유랑하는 레위인이 생겼던 것 같고, 아론의 집안에 속하지 않는 사람은 제사장이 될 수 없는데도 일반 레위인을 제사장으로 세우거나 일반 레위인이 제사장 행세를 하는 등 완전히 질서가 무너진 것이다. 비정상적인 종교행위를 하면서도 야훼께 복을 받으려고 한 것이다.

그런 행동은 오늘 우리들에게서도 얼마든지 발견된다. 하나님 보시기에 황당한 이상한 사이비 종교 생활을 하면서도 하나님의 복이 자기에게 임하리라고 믿고 있는 사람들이 얼마든지 있지 않은가?

3. 미카* 집 신당의 제사장(미카*의 아들과 그 집에 찾아든 레위 사람)처럼 자격 없는 사람들이 성직자로 사칭하고 성직자 생활을 하는 일이 예나 오늘이나, 또 어디나 있는 것이 사실이다. 사람은 종교심을 가지고 있기에, 자기 나름대로 종교를 만들려고 하는 것을 어찌 막을 수 있겠는가? 그러나 계시의 하나님께서 제시하신 표준을 찾아서 제대로 종교생활을 해야 할 것이다.

단 지파의 이주(삿 18:1-26)

해설

여호수아를 영도자로 한 가나안 정복 사업은 그리 완전한 것이 아니었다. 이스라엘 열두 지파들이 어렴풋이 그들의 영토를 받았지만 어떤 지파는 지정된 곳에 정착하지 못하고 유랑하는 생활을 하기도 했다. 본토인들의 저항이 거세거나, 때로는 그 원주민들에게 밀려서 쫓겨나는 일도 있었을 것이다. 단 지파가 그런 지파에 속한다.

가나안 서해안 지방을 배회하면서 정착지를 탐색하면서 살던 단 지파 사람들이 다섯 명의 용사들을 택하여 적극적으로 그들의 정착지를 탐색하게 했다. 그 다섯 명의 용사들이 에브라임 산지에 있는 미카*의 집에 이르러 그 집에서 며칠 동안 머물게 됐다. 거기에 있는 동안 젊은 레위 사람의 음성을 듣고, 그에게 추궁했다. 누가 그를 데려왔고, 거기서 하는 일이 무엇인지를 물었다. 그 레위 사람은 미카*가 한 일을 말해주며 미카*가 자기를 고용하여 그의 제사장이 된 것을 밝혔다.

그러자 그 용사들은 제사장의 영험(靈驗)을 믿고, 자기들이 하는 일이 성공할 것인지를 하나님께 여쭈어 봐 달라고 그에게 부탁했다. 그러자 그 제사장은 계시라도 받은 듯이 "당신들이 맡은 사명은 야훼의 눈에 들었으니, 잘 가십시오."하고 대답했다.

그래서 그 다섯 사람은 그 곳을 떠나 헐몬* 산록에 있는 라이쉬*로 갔다. 그리고 거기 사는 사람들을 보니, 그들은 시돈 사람들처럼 안정된 생활을 하고 지상에서 없는 것이 없이 풍요를 누리며 조용하게 남의 눈치를 보는 일 없이 사는 것이었다. 게다가 그들은 시돈 사람들과는 거리가 멀고 아람과도 무관하게 사는 것이었다.

그 용사들이 돌아와서 그들의 부족 사람들에게 말했다. "우리가 보니 그 땅은 매우 좋았습니다. 어서 지체하지 말고 그리로 가서 그 땅을 차지합시다! 여러분이 그 땅으로 가도 거기 사람들이 아무도 수상쩍게 생각하지 않을 것입니다. 그 땅은 넓고, 하나님이 그 땅을 여러분의 손에 넣어주신 것이 분명합니다. 거기에는 모든 것이 풍부합니다."

그 말을 들은 단 지파 사람 육백 명이 무장을 하고 그들이 살던 초르아*와 에쉬타올*을 떠나 우선 유대 땅 키르얏여아림*으로 올라가 야영을 했다. 그리고 거기서 에브라임 산지로 가서 미카*의 집에 이르렀다. 거기서 그 다섯 용사가 그들의 동료들에게 말했다. "당신들은 이 건물 안에 에봇과 신상들과 금속을 녹여 부어서 만든 우상이 있다는 사실을 압니까? 그러니까 이제 여러분이 해야 할 일을 생각하시오." 그런 암시를 받은 단 지파 사람들이 미카*의 집으로 가서 무장을 하고 그 집 대문을 지키고, 그 다섯 용사는 그 젊은 레위 사람이 있는 집으로 들어갔다.

그 젊은 제사장은 문간에 선채 불청객들의 침입을 지켜보고 있을 수밖에 없었다. 그 다섯 명은 신당으로 들어가 부어서 만든 우상과 에봇과 신상들을 거두어 가지고 나왔다. 그 때 문간에 속수무책 서 있던 그 제사장은 "도대체 이게 무슨 일입니까?"하고 항의를 했다. 그러자 그 다섯 용사는 "조용히 하십시오, 손으로 입을 막으시오. 그리고 우리를 따라 갑시다. 우리 아버지와 제사장이 되어주시오! 당신이 한 사람의 집 제사장이 되기보다, 한 지파나 한 가문의 제사장이 되는 것이 더 낫지 않겠소?"라고 하는 것이었다. 그러자 그 제사장은 아마도 타의 반 자의 반으로 그들의 제안을 받아들였다.

그들은 어린 아이들과 가축과 물건들을 앞세우고 여행을 계속했다. 그들이 미카*의 집에서 상당한 거리까지 올라왔을 때, 미카*의 집 근처에 살던 사람들이 달려 나와 단 지파 사람들을 따라 잡았다. 붙들린 단 지파 사람들이 미카*에게 돌아서서 말했다. "무슨 일로 이렇게 한 부대를 거느리고 오셨습니까?"고 하자, "당신들이 내가 만든 나의 신들을 가지고 제사장을 데리고 가니, 내게 남을 것이 무엇이오? 그러고도 나더러 '무슨 일이요?'하고 물을 수 있단 말이요?"라고 미카가 대답했다. 그러자 중무장을 한 단 지파 사람들은 오히려 공갈조로 응수했다. "더는 아무 말도 하지 않는 것이 좋을 것입니다. 여차하면 성급한 내 동료들이 당신을 공격할 것이고, 당신과 당신의 가족은 생명을 잃을 수 있을 것이오." 단 지파 사람들은 당당히 그들의 여행을 계속했고, 자신의 약세를 자인한 미카*는 집으로 돌아올 수밖에 없었다.

교훈

1. 단 지파에서 삼손과 같은 걸출이 나타났고, 그의 통치의 혜택으로 그 지방 이스라엘 사람들이 이십 년이나 평안히 살았지만, 워낙 그 해안지대는 블레셋 사람들의 행패가 심하여, 단 지파사람이 뿌리를 깊이 박고 살 수가 없었던 것 같다. 그래서 보다 더 안전한 지대를 물색하던 중, 단 지파의 대표들이 에브라임 산지에서 미가의 집에 들렀을 때, 그 집이 융성하고 안정된 생활을 하는 것을 보았을 때 매우 부러운 생각이 났을 것이다. 어째서 미가의 집은 그렇게 잘 사는 것일까 내심 수상하게 생각하던 중 그 집에 신당이 있고, 레위인 제사장이 있어서 예배를 집전하는 소리를 듣고는, 그 제사장을 추궁해 나가다가, 그 집의 종교 상황을 전해 듣게 되었던 것이다. 단 지파 대표들은 미가의 행복의 원천이 그의 종교 생활에 있다고 판단하였다. 그래서 북쪽으로 이주하는 단 지파 사람들은 새 지방에서 살 때 보다 더 평안한 생활을 하려는 욕심으로, 미가 집의 우상들과 신성한 물품을 폭력으로 빼내고, 제사장까지도 강제로 데려갔다.

하나님을 믿는 종교를 사람들이 자기들의 권력 아래 두고, 하나님을 자기들 마음대로 부리려고 하는 것은 어리석은 생각이다. 세상의 모든 다른 종교가 그런 부류에 속한다고 본다. 사람들이 만든 우상을 섬기는 종교는 다 그런 유라고 보아야 한다.

이스라엘 백성이 참 하나님을 배반하고, 하나님 아닌 우상을 만들고, 자기들의 권력 아래 둠으로써, 신(神)을 꼭두각시로 만드는 어리석은 짓을 한 것이다.

2. 결국 단 지파 사람들이 북쪽으로 이주하면서, 동족인 에브라임 사람 미카*의 신당을 털고, 그 제사장까지 강제로 빼내어 자기들의 행복과 안전을 도모하였으니, 집안싸움을 한 셈이다. 형제가 서로 돕고

보태주고 이롭게 해 주려고 해야 할 터인데, 그들은 서로 싸우며 자기 이익만을 도모한 것이다. 유치하고 어리석은 일이 아닐 수 없다. 하나님을 사고 팔 수 있다고 생각하는 어리석은 생각을 한 것이다. 형제가 우애하지 않으면서 하나님을 섬긴다 하고, 축복을 받겠다고 하는 것은 망상일 수밖에 없다.

단 지파가 라이쉬*에 정착하다(삿 18:27-31)

해설

단 지파 사람들이 미가가 만든 우상과 그 부속물들을 탈취하고 그에게 속한 제사장까지 강제로 끌고 라이쉬*에 왔다. 그 곳 사람들은 조용하고 남을 의심하지도 않는 사람들이었다. 그런 그들을 단 지파 사람들이 검으로 죽이고 그 도시를 불살라버렸다. 아무도 라이쉬* 사람들을 돕는 사람이 없었다. 시돈은 너무도 멀고, 아람 사람들과도 무관한 생활을 했기 때문이었다.

단 지파 사람들은 거기에 도시를 재건하고 거기서 살았다. 그리고 본래 라이쉬*라는 도시 이름을 단이라고 개명했다. 그리고는 단 지파 사람들이 자기들을 위하여, 미카*의 집에서 가져온 우상을 세워놓았다. 그리고 모세의 손자 요나단과 그의 아들들이 주전 721년에 북왕국이 패망하고 단 지파가 그 땅에서 끌려갈 때까지 단 지파의 제사장 노릇을 했다.

그리고 단 지파는 군주국이 생기기 전에 정식으로 하나님의 집이 실로에 세워질 때까지 미카*의 신당에 있던 우상을 자기들의 것으로 삼고 있었다.

교훈

단 지파 사람들은 성곽도 만들지 않고 조용히 살고 있는 순진무구한 라이쉬* 사람들을 죽여 버리고 그들의 도시를 불사르고 강점하였으며 단이라는 이름으로 개명까지 했다. 과연 잘한 일일까?

라이쉬*의 문물이 이스라엘 사람들을 유혹하고 야훼 종교를 방해했다기보다 오히려 단 지파 사람들이 야훼를 떠나서 우상을 섬기지 않았는가? 야훼 전통을 깬 것은 오히려 이스라엘 사람들인 단 지파 자신이었다. 모세의 손자들을 제사장으로 삼고 눈에 보이는 우상을 만들어 그것을 모시는 등 불법을 자행하면서 종교의 미명으로 사람들을 학살하고 자기들의 땅을 만든 것이 과연 하나님의 뜻이었겠는가?

가나안 정복 작전 초기에는 섬멸전을 명하였던 것이 사실이지만, 사사 시대를 지나는 동안 이스라엘 백성이 이미 본토인들과 타협하고 그들의 문물에 물들고 하나님의 법도를 어기면서 살지 않았던가? 그런 사람들이 라이쉬*의 평화로운 땅을 점령하고 그 곳 사람들을 몰살한 것은 과도한 행동으로 보아야 할 것이다.

레위 사람의 첩 사건(삿 19:1-21)

해설

사사 시대 말기에 이스라엘 사람들 사회에 출중한 지도자가 없었기 때문에 개인과 가문과 지파들 간에 또 한 가지 큰 불상사가 일어났다. 한 개인 가정의 사건이 번져서 이스라엘의 거의 모든 지파가 연루되어 싸우는 사건으로 발전했던 것이다.

그 일은 어떤 레위 사람의 가정 사건에서 출발한다. 레위 사람들은 이스라엘 모든 지파들 가운데 흩어져서 살게 되어 있었는데, 에브라임 지파가 사는 산악 지대 오지에 한 레위 사람이 살고 있었다. 그 레위인은 유대 땅 베들레헴 출신 즉 유다 지파 여자를 첩으로 데리고 살고 있었다. 그런데 그 첩이 아마도 그 레위 사람의 속임수에 속아서 그의 첩이 되었는지 몰라도, 막상 그 레위 사람과 살다가 마음이 안 맞고 화가 나서 그 집을 떠나 베들레헴에 있는 자기 친정 곧 아버지 집으로 돌아가고 말았다. 그런 지 4개월이 지나자 그 레위 사람은 그의 첩을 달래어 데려온 작정으로 그와 그의 종이 나귀를 하나씩 타고 베들레헴으로 갔다.

그 여자의 집에 이르자 그녀의 아버지는 그를 기쁘게 영접하고 그의 집에 머물게 했다. 그 레위 사람은 사흘을 묵으면서 장인과 같이 먹고 마셨다. 나흘 되던 날 모두 일찍 일어났는데, 그 레위 사람이 떠날 채비를 하는 것이었다. 그러자 그 여자의 아버지가 "좀 더 먹고 힘을 추스른 다음에 떠나게!"라고 말하면서 그를 만류하였다. 그래서 그 레위 사람과 그의 장인은 앉아서 같이 먹고 마셨고, 그 장인은 "오늘 밤을 기쁘게 지내고 가면 어떻겠나?"라고 말하면서 사위를 붙잡았다. 그런데도 그 레위 사람이 일어나 떠나려고 하였더니, 장인이 극력 붙드는 바람에 나흘째 밤을 그 집에서 지냈다. 다섯째 날 이른 아침에 그 레위 사람이 떠나려고 하자, 그 장인이 "몸 돌봐야 하네." 하면서 해가 저물 때까지 먹고 마시며 빈둥거렸다. 해가 질 무렵에 그 레위 사람은 그의 첩과 종과 함께 떠나려고 했다. 그러자 그 장인은 "보게, 저녁때가 다 되지 않았나. 여기서 밤을 지내고 즐긴 후 내일 아침 일찍 일어나서 집으로 떠나가게!"라고 하면서 다시 그를 붙잡는 것이었다.

그러나 그 레위 사람은 더 이상 거기서 자려고 하지 않고 떠나서 여부스(예루살렘) 맞은편에 이르렀다. 그의 일행은 물론 그의 첩과 그의 종과 짐을 실은 두 마리 나귀였다. 날이 어두워졌기 때문에 그 종이 주인더러, "여기 여부스 사람들의 도시에 들어가서 이 밤을 지냅시다!" 하고 여쭈었다. 그러자 주인은 "여부스 사람들은 이스라엘에 속하지 않는 이방인들이니, 그들의 도시로 들어갈 수는 없다. 계속하여 기브아까지 갈 것이다. 기브아가 아니면 라마에서 밤을 지내도록 하자!"라고 하면서 종에게 일렀다. 그래서 그들은 예루살렘을 지나서 더 걸어 기브아 가까이에 이르렀을 때 해가 떨어졌다.

기브아는 벤야민* 지파에 속하는 마을이다. 그 일행은 기브아에서 자려고 그 마을로 들어가서 광장에 앉았는데, 아무도 그들에게 숙소를 제공하겠다고 자기 집으로 데려가는 사람이 없었다.

그런데 들에서 일을 하다가 해가 저물어 집으로 돌아오던 한 노인이 있었다. 그는 에브라임 산지 출신으로 기브아에 와서 살고 있는 사람이었다. 그 노인이 레위 사람 나그네 일행을 광장에서 보고는 그들에게 "어디서 오시는 분들입니까? 어디로들 가시는 분들입니까?"라고 물었다. 레위 사람은 노인에게 "저희는 베들레헴을 떠나 에브라임 산지로 가는 과객입니다. 저는 에브라임 산지 사람으로 베들레헴에 갔다가 제 집으로 돌아가는 중입니다. 아무도 저에게 숙소를 제공하겠다는 사람이 없습니다. 저희, 당신의 종들에게는 저희의 나귀를 위한 여물도 있고, 저와 이 여자와 이 젊은이가 먹을 빵과 포도주도 있습니다. 아무것도 더 필요한 것이 없습니다."라고 대답했다. 그러나 그 노인은 "당신에게 평강이 있기를 빕니다. 내가 당신에게 필요한 것을 다 마련해 줄 테니 이 광장에서 밤을 지내는 일만은 마십시오!"라고 말했다. 그리고는 그 레위 사람을 자기 집으로 데리고 들어가고, 나귀들에게 먹이를 주었다. 그들은 발을 씻고 먹고 마셨다.

교훈

1. 오늘 우리의 기독교 문명에 비쳐 본다면, 야훼 하나님을 섬기는 일에 전념하는 레위 사람이 첩을 두고 살았다는 사실에 우선 거부감을 가질 수밖에 없다. 그 때는 일부다처를 용인하고 있었기에 그랬을 것이지만, 그가 그 첩을 두지 않았더라면 이스라엘 지파들 간의 큰 싸움이 벌어지는 일이 없었을 것이 아닌가? 그런 어려운 사건의 발단이 된 것은 그 레위 사람, 소위 성직자라는 사람의 가정 파탄이 아니었겠는가?

2. 본처를 남겨두고 첩을 찾으러 떠난 그 레위 사람의 행동이 그의 본처의 마음을 얼마나 아프게 했을까! 한 사람의 마음을 아프게 하면서 자기의 쾌락과 만족을 도모한 그 레위인의 행동은 규탄을 받아야 할 일이 아닐까?

3. 그 레위 사람의 장인이 사위를 극진히 대우한 것은 자기 딸을 사랑했기 때문인데, 이는 인지상정이고 아름다운 일이다. 그러나 형편이 어떠했든지 자기의 딸을 남의 첩으로 주었다는 사실은 부모로서 하지 않아야 할 일이 아니겠는가? 이미 쏟아진 물을 주워 담으려는 행동 또한 인간의 통상적인 행동이지만, 인간의 어리석음에서 비롯된다. 잘못은 애당초 저지르지 않으려 하는 것이 더 현명할 것이다.

4. 기브아의 노인이 나그네를 환대하는 장면은 매우 아름답다. 두 사람 다 에브라임 산지 출신이라는 공통점이 있어서 그랬을 수도 있지만, 나그네를 환대하는 미덕이 그런대로 그 노인의 마음 속에 살아남아 있었기 때문일 것이다. 나그네 잘 대접하는 것은 언제 어디서나 장려할 일이다. 최후의 심판대 앞에서 우리가 면양의 편에 들기 위해서도 그 미덕을 지켜야 할 것이다.

기브아 사람들의 망측한 범죄(삿 19:22-30)

해설

그 친절한 노인 집에서 나그네인 레위 사람과 그의 첩과 시종이 환대를 받으며 즐겁게 시간을 보내고 있을 때였다. 기브아 동네의 남자들이 그 집을 포위하고 그 집 대문을 두들겨대는 것이었다. 그들은 심하게 성 도착증이 있는 자들이었다. 그들은 그 집 주인 노인에게 그 집에 온 남자를 내어놓으라고 요구했다. 그들과 동성애를 즐기겠다는 것이었다.

주인이 나가서 "내 형제 여러분! 그 분은 내 손님입니다. 제발 그런 악한 일을 하지 마시오! 여기에 내 처녀 딸과 그 사람의 첩이 있으니, 그들을 데려 내오겠소. 그녀들을 마음대로 하고, 그 손님에게는 그런 짓을 하지 말아주시오!"라고 말하면서 그들을 타일렀다. 그러나 그들이 말을 듣지 않으므로, 그 손님의 첩을 붙들고 나가 그들에게 내어주었다. 그들은 그녀를 마구 겁탈하고 밤새도록 아침까지 그녀에게 추행을 저지르다가 해가 돋을 무렵 그녀를 놓아주었다. 아침이 되자 그녀는 남편이 있는 그 노인 집으로 와서 날이 환해질 때까지 그 문 앞에 쓰러져 있었다.

아침에 그 남편이 일어나 그 집 문을 열어보니, 그의 첩이 문턱을 붙들고 문 앞에 쓰러져 있는 것이었다. 그가 "일어나게. 우리는 이제 떠나려는 참이야."라고 말했지만, 대답이 없었다. 그래서 그 레위 사람은 그녀를 나귀에 싣고 집으로 돌아왔다. 집에 들어가자마자 그는 칼로 그의 죽은 첩의 몸을 열두 부분으로 나누었다. 그리고는 사람을 시켜 그 시체를 이스라엘 전역으로 보내며 그 일꾼더러 "이스라엘 사람들이 애굽 땅에서 나온 이래 이날까지 이런 일이 있었습니까? 생각해 보십시오. 의논해 보십시오. 말씀해 보십시오."라는 말을 전하게 했다.

교훈

1. 그 레위 사람 일행은 자기들이 바깥에서 자야 하리라 생각했는데 요행히도 친절한 노인을 만나 그 노인 집에서 환대를 받으며 평안히 그 밤을 지내게 됐다. 그러나 기브아의 남자들이 달려들어 그 레위 사람을 그들의 동성애의 상대로 내 놓으라고 요청했다. 동성애로 말미암아 멸망한 소돔과 고모라를 상기시키는 장면이다. 소위 선민에 속하는 벤야민* 지파의 영토 내에 있는 기브아가 그토록 성적으로 문란해지고 짐승의 탈을 쓴 인간이 되어버렸던 것이다. 그래도 그들이 노인의 말을 듣고, 레위 사람 대신에 그의 첩을 윤간하는 일로 대체한 것은 이상한 일이다. 그들이 그 첩을 데려다가 밤새도록 윤간을 하며 그녀를 죽을 지경에 이르게 했다. 인간이 타락하면 그 지경이 되고, 아마도 그 이상도 될 것이다. 일본 사람들이 제2차 세계대전 때 한국의 수많은 젊은 처녀들을 강제 징용해 가서 일본 군인들의 성적 노리개를 삼은 것은 현대판 기브아 사건이라고 할 수 있다. 기브아 사람들의 만행 때문에 벤야민* 지파가 이스라엘 지파 전체의 응징을 당한 것은 마땅한 일이다. 그런데 일본인들은 자기들의 잘못을 인정하려고 하지 않고, 세계 사람들의 응징도 아직 받지 않고 있는 실정이다. 하나님의 공정한 심판이 그들에게 있을지 모른다.

2. 그 레위 사람은 자기 첩이 끌려 나가 밤새도록 윤간을 당하며 죽을 지경에 이르렀는데도 날이 밝은 다음에야 문을 열고 밖에 나와 보았다. 이는 자기 자신이 당할 위험 때문에 자기 처는 아랑곳하지 않은 셈이 아닌가? 그것이 성직자의 올바른 마음가짐일까? 무언가 보다 적극적인 조치와 행동을 했어야 하지 않았겠는가? 남성 위주의 세계, 여자를 인간 이하로 여기는 사회, 자기의 안전과 평안을 위해서는 자기 아내도 희생시키는 태도는 참으로 아쉽고 배격해야 할 것들이 아닌가?

3. 그 레위 사람이 자기의 죽은 첩의 시체를 칼로 열두 동강 내어 이스라엘 각 지파에게 보내어 사람들을 선동하고 호소한 일이 과연 잘한 일일까? 결국 개인 가정의 문제 혹은 한 지역의 문제를 이스라엘 민족 전체의 문제로 확대하여 난을 일으킨 것인데, 자숙하고 자기의 잘못을 깨달으려고 하지 않고, 모든 잘못이 남에게 있다고만 본 것이 과연 온당한 일일까?

기브아 사람들의 만행은 마땅히 응징되어야 할 일이지만, 모두가 다 타락하여 하나님의 법도를 어기고 있던 시대에, 그런 호소와 선동이 정당하게 처리될 수 있겠는가?

이스라엘 여러 지파가 벤야민*지파를 공격하다 (삿 20:1-48)

해설

그 레위 사람의 첩의 토막난 시체와 그가 보낸 사자의 충동은 먹혀 들어갔다. 단에서 브엘세바*까지 즉 가나안 남북 전역에 있는 이스라엘 지파들과 요단강 건너편에 있는 지파들까지 벤야민* 지파의 땅에 있는 미츠파*(מִצְפָּה, watchtower) (수 18:26)에 다 같이 모였다. 그야말로 야훼의 백성으로 한 덩어리가 되어 모인 것이다. 이스라엘의 사백 문중에서 무장한 보병들이 모였다. 천(千)을 히브리어로 〈엘레프〉(אֶלֶף)라고 하는데, 그 단어가 때로는 '문중'을 뜻하는 〈미쉬파하〉(מִשְׁפָּחָה)와 동의어로 사용된다. 따라서 사백 〈엘레프〉는 사십 만일 수도 있고 사백 문중일 수도 있다. 사십 만이라고 보면, 그 수가 너무 어마어마하고 그 많은 수가 그 좁은 지대에 모였다는 것은 이해하기 어렵다(벤야민* 지파 사람들은 이스라엘 백성이 다 미츠파에 모인 것을 알았다.)

거기에 모인 사람들은 그 레위 사람에게 사건의 전말을 말해보라고 했다. 그래서 그 레위 사람이 사건을 설명했다. 자기가 벤야민* 영토인 기브아에 자기 첩과 함께 와서 그 밤을 맞았는데, 기브아 남자들이 자기에게 대들어 자기가 유숙하는 집을 포위했다. 그들이 자기를 죽이려고 했고(사실은 자기를 동성애의 상대로 삼겠다는 것이었다), 자기 첩을 윤간하여 죽음에 이르게 했다. 그래서 자기 첩의 시체를 거두어 열두 동강을 내어 이스라엘 영토 전역에 보냈다. 그것은 기브아 사람들이 이스라엘 영내에서 악하고도 불법적인 일을 감행했기 때문이라는 것이다. 그러니까 이제 이스라엘 사람들은 이 문제에 대해서 어떻게 하면 좋을지 의논하고 말해달라는 것이었다.

이 말을 들은 이스라엘 사람들은 하나 같이 흥분하여 자기들은 한 사람도 집으로 돌아가지 않겠고 기브아를 응징하겠다고 했다. 그런데 그 많은 사람이 다 행동대가 될 필요가 없으니까 제비를 뽑아서 뽑히는 사람들이 기브아를 공격하는데 나서자고 했다. 각 지파에서 온 사람의 십분의 일만 병참병으로 쓴다고도 했다. 이렇게 이스라엘이 일치단결하여 기브아 공격에 나섰다.

이제 이스라엘 모든 지파의 이름으로 벤야민* 지파에 속하는 모든 사람들에게 사람을 보내어 고발하였다. "당신들이 당신들의 경내에서 저질은 범죄가 도대체 어떤 것인지 알기나 하오? 기브아의 그 괴한들을 내어놓으시오. 그들을 죽여서 이스라엘에서 악을 씻어내겠소."

그러나 벤야민* 사람들은 이스라엘, 곧 동족의 말에 귀를 기울이지 않고 그들에 맞서 싸우려 나섰다. 그날 벤야민* 지파에서 무장하고 나온 사람이 기브아 사람 외에 이만 육천 명이었다. 그들 중 육백 명은 왼손잡이로 물매질의 명수들이었다. 벤야민*과 싸우려고 징집된 이스라엘 군인은 사백 문중의 사람들이었다.

이스라엘 사람들이 우선 벧엘로 올라가서 "우리가 벤야민* 지파와 싸우려는데, 누가 먼저 올라가야 합니까?"라고 하나님께 여쭈었다. 야훼께서는 "유다 지파가 먼저 가라!"고 대답하셨다. 이스라엘이 행진할 때마다 유다 지파가 선봉이 되었던 선례를 따른 듯하다.

아침에 이스라엘 군이 일어나 기브아에서 벤야민* 군과 싸우려고 대치하였다. 벤야민* 군이 기브아 성에서 달려 나와 그 하루에 이스라엘 군 스물 두 분대를 궤멸하였다. 그러자 이스라엘 사람들이 야훼 앞에 올라가 저녁때까지 울면서, "우리가 혈족인 벤야민*과 다시 싸움을 걸어야 하겠습니까?"하고 여쭈었다. "올라가 다시 싸워라!"고 야훼가 말씀하셨기 때문에, 이스라엘 군은 용기를 내어 그 전날 싸운 곳으로 가서 다시 대오를 정비하고 대치하였다. 벤야민* 군이 그 둘째 날에도 달려 나와 이스라엘 군 18개 분대를 무찔렀다. 그러자 이스라엘 사람들은 벧엘로 돌아가 울면서 저녁때까지 식음을 전폐하였다. 그리고는 야훼께 번제와 화목제물을 드리고 "우리가 우리의 동족인 벤야민*을 대항하여 다시 한 번 더 전투를 해야 하겠습니까? 아니면 단념하고 말까요?"라고 여쭈었다. "올라가거라! 내일은 내가 그들을 너희 손에 넘겨주겠다."라고 야훼께서 응답하셨다.

그래서 이스라엘 군은 셋째 날에 기브아 둘레에 복병을 숨겨놓았다. 그리고는 다시 벤야민* 군과 싸우려고 기브아를 향하여 전날처럼 대진하였다. 벤야민* 군이 기브아 성에서 다 빠져나와 이스라엘 군을 향하여 달려들어 이전처럼 여러 부대를 덮쳐 사상자를 내기 시작했다. 주로 세 갈래 길로 추격하면서 이스라엘 군 약 삼십 명을 죽였는데, 세 길 중의 하나는 벧엘로, 하나는 기브아로, 또 하나는 탁 터진 평지로 열려 있었다. 벤야민* 군은 이스라엘 군이 전처럼 패주하고 있다고 생각했다. 그러나 이스라엘 군은 달아나는 척 하면서 적군을 기브아 성에서 완전히 빠져나와 그 세 개의 길로 들어서게 유인하기로 했다. 이스라엘 군의 주요 부대는 바알타말*까지 전선을 후퇴시켰다. 이렇게 해서 유인된 벤야민* 군과 이스라엘 군은 치열한 전투를 벌였다.

야훼께서 이스라엘을 도와 싸우셨고, 그 전투에서 죽은 벤야민* 군은 무려 이만 오천 명에 달했다. 이스라엘 군은 기브아 둘레에 복병을 두고 있었기 때문에 벤야민* 군에게 여유를 보였다. 벤야민* 군이 기브아를 다 빠져 나온 때에, 이스라엘 복병들이 기브아로 쳐들어가 모든 시민을 도륙하였다. 그리고 미리 약속한 대로 그 성에 불을 질러 연기를 하늘로 올렸다. 그 때는 바로 벤야민* 군이 이스라엘을 추격하면서 약 삼십 명을 살해한 시점이었다. 하늘로 치솟는 구름을 암호로 이스라엘의 주요부대는 뒤돌아서서 벤야민* 군대와 한판 전투를 벌인 것이다. 벤야민* 군은 기브아 하늘에 구름이 뭉게뭉게 올라가는 것을 보는 순간 당황하였을 것이고, 그 찰나에 이스라엘 군이 돌아서서 벤야민* 군을 공격한 것이다. 벤야민* 군은 사태가 불리한 것을 자인하고 광야길로 달아나기 시작하였던 것이다. 그러나 이스라엘 군이 그들을 추격하여, 만 팔천 명을 살해하였다. 또 한 무리는 림몬 바위가 있는 광야로 달아나다가 중앙 전선에서 오천 명이 살해되었다. 깃옴*까지 달아나던 적군도 이천 명 살해되었다. 그래서 도합 이만 오천 명이 죽은 것이다. 그러나 광야를 향하여 달아나 림몬에 이른 육백 명의 벤야민* 군인들은 살아남아 거기에 사 개월 간 머물러 있었다.

벤야민* 군을 무찌른 이스라엘 군대는 기브아로 들어가서 남아 있는 사람과 짐승을 모두 죽이고, 그 도시를 깡그리 불살랐다.

결국 이스라엘 연합군이 대승을 거두었는데, 그것은 야훼가 이스라엘 앞에서 싸워주셨기 때문이라는 것을 저자는 밝혔다(20:35). 그리고 전투요원은 선별된 정예부대였다고도 했다(20:34). 즉 수가 많음으로 이스라엘이 이긴 것이 아니고 제한된 수를 가지고도 야훼의 능력으로 승리할 수 있었다는 것이다.

교훈

1. 기브아 사람들의 만행은 천인공노할 사건이었다. 특히 이스라엘 사람들 가운데서 그런 더럽고 끔찍한 일이 일어났다는 것을 선민 이스라엘은 묵과할 수 없다고 여겼다. 이스라엘도 거룩해야 한다는 원칙을 살리기 위해서 야훼 하나님께서도 그 일을 방치하지 않고 응징의 선두에 나서셨다. 하나님의 백성은 하나님을 닮아야 한다. 즉 죄를 멀리하고 큰 대가를 치르고서라도 거룩함을 유지해야 한다.

2. 벤야민* 지파는 하나님과 이스라엘 부족 연합군에게 대패하고 결국 육백 명밖에 남지 않아 거의 멸족의 위기에 이르렀다. 죄 값을 톡톡히 치른 셈이다. 죄의 값은 사망이다.

3. 여타의 이스라엘 지파들은 오랜만에 민족의 순결을 보존하기 위해서 단결하여 거룩한 전쟁을 치렀다. 그런 희생과 결단 없이는 이룰 수 없는 일을 해냈다. 일벌백계의 효과가 있도록, 적은 누룩이 이스라엘 전체를 오염시키는 일이 없게 하려고 일치단결하여 벤야민* 지파를 응징한 것이다.

4. 이스라엘을 사랑하시는 하나님은 벤야민* 지파의 완전 소멸을 원하시지 않았다. 즉 벤야민* 지파의 육백 명 남자를 살려두신 것은 그러한 섭리의 조치였다고 보아야 할 것이다.

5. 그 레위 사람은 자기가 사랑했던 첩의 죽음을 아쉬워하고 슬퍼한 나머지 이스라엘 모든 지파를 동원하여 민족적인 전쟁을 유발하여 많은 인명의 손실을 가져왔다. 기브아 사람들이 자기의 첩을 윤간하여 죽였을 뿐만 아니라 자기를 죽이려고까지 했다는 거짓말이 전쟁 발발의

동기가 되었다면, 이 사건의 교훈은 다시 생각해 볼 필요가 있다. 결국 개인감정과 문제를 이용하여 많은 사람의 목숨을 잃게 한 셈이니,본말이 전도되어 이는 정의 구현을 위한 것이 아니라 자기의 한을 풀려는 사건이었다고 할 수 있기 때문이다.

다만 그렇더라도 하나님은 인간의 속임수와 과오와 시행착오에서 나오는 사건을 이용해서라도, 당신의 선한 뜻을 이루시는 분이심을 알 수 있다.

벤야민* 지파가 멸족을 면하다(삿 21:1-25)

해설

벤야민* 지파와 벌인 전쟁이 끝나자 이스라엘의 여타 지파들은 벤야민* 지파에 대하여 적대적인 감정을 품고 아무도 벤야민* 사람에게는 딸을 주지 아니하기로 맹세하였다. 그러면서도 이스라엘 백성은 벧엘로 가서 하나님 앞에 저녁때까지 앉아 대성통곡을 하며 "야훼, 이스라엘의 하나님이시여! 오늘 이스라엘이 한 지파를 잃게 되었는데 이게 어찌된 일입니까?"라고 부르짖었다.

다음날 백성이 일찍 일어나 거기에 제단을 쌓고 번제와 화목제를 드리고는 "야훼 앞에 모이는 회합에 이스라엘 지파 중 어느 지파가 모이지 않았습니까?"라고 말했다. 미츠파*에 모이는 야훼 회합에 나타나지 않은 사람은 수하를 막론하고 죽여야 한다는 엄숙한 맹세가 있었기 때문이었다. 결국 이번 미츠파* 모임에 야베쉬길앗* 사람은 하나도 나타나지 않았기 때문에 그들을 죽여야 했다. 그러나 이스라엘 사람들은 동포인 벤야민*에 대한 연민의 감을 가졌다. 그리고 이렇게 말했다. "오늘 한 지파가 이스라엘에게서 잘렸습니다. 우리는 야훼의 이름을 걸고 우리의 딸을 그들에게 주지 않기로 서약을 했습니다. 그러니 살아남은 군인들을 위한 아내 문제를 어떻게 처리할 것입니까?"

두 가지 방법으로 그 문제를 해결하기로 했다. 첫째는 이스라엘의 미츠파* 모임에 오지 않은 야베쉬길앗* 지방을 공격하여, 하나님께 서약한 대로 거기 사람들을 죽이고 처녀들만을 살려서 끌어오는 방법이었다. 그리하여 만 이천 명의 군인을 보내어 그 지방 주민을 몰살하고, 처녀 사백 명을 실로에 있는 본영(本營)으로 데리고 왔다. 그리고는 림몬에 살아 남아있는 벤야민* 군인들에게 사람을 보내어 싸우지 말자고 타이른 후에 그들을 데려다가 야베쉬길앗* 쳐녀들을 그들에게 주었다. 그러나 아직 이백 명의 여자가 모자라는 형편이었다.

이스라엘 사람들은 남은 이백 명 처녀를 얻는 또 다른 방도를 강구했다. 해마다 실로에서 야훼를 위한 축제가 벌어지는데, 바로 그 때에 벤야민* 사람들더러 그 축제가 벌어지는 곧 근처 포도밭에 숨어 있다가 춤을 추며 놀다가 돌아가는 젊은 여자를 하나씩 끌고 가서 아내로 삼으라고 지시했다. 그러면 그 여자들의 아버지나 형제들이 이스라엘 본영에 와서 항의를 할 터이니, 그 때에 자기들이 그들에게 "관용을 베푸십시오. 우리가 그러라고 했습니다. 우리가 전쟁에서 그들에게 줄 아내를 사로잡지 못했기 때문입니다. 그리고 당신들이 정식으로 그들에게 딸을 주면 범죄하는 일이 되지 않겠습니까? 그러니까 비공식으로 이렇게 하자는 말입니다."라고 말하겠다는 것이었다.

이렇게 해서 벤야민* 사람들은 각각 자기의 아내를 구해 데리고 자기 영토로 돌아가서 재건하고 살았다. 이렇게 벤야민* 지파에게 재건의 길을 마련해 준 다음에 이스라엘 모든 지파와 문중이 다 고향으로 돌아갔다.

이상의 모든 사건은 이스라엘 백성에게 왕정 체제가 생기기 전의 일들로서 사람들이 각각 자기가 생각하는 대로 행하는 시대, 즉 무정부 상태의 일면들로 볼 수 있다. 17장 6절에도 같은 말이 나왔는데, 이런 말은 왕정 체제를 옹호하는 입장에서 말한 것으로 보인다. 그렇지만 왕정을 반대하는 사람들도 있었다.

교훈

1. 이스라엘 열두 지파 중의 하나인 벤야민* 지파의 장정들이 육백 명을 남기고 다 죽은 까닭에 인구수에 있어서 균형이 완전히 깨어졌다. 결국 벤야민*은 한 지파 구실을 할 수 없게 되었다. 그것은 자업자득의 사건이었지만, 이스라엘 민족 전체의 전통과 역사를 아는 사람들의 입장에서는 매우 비통한 일이 아닐 수 없었다. 그래서 이스라엘의 여타 지파가 야훼 앞에 나가서 하소연했던 것이다. 그것은 결국 올바른 역사관을 가지고 민족의 전통을 귀하게 여기는 마음에서 나온 행동이었다. 그리하여 벤야민* 지파의 잘못을 호되게 응징하였지만, 그 지파를 부흥시켜서 균형을 되살려야 한다는 애족 행위는 참으로 본받을 만한 것이었다. 싸울 땐 싸워도, 민족을 생각하면서 과거사를 초월하는 행동은 참으로 아름답다.

2. 벤야민* 지파를 재건하기 위해서, 살아남은 벤야민* 장정들을 위하여 배필을 구해주려고 섬세하면서도 실질적인 노력과 배려를 아끼지 않은 동족애는 매우 귀하고 찬양받을 만하다. 될 대로 되라고 방치할 수도 있으련만, 이스라엘 여타의 지파들이 과거사를 차치하고 일심으로 그들을 도와서 배필을 얻게 해 준 관대함과 사랑을 우리는 높이 평가해야 할 것이다.

3. 사사시대 말기에 마땅한 통치자가 없어서 거의 무정부 상태가 되었지만, 그래도 그들의 마음 저변에는 야훼 하나님께 대한 신앙이 살아 있었고 실로에 있는 야훼 성막을 중심하여 마음을 통일할 수 있었던 것은 다행한 일이었다. 이는 다 야훼께서 그들을 방치하지 않고 적시에 그들을 끌어당겨주신 덕택이었다고 생각된다.

여기서 우리는 이스라엘 역사 배후에서 조종하시는 하나님의 큰 손을 감지하게 된다. 하나님을 믿는 신앙이 살아 있다는 것이 큰 복인데, 이는 하나님께서 이스라엘을 향한 사랑의 끈을 놓지 않으셨기 때문이라고 해야 할 것이다.

4. 벤야민* 지파가 완전히 망해버렸다면, 이스라엘에 대한 하나님의 계획이 실패한 것이 되고, 그 일로 인해서 결국 하나님이 비난을 받았을 것이다. 하나님은 결코 패배하시는 분이 아니시다. 하나님은 그 후에 벤야민* 지파에서 사울이 나오게 하셨고(삼상 9:1; 10:20-24), 기브아는 사울 정부의 수도가 되었고(삼상 15:34), 사울은 야베쉬길앗*을 구출하는 일을 했다(삼상 11:1-11). 망했던 지파에서 왕이 나오고, 깡그리 불타버린 기브아가 일국의 수도가 되는 등은 상상을 초월하는 일이다. 이렇게 인간에 대한 하나님의 축복은 분에 넘치고, 상상을 초월하기도 한다.

구약에서 듣는 하나님의 말씀 4
여호수아·사사기

2009. 3. 10. 초판 1쇄 발행
저　자 박 창 환
발행인 이 두 경
발행처 비블리카 아카데미아
등록 1997년 8월 8일, 제10-1477호
주소 서울시 광진구 광장동 114번지
크레스코 빌딩 102호
전화 (02) 456-3123
팩스 (02) 456-3174
홈페이지 www.biblica.net
전자우편 biblica@biblica.net

값은 표지에 기재되어 있음
ISBN : 978-89-88015-12-4 94230 세트
ISBN : 978-89-88015-18-6 94230